utb 3625

Eine Arbeitsgemeinschaft der Verlage

Böhlau Verlag · Wien · Köln · Weimar
Verlag Barbara Budrich · Opladen · Toronto
facultas · Wien
Wilhelm Fink · Paderborn
A. Francke Verlag · Tübingen
Haupt Verlag · Bern
Verlag Julius Klinkhardt · Bad Heilbrunn
Mohr Siebeck · Tübingen
Ernst Reinhardt Verlag · München · Basel
Ferdinand Schöningh · Paderborn
Eugen Ulmer Verlag · Stuttgart
UVK Verlagsgesellschaft · Konstanz, mit UVK/Lucius · München
Vandenhoeck & Ruprecht · Göttingen · Bristol
Waxmann · Münster · New York

Thomas Schölderle

Geschichte der Utopie

Eine Einführung

2., überarbeitete und aktualisierte Auflage

BÖHLAU VERLAG KÖLN WEIMAR WIEN · 2017

Dr. Thomas Schölderle ist Politikwissenschaftler, Publikationsreferent der Akademie für Politische Bildung in Tutzing und Dozent an der Hochschule für Politik München.

Für Sabine und Felina

Bibliografische Information der Deutschen Bibliothek:

Die Deutsche Nationalbibliothek verzeichnet diese Publikation in der Deutschen Nationalbibliografie; detaillierte bibliografische Daten sind im Internet über http://dnb.ddb.de abrufbar.

Online-Angebote oder elektronische Ausgaben sind erhältlich unter www.utb-shop.de.

Einbandgestaltung: Atelier Reichert, Stuttgart
Satz: büro mn, Bielefeld
Druck und Bindung: CPI Books, Ulm
Gedruckt auf chlor- und säurefreiem Papier
Printed in Germany

UTB-Band-Nr. 3625 | ISBN 978-3-8252-4818-5 | eISBN 978-3-8463-4818-5

Inhaltsverzeichnis

Vorwort 7

1. Einleitung: Utopiebegriff – aber welcher? 9

2. Thomas Morus und seine Utopia 19
2.1 Das Rätsel: Leben und Werk 19
2.2 Grundzüge und Gestaltungsmerkmale der Utopia 24
2.3 Das Experiment: Vernunft als Staatsprinzip 33
2.4 Zum Utopiebegriff der Utopia 45

3. Antike und Mittelalter 51
3.1 Antike Mythologie und das „Goldene Zeitalter" 51
3.2 Platon und seine „Politeia" 54
3.3 Mittelalterliche Eschatologie und Chiliasmus 57
3.4 Joachim von Fiore und „Das Dritte Zeitalter" 60
3.5 Thomas Müntzers revolutionärer Chiliasmus 61

4. Renaissance und Frühe Neuzeit 67
4.1 Tommaso Campanella und die „Civitas Solis" 68
4.2 Johann Valentin Andreae und die „Christianopolis" 73
4.3 Francis Bacon und die „Nova Atlantis" 78

5. Absolutismus und Aufklärung 85
5.1 Vertragstheorie und Utopie 85
5.2 Gerrard Winstanley und „The Law of Freedom" 87
5.3 Gabriel de Foigny und die „Terra Australe" 92
5.4 Johann Gottfried Schnabel und die „Insel Felsenburg" 98
5.5 Louis-Sébastien Mercier und „L'An 2440" 104

6. Sozialismus und Utopie im 19. Jahrhundert 113
6.1 Industriezeitalter und soziale Frage 113
6.2 Robert Owen: Utopie und Sozialexperimente 117
6.3 Marxismus und Utopie 122
6.4 William Morris und „News from Nowhere“ 125

7. Von der Dystopie zur Utopie der Postmoderne 131
7.1 George Orwell und die Schreckensvision von „1984“ 131
7.2 Ernest Callenbach und die „Ecotopia“ 139
7.3 Marge Piercy und „Woman on the Edge of Time“ 147

8. Schlussbemerkung 157

Anmerkungen 165

Bibliografie 189
Literaturübersicht 189
Primärtexte 190
Sekundärliteratur 195

Personenregister 207

Vorwort

Die Geschichte der Utopie ist eine Geschichte der Defizite und Missstände ihrer Herkunftsgesellschaften. Neben der kritischen, manchmal sogar fundamentalkritischen Analyse ihrer Gegenwart liefern Utopien aber stets auch konstruktive Gegenbilder zur historischen Wirklichkeit. Die wichtigsten, innovativsten und originellsten Entwürfe werden auf den folgenden Seiten porträtiert. Zugleich dient der chronologische Abriss einer Systematisierung und Abgrenzung der gesamten Denktradition.

Natürlich freut es den Autor, wenn ein Buch bereits relativ bald nach seiner Erstveröffentlichung eine zweite Auflage nötig macht. Für einen zusätzlichen Nachfrageschub, eine Art Sonderkonjunktur dürfte dabei auch ein besonderes Jubiläum gesorgt haben. Gemeint ist der 500. Jahrestag des Erscheinens von Thomas Morus' *Utopia* (1516). Just im Jubiläumsmonat Dezember 2016 war die Erstausgabe vergriffen. Das Interesse an Utopien scheint vorerst ungebrochen: Zahlreiche Konferenzen, Tagungen, Buchveröffentlichungen, Feuilleton- und Medienberichte haben die Breite der Utopiediskussion in den zurückliegenden Monaten gleichsam auf eine neue Stufe gehoben.

Für die vorliegende Neuauflage wurde der Text gründlich durchgesehen. Wo es Fehler zu beheben galt oder sich eine bessere Formulierung anbot, ist die Passage korrigiert. Zudem wurde der Text an einigen Stellen erweitert, insbesondere im Schlusskapitel mit einem Abschnitt zur gegenwärtigen Situation der Utopie. Darüber hinaus ist die neuere Literatur eingearbeitet worden. Wie in der Erstveröffentlichung gilt aber auch jetzt: Das Buch ist eine Überblicksdarstellung. Der Akzent liegt vor allem auf Kürze und Lesbarkeit. Anmerkungen sind hauptsächlich auf den Nachweis direkter Zitate, den Hinweis auf Quellentexte sowie weiterführende Literatur begrenzt.

Mein Dank gilt allen bisherigen Leserinnen und Lesern und ihren vielen positiven Resonanzen und Rezensionen, meinen Kolleginnen und Kollegen an der Akademie für Politische Bildung in Tutzing sowie meinen Studierenden an der Hochschule für Politik in München, die unter anderem in einer Vorlesung die Pfade der Utopie diskussionsfreudig mit mir beschritten haben. Besonderen Dank schulde ich auch dem Böhlau-Verlag für die stets professionelle Realisierung des Projekts sowie allen Freunden (ob Utopieforscher oder nicht) und natürlich meiner kleinen Familie, ohne deren Verständnis und Unterstützung weder Erst- noch Zweitauflage möglich gewesen wäre.

Thomas Schölderle, im Februar 2017

1. Einleitung: Utopiebegriff – aber welcher?

Am Anfang stand eine kurze, nur gut hundertseitige Schrift aus dem Zeitalter der Renaissance. Mit seiner Erzählung von der entlegenen Insel „Utopia" (1516) kreierte der spätere englische Lordkanzler Thomas Morus nicht nur ein neues Wort, sondern bereicherte auch zahllose Sprachen dieser Welt um die Vokabel. Aus dem Eigennamen für den Schauplatz von Morus' Fiktion wurde bald die Bezeichnung für ein literarisches Genre, später ein allgemein gebräuchlicher Begriff, letztlich ein vieldeutiges Schlagwort.

Mit dem Ende des Realsozialismus freilich, erreichte die Konjunktur des Wortes ihren vorläufigen Tiefpunkt. Die kommunistische Bilanz des Schreckens wirkte wie eine Schockstarre für alle Illusionen und Visionen, die sich dem Realen nicht einverleiben ließen. Wer noch das Wort „Utopie" im Mund führte, galt als verdächtig, als Verführer, als geschichtsvergessen. Nach der zweiten totalitären Katastrophe schienen utopische Wunschvorstellungen dem kollektiven Bewusstsein gänzlich abhanden gekommen. Das Scheitern des Sowjetimperiums war weithin gleichgesetzt mit dem Ende der Utopie, wiewohl der Realsozialismus, falls überhaupt, nur eine Frucht einer weitaus vielschichtigeren Tradition war, die auch zahlreiche Blüten des Denkens zum Vorschein gebracht hat. Das Wort also, soviel ist nicht zu bestreiten, war stets mehr als nur ein nüchtern-technischer Terminus einer bestimmten Sparte des politisch-philosophischen Diskurses. Es war immer auch, zumindest seit dem 19. Jahrhundert, ein politischer Kampfbegriff. Und das ist nur einer der Gründe, weshalb der Blick auf die Bestimmung des Begriffs einem so kaleidoskopischen Unterfangen gleicht.

Nun ist es gewiss keine ungewöhnliche Praxis, dass Überblicksdarstellungen einleitend auf die irreführende Breite oder gar Konfusion der behandelten Begriffe verweisen. Nirgendwo scheint dieser Hinweis aber derart berechtigt, wie im Falle des Utopiebegriffs. Die Alltagssprache, häufig Quelle von Missverständnissen, ist dabei kaum das Problem. Was dort noch eine vergleichsweise klar umgrenzte Bedeutung besitzt, im Sinne von „un-wirklich" oder „nicht-realisierbar", das hat sich in der sozialwissenschaftlichen Debatte zu einem Sammelsurium von Begriffsmustern ausgewachsen, die sich im Extremfall sogar diametral widersprechen. Es ist vor allem die Wissenschaft selbst, die das fast babylonische Sprachengewirr zu verantworten hat.

Inwieweit Morus' Schrift für die Begriffsbildung als Richtgröße dienen kann und soll, ist umstritten. Den Ausgangspunkt bei Morus zu wählen, bietet sich allerdings schon aus ganz pragmatischen Gründen an. Morus war es, der das Wort erfunden hat.[1] Aus seinem Werk konstituiert sich unbestreitbar ein Prototyp, der für viele folgende Entwürfe den Charakter einer Musterschrift beibehalten hat. Mit Blick auf Form, Inhalt, Funktion und Intention seiner Schrift lassen sich zudem viele Kriterien eines verallgemeinerungsfähigen Begriffs ermitteln. Ferner zeigt sich, wie sehr zahlreiche Grundsatzdiskussionen zum Utopieverständnis gerade an der Interpretation von Morus' *Utopia* festzumachen sind. Es braucht daher zumindest gute Gründe, um Morus' Schrift bei der Begriffsbestimmung auszugrenzen oder als exotischen Sonderfall zu behandeln. Andererseits lässt sich die *Utopia* nicht einfach zum alleinigen Maßstab erheben. Morus' Wortkreation hat fortgewirkt. Mit späteren Entwürfen und nicht zuletzt mit der gesamten Utopiedebatte sind der Vokabel eine Fülle neuer Aspekte und Bedeutungsnuancen zugewachsen. Einige Hinweise zu den Charakteristika des Sprachgebrauchs und der Diskurslandschaft mögen daher helfen, das Feld einleitend etwas zu strukturieren.

Aufschlussreich ist bereits der Blick auf den etymologischen Ursprung des Begriffs. Morus' Wortschöpfung ist geformt aus zwei griechischen Vokabeln: „ou" heißt „nicht", „tópos" ist der „Ort". Utopia bedeutet also wörtlich so viel wie Nichtort, Nirgendland oder Nirgendwo. Diese schlagende Kreation ist sprachlich allerdings falsch gebildet, weil im Griechischen die Negation „ou" stets zur Satzverneinung dient, während für die Negation eines Adjektivs oder Substantivs das sogenannte „Alpha privativum" verwendet wird, das auch im Deutschen durch Bildungen wie apolitisch oder amoralisch vertraut ist. Gleichwohl darf unterstellt werden, dass Morus' fehlerhafte Wortschöpfung kein Versehen war. Die beiden griechischen Präfixe „ou“ und „eu“ haben im Englischen einen homofonen Klang. Daher kann der Begriff auch als „Eutopia“ gelesen werden, womit „guter“ Ort gemeint wäre. Dieses Wortspiel wird in einem der *Utopia* vorangestellten Sechszeiler sogar bewusst verwendet.[2] Im unmittelbaren Entstehungskontext der *Utopia* tritt zudem noch eine weitere Anspielung zutage: Der Humanist Budaeus nutzt in einem Begleitbrief zur *Utopia* das Wort „Udepotia“ (griech. „oudepote“ = „niemals“) und verweist damit auf die Bedeutung von „Niemalsland“[3] – eine Assoziation, die bemerkenswerterweise mit einer späteren und äußerst einschneidenden Veränderung innerhalb der Utopiegeschichte korrespondiert, denn spätestens gegen Ende des 18. Jahrhunderts ersetzt Louis-Sébastien Mercier mit seiner Schrift *Das Jahr 2440* die Dimension des Raumes durch die Dimension der Zeit.[4] Fortan wird die utopische Fiktion aus Sicht des Verfassers fast ausnahmslos in die Zukunft projiziert. Zugleich verliert sich dabei allerdings auch zunehmend die Implikation des Wortes „nie“, weil apodiktische Aussagen über Entwicklungen der Zukunft verständlicherweise kaum noch in vergleichbarer Weise möglich sind.

Mit dem 19. Jahrhundert hält der Terminus dann auch Einzug in die Alltagssprache. Wenngleich das Adjektiv „utopisch“ seither meist negativ besetzt ist, so hat sich doch vieles vom Ursprungssinn der Wortschöpfung bis in die Gegenwart erhalten: Ein Plan, der utopisch ist, lässt sich nicht realisieren; eine utopische Erwartung wird sich niemals erfüllen. Das Adjektiv meint also so viel wie „unrealistisch“, „träumerisch“ oder „übersteigert“ und bezeichnet insofern ein Denken oder Handeln, das zwangsläufig scheitern muss, weil ein realitätsblinder Urheber die Voraussetzungen für eine Verwirklichung verkennt.[5] Entscheidend ist demnach die Nicht-Realisierbarkeit des Geschriebenen, Gesagten oder Gedachten, und die mitschwingende Kritik deutet an, dass Utopien in unzulässiger Weise wegführen vom Möglichen und Nötigen. Diesem abwertend gemeinten Sinn zufolge besitzt der Begriff zumindest tendenziell die Bedeutung von „Hirngespinst“, „Luftschloss“ oder „Wolkenkuckucksheim“. Eine weitere umgangssprachliche Bedeutung lässt sich außerdem im Sinne einer „über den Tagesbetrieb hinaus reichende(n) Perspektive“[6] ausmachen. Ein derartiger Sprachgebrauch kann nicht nur wertneutral, sondern durchaus positiv gemeint sein; zugleich ist das Bedeutungsfeld dann allerdings bereits extrem weit gefasst. Für einen wissenschaftlich sinnvollen Begriff ist von den meisten alltagssprachlichen Bedeutungen aber schon deshalb abzusehen, weil nicht nur zentrale Funktionen, sondern letztlich auch das zwingendste Element aller Utopien verloren gegangen ist: die Intention unmittelbarer Sozialkritik.[7]

Der abwertende Sinn des Alltagsverständnisses artikuliert sich noch deutlich radikaler auf dem Feld politisch-ideologischer Auseinandersetzungen. Das Wort wurde und wird häufig als politischer Kampfbegriff genutzt, um gegnerische Positionen als illusionär und wirklichkeitsfremd zu titulieren. Bereits im 19. Jahrhundert nahm dieser polemische Sprachgebrauch seinen Anfang: Die Frühsozialisten machten sich gegenseitig die Utopie zum Vorwurf[8], die Marxisten klebten den Frühsozialisten abschätzig das Etikett „utopisch“ an die Brust und werteten deren Entwürfe als unwissenschaftliche „Phantasterei“[9]; das konservative Spektrum wiederum attackierte den gefährlichen „Utopismus“ der Marxisten. Die Utopie wurde zum Kampfterminus in der Arena politischer Auseinandersetzungen und bis heute dient die Vokabel nicht selten der Warnung vor irrealen Zielvorstellungen und Theorien.

Die Möglichkeit eines allgemein akzeptierten Utopiebegriffs scheitert aber auch daran, dass das Wort selbst in der Forschung beständig normativ überlagert ist. Bestimmung und Bewertung gehen fast immer Hand in Hand. In der wissenschaftlichen Diskussion sind vor allem drei Utopiebegriffe richtungsweisend geworden. Grob unterscheiden lassen sich ein *klassischer*, ein *sozialpsychologischer* sowie ein *totalitarismustheoretischer* Utopiebegriff. Der Ausgangspunkt des *klassischen* Begriffs ist die im Jahr 1845 von Robert von Mohl geprägte Bezeichnung „Staatsroman“. Die gesamte Gattung definiert er als „Dichtungen (…) eines idealen Gesellschafts- oder Staatslebens“[10]. Zwar ist die Begriffsbildung gleich doppelt unglücklich, weil weder die epische Form des Romans noch die „Idealstaats“-Beschreibung wirklich konstitutiv für die Mehrzahl der Utopien ist. Doch steht die klassische Utopieforschung bis heute weitgehend in der Tradition des Mohlschen Ansatzes. Sie orientiert sich hauptsächlich am Prototyp von Morus' *Utopia* und ist perspektivisch auf die prägenden (meist literarischen) Entwürfe in der Geschichte konzentriert. Demgegenüber liegt dem *sozialpsychologischen* Utopiebegriff ein deutlich erweitertes Verständnis zugrunde. Maßgeblich initiiert wurde es von Gustav Landauer (*Die Revolution*, 1907); seine wichtigsten Vertreter waren schließlich Karl Mannheim (*Ideologie und Utopie*, 1928) und Ernst Bloch (*Das Prinzip Hoffnung*, 1959). Später fand der Ansatz auch Fürsprecher im Soziologen Arnhelm Neusüss oder dem Bloch-Schüler Burghart Schmidt.[11] Dabei rekurrieren die Autoren allesamt nicht mehr auf die Denktradition, sondern betrachten Utopie als eine Art Bewusstseinsform oder bloße Intention. Das hat zur Folge, dass – etwa bei Ernst Bloch – von Schaufensterauslagen bis zur Bibel, von Tagträumen bis zu Beethovens *Neunter* alles unter den Utopiebegriff subsumiert werden kann.[12] Damit aber lässt sich ebenso schlecht operieren, wie mit dem dritten Typus: dem *totalitarismustheoretischen* Utopiebegriff. Sein prägendes Muster schuf der bekannte Wissenschaftsphilosoph Karl Popper[13] und es erlebte vor allem im Kontext der Zeitenwende von 1989 / 90 eine beachtliche Renaissance.[14] Utopien gelten demnach als geistige Vorwegnahme späterer totalitärer Herrschaftsformen. Der Reduktionismus des Ansatzes liegt gleichsam auf der Hand, denn schwerlich lässt sich allen historischen Utopieentwürfen ein totalitärer Gehalt, geschweige denn eine solche Funktion, und im Grunde nie: eine solche Intention nachsagen.

Betrachtet man nun die klassischen, vor allem frühneuzeitlichen Entwürfe selbst, so ist auffallend, dass sie zunächst fast allesamt ein fiktives Gemeinwesen beschreiben, das auf eine Insel projiziert ist. Eine Rahmenhandlung dient der literarischen Vermittlung. Zumeist wird die Inselwelt von einem Seefahrer bereist, der nach Europa zurückkehrt und dort die fremden Sitten und Einrichtungen beschreibt. Abgesondert von der Außenwelt, haben die utopischen Gesellschaften nur wenig Kontakt zu anderen Völkern. Nach innen dominiert häufig eine geschlossene Gesellschafts- oder Staatsordnung, während nach außen die Schutz- und Abwehrbereitschaft vor weniger harmonischen Gesellschaften im Vordergrund steht. Die Insellage ist aber keineswegs nur eine Sache bloßer Einkleidung, sondern zentral für eine Eigenheit, die man als Isolation der Utopie beschreiben kann. Möglich wird dadurch eine gleichsam mathematische Berechnung kausaler Beziehungen, etwa wie sich eine bestimmte Form der Erziehung auf das Rechtssystem auswirkt oder welche Konsequenzen aus den ökonomischen Grundlagen für die Notwendigkeit von Gerichten oder Gefängnissen folgen. Es muss daher kaum verwundern, wenn die utopischen Ordnungen – architektonisch wie sozial – gleichsam wie mit einem Zirkel auf dem Reißbrett konstruiert erscheinen. In der Konsequenz kennen die utopischen Gesellschaften auch so gut wie keinen sozialen Wandel. Sie sind statisch und konfliktfrei. Wo keine Kräfte von außen wirken, fehlen soziologische Prozesse und gesellschaftliche Dynamik. Damit ist man aber sogleich bei der Frage nach ihrem Geltungsanspruch angelangt. Utopien sind in ihrer klassischen Ausprägung fast allesamt rationale Gedankenexperimente, die in erster Linie der zeitgenössischen Gesellschaft den Spiegel vorhalten. Die Funktion des Textes liegt in einem Anstoß zur Reflektion über die Grundlagen der zeitgeschichtlichen Wirklichkeit. Mit dieser Funktion deckt sich über die längste Zeit der Utopiegeschichte auch die Intention der Utopisten. Sie beabsichtigen in den wenigsten Fällen einen Modellentwurf zur maßstabsgetreuen Totalrevision der Gesellschaft. Der unmittelbare Verwirklichungswille bleibt die seltene Ausnahme. Der Autor führt den Leser vielmehr in eine alternative Welt und verfolgt damit das Anliegen, diesen mit geschärftem Blick in die Realität zurückkehren zu lassen. Die pädagogische, zum Teil sogar spielerische Dimension der Utopietradition ist häufig übersehen worden. Man hat die Entwürfe an den falschen Stellen ernst genommen und ihre Urheber leichtfertig zu irrationalen Fantasten oder zu totalitären Vordenkern des 20. Jahrhunderts erklärt.

Wenn selbst bei Morus' *Utopia*, die zweifellos zu den besterforschtesten Texten der Ideengeschichte gehört, der Wechsel zwischen Ernst und Ironie immer wieder übersehen wurde, ja in manchen Fällen überhaupt nicht zu klären ist, dann muss nicht verwundern, dass auch viele weitere Entwürfe der Utopiegeschichte mit einem vorschnellen Fehlurteil belastet sind: Allzu gern wird der porträtierte Inhalt zur Idealstaatsvorstellung des jeweiligen Utopisten erklärt. Das führt im Einzelfall zu einer missverständlichen Deutung, im großen Kontext der Utopiegeschichte zu einem fehlgeleiteten Utopiebegriff.

Die nachstehende Darstellung gibt einen Überblick zur Geschichte der politischen Utopien. Dabei wird die Feststellung kaum verwundern, dass schon die Frage nach der „Geburtsstunde" der Utopie höchst kontrovers beantwortet wird: Wo sie als spezifisch abendländisch-neuzeitliches Phänomen betrachtet wird, lässt man sie für gewöhnlich beim „modernen" Mustertext von Morus beginnen.[15] Für einen weiten Utopiebegriff hingegen, dem die Utopie als philosophisch-anthropologische Konstante gilt, markiert die *Utopia* keine besondere Zäsur. Die Lesart verzichtet auf die These von der originären Neuzeitlichkeit der Utopie und folglich findet sich das Phänomen über die gesamte Menschheitsentwicklung verstreut, mitunter selbst in so unterschiedlichen Ausdrucksformen wie dem antiken Mythos, der mittelalterlichen Eschatologie oder der modernen Architektur.[16] Die Frage nach dem Beginn der Utopie steht somit nicht nur in engem Zusammenhang mit der ideengeschichtlichen Verortung von Morus' Schrift, sondern impliziert auch eine Vorstellung dessen, was unter Utopie überhaupt verstanden wird. Wer die prägenden Merkmale von Morus' Mustertext ernst nimmt, der kommt um die Feststellung allerdings kaum herum, dass sich die Utopie der Frühen Neuzeit – trotz mancher Anknüpfungs- und Berührungspunkte an bekanntes, antikes wie mittelalterliches Gedankengut – nicht als bloße Verlängerung oder Modifizierung bestehender Geistigkeit auffassen lässt; ihr ist etwas genuin Neues inhärent, das wohl auch die Autoren selbst so verstanden wissen wollten: Morus hat dies mit dem Begriff der „neuen Insel Utopia" ebenso signalisiert, wie Bacon mit seiner „Neu-Atlantis".

Wenngleich der vorliegende Überblick von der Überzeugung geleitet ist, dass die Utopie ein durchaus „modernes" Profil besitzt, so ist es für das Vorgehen kaum ratsam, den Begriff von vornherein auf die politische Neuzeit zu begrenzen. Der Blick auf mögliche Utopien oder Vorläuferformen in Antike und Mittelalter wäre bereits per Definition verbaut. Von Morus' Schrift ausgehend, soll die Perspektive deshalb sowohl rückwärts wie vorwärts gerichtet werden. Dem zentralen Stellenwert der *Utopia* trägt die Darstellung dadurch Rechnung, dass ihr Porträt dem chronologischen Überblick zunächst vorangestellt ist. Gleich zu Beginn soll damit ein analytischer Standard gesetzt werden. Anschließend werden in kurzen Einzelprofilen vor allem utopische Entwürfe und ihre Urheber porträtiert, aber auch politische Ansätze, Theorien und Denkströmungen, die gewisse Schnittmengen mit der klassischen Utopie aufweisen. Neben der historischen Perspektive verfolgt die Übersicht zugleich ein systematisches Anliegen. Das Vorgehen soll nicht nur erlauben, wesentliche Entwicklungslinien nachzuzeichnen, sondern auch zentrale Strukturelemente, Intentionen und Wirkungsweisen der Utopien aufzuzeigen sowie Abgrenzungen und Binnendifferenzierungen zu ermöglichen.

Jede historische Übersicht, die mit Beispielen operiert, ist vor das gleiche Problem gestellt: Ihre Auswahl ist in gewisser Weise immer willkürlich. Im Falle der Utopiegeschichte kommt hinzu, dass das Verständnis von „Utopie“ in der Forschung derart umstritten ist, dass sich je nach zugrunde gelegtem Utopiebegriff im Folgenden völlig unterschiedliche, zum Teil sogar sich gegenseitig ausschließende Beispiele finden würden. So sind vor allem mit dem sozialpsychologischen wie dem totalitären Begriffsmuster große analytische Schwierigkeiten für die Rekonstruktion der Utopiegeschichte verbunden. Einerseits findet sich dort eine fast groteske Ausweitung des Bedeutungsfeldes, etwa wenn bei Ernst Bloch Märchen, Mythen, Fabeln, Heilserwartungen, Tagträume oder Sozialprognosen unisono als Utopien angesprochen werden oder wenn der Wissenssoziologe Karl Mannheim (1893–1947) sämtliche ideologische Weltanschauungen der Neuzeit als Utopien wertet.[17] Andererseits sind die Begriffsmuster auch viel zu eng, weil selbst die prägenden Entwürfe der Utopiegeschichte dort keinen rechten Platz mehr finden. Hauptgrund ist, dass die Konzeptionen primär vom Wirkkontext der Utopien ausgehen. So hat beispielsweise für Karl Mannheim eine Vorstellung ausgerechnet dann als Utopie zu gelten, wenn sie sich als verwirklichbar herausgestellt hat, das heißt die Realisierung liefert ex-post den Beweis für die Utopie.[18] Nicht nur, dass diese Bestimmung der gängigen, auch alltagssprachigen Bedeutung völlig zuwiderläuft, verbunden ist damit auch, dass man immer erst nachträglich einen Maßstab in Händen hält, um ein Urteil über die Zugehörigkeit zum utopischen Denken fällen zu können. Nicht einzusehen ist jedoch, warum erst eine spätere Realisierung oder historische Wirkung darüber entscheiden soll, ob man einen früheren Entwurf als Utopie einzustufen hat. Für den totalitären Utopiebegriff gilt diese reduktionistische Perspektive kaum weniger. Das gesamte Erkenntnisinteresse ist dort ohnehin nur auf spätere totalitäre Exzesse eingeschränkt.[19]

Der nachstehende Überblick wird sich deshalb primär am klassischen Begriffsmuster orientieren. Dieser Ansatz ermöglicht, die Utopie als eigenständige Denktradition zu rekonstruieren, sie abzugrenzen und zugleich in Beziehung zu benachbarten Strömungen zu setzen, aber auch historische Konvergenzphänomene zu beschreiben. Als Utopien gelten fortan rationale Fiktionen menschlicher Gemeinwesen, die in kritischer Absicht den herrschenden Missständen gegenüber gestellt sind.

Unterscheiden lassen sich Utopien damit stichwortartig von allen Formen, deren Projektionen auf jenseitige, metaphysische oder längst vergangene Vorstellungen gerichtet sind, etwa der biblische Garten Eden, der Mythos vom Goldenen Zeitalter oder sämtliche eschatologische Heilserwartungen. Darüber hinaus sind Utopien stets rational mögliche Alternativen des menschlichen Zusammenlebens und tragen einen prinzipiell politischen Charakter: Magische Wünsche, Märchen, Traumassoziationen, Robinsonaden oder Schlaraffenland-Erzählungen – all diesen Fiktionen fehlt entweder das Merkmal der Sozialkritik oder es mangelt ihnen an der innerweltlichen Möglichkeit des Anders-Sein-Könnens. Science-Fiction ist in erster Linie Abbild und Verlängerung des wissenschaftlich-technischen Fortschritts, und insofern kein Instrument der Sozialkritik. Dass hier Überschneidungen denkbar sind, versteht sich fast von selbst; doch falls die technische Fantasie keinerlei gesellschaftspolitische Relevanz besitzt, ist die Abgrenzbarkeit sogar eindeutig. Zu unterscheiden ist die Utopie aber auch von Prognostik oder Futurologie, denn ihr geht es nicht um die möglichst treffgenaue Vorhersage kommender Entwicklungen auf der Basis einer empirisch-wertneutralen Methode, sondern um den normativen Anspruch, die Zukunft zum Besseren zu wenden.[20]

Das zentrale Auswahlkriterium für die folgende Darstellung ist der Versuch, Exemplarisches zu verdeutlichen. Das beinhaltet zum einen Modelle, die aufgrund ihrer Wirkungs- oder Rezeptionsgeschichte besonders einflussreich geworden sind und sich in diesem schlichten Sinne als „klassisch" einstufen lassen. Es umfasst aber auch besonders charakteristische Wendungen oder Neuerungen, die gleichfalls eine nachhaltige Wirkung auf den Verlauf des Utopiediskurses ausgeübt haben. Gedacht sei etwa an den Wandel von der Raum- zur Zeitutopie oder an den Umschlag vom positiv gemeinten Modell hin zum negativen Szenario der Warnung. Am Beginn dieser (neuzeitlichen) Geschichte steht, wie gesagt, die kleine Schrift von Thomas Morus. Ihre zentralen Merkmale und Grundideen werden im Mittelpunkt des folgenden Kapitels stehen.

2. Thomas Morus und seine Utopia

2.1 Das Rätsel: Leben und Werk

Das Rätsel um die richtige Lesart seiner Schrift hat die Nachwelt bis heute nicht losgelassen. Die Interpretationsversuche sind inzwischen Legion.[21] Kern des Streits ist dabei fast immer die Frage, wie ernst, im Sinne eines persönlichen Ideals, der Entwurf des utopischen Staatsmodells gemeint war. Die Frage hat viel mit Morus' Biografie zu tun, wenngleich damit auch viele falsche Fährten gelegt werden.

Geboren wurde Thomas Morus am 6. oder 7. Februar 1478 in London. Als Richter und Diplomat, als Gesandter und Parlamentssprecher, als Universitätsverwalter und Gelehrter hatte es Morus zu europäischer Bekanntheit gebracht. Neben Erasmus von Rotterdam, mit dem ihn eine lebenslange und tiefe Freundschaft verband, galt er als einer der größten Humanisten seiner Zeit. Eine steile Karriere führte ihn bis in das höchste Amt unter dem König: Von 1529 bis 1532 war Morus englischer Lordkanzler. Zwei Ereignisse ragen jedoch aus seiner Biografie heraus. Sie machten ihn hochberühmt und stehen sich doch scheinbar unversöhnlich gegenüber.

Da ist zum einen der Märtyrertod. Morus wurde man 6. Juli 1535 auf dem Towerhügel enthauptet. Der historische Hintergrund ist eines der prägendsten Ereignisse der englischen Geschichte. Mit der Entscheidung von Heinrich VIII., seine Ehe mit Königin Katharina für ungültig erklären zu lassen und Anna Boleyn zu heiraten, nahm auch das unglückliches Schicksal von Morus seinen Lauf. Der König hoffte seit geraumer Zeit auf einen männlichen Thronerben. Er schwärmte zudem leidenschaftlich für Anna Boleyn, die sich ihm als Mätresse aber verweigerte. Überdies war die Ehe mit der Spanierin Katharina nicht mehr von besonderem politischen Nutzen, weil sich England auf die Seite Frankreichs zu schlagen begann. Als der Papst dem König das Vorhaben verwehrte, scheute Heinrich keine Eskalation mehr. Er trennte die englische Kirche von Rom und ließ sich zum Oberhaupt seiner neuen Anglikanischen Kirche ausrufen. Der englische Thron führt den Titel bis heute. Begleitet wurde die Affäre von einem an Spitzfindigkeit kaum zu überbietenden Theologenstreit.[22] Viele Menschen verloren im Gefolge der Auseinandersetzung ihren Kopf. Nach dem einmal begangenen Tabubruch kannte Heinrich keine Hemmungen mehr: Insgesamt sechs Mal war er verheiratet; zwei seiner Ehefrauen, darunter Anna Boleyn, endeten auf dem Schafott. Die Aufhebung der Klöster und Stifte machte 6251 Mönche und 1560 Nonnen obdachlos. Heinrich entwickelte sich zu einem der grausamsten Herrscher der englischen Geschichte.

Das Manöver seines Königs hatte Morus von Anfang an mit Skepsis begleitet. Die protestantische Reformation lag erst wenige Jahre zurück. Morus sah die Einheit der Christen endgültig bedroht. Bereits im Mai 1532 war er unter vorgeschobenen Gründen vom Amt des Lordkanzlers zurückgetreten. Öffentlich ließ er nichts verlauten, auch nicht, als der längst vorgezeichnete Weg seinen Lauf nahm: Am 25. Januar 1533 heiratete Heinrich heimlich Anna Boleyn, am 1. Juni wurde sie zur Königin gekrönt. Als Morus schließlich 1535 im Palast von Lambeth genötigt wurde, den Eid auf die neue Kirche zu leisten, verweigerte er den Schwur. Man warf ihn daraufhin in den Tower, machte ihm den Prozess und verurteilte ihn zum Tode mit den denkbar grausamsten Methoden. Sein Strafurteil sah vor, ihn durch Londons City zu schleifen, lebendigen Leibes sollte ihm das Geschlechtsteil abgeschnitten, der Bauch aufgeschlitzt, die Eingeweide herausgerissen und verbrannt werden. Danach sollte man ihn vierteilen und jedes der vier Teile auf einem der Tore Londons und sein Haupt auf der London Bridge zur Schau stellen. Morus blieb die Prozedur erspart, weil ihn der König in letzter Sekunde zum Tod durch Enthauptung begnadigte. Von der Hinrichtung sind allerdings keinerlei Äußerungen der Bitterkeit überliefert. Vielmehr kommentierte Morus das Hinrichtungszeremoniell mit Ironie. Zum Gouverneur des Towers soll er scherzend gesagt haben: „Helft mir bitte beim Hinaufsteigen, Master Kommandant, für mein Herunterkommen laßt mich selber sorgen." Seine letzten Worte, die über die Jahrhunderte hinweg inzwischen zum geflügelten Wort geworden sind, lauteten: „Ich sterbe als des Königs treuer Diener, doch Gottes zuerst.“[23] Seit 1935 zählt ihn die katholische Kirche zu ihren Heiligen.

Doch ausgerechnet dieser Mann, der für die Einheit der Kirche sein Leben opferte, hatte knapp zwei Jahrzehnte zuvor eine Schrift veröffentlicht, die mit seinem Märtyrertod völlig unvereinbar schien. In seiner *Utopia* von 1516 beschrieb Morus kein genuin christliches Gemeinwesen, sondern einen weitgehend heidnischen, rationalistischen und sozialistischen Staat. Der Widerspruch schien so unüberbrückbar, dass viele Kommentatoren kurzerhand einen tiefen Bruch in Morus' Biografie unterstellten. Vom erzkonservativen Katholiken (Reinhold Baumstark) bis zum überzeugten Sozialisten (Ernst Bloch) reichte die Spanne, die die Auflösung des Rätsels mit dem Argument versuchte, Morus sei eben bis zur Abfassung der *Utopia*, oder zumindest während dieser Zeit, kein Christ im dogmatischen Sinne gewesen.[24] Der Inhalt der Schrift schien Beweis genug, um den Verfasser als aufgeklärten, ja zutiefst antiklerikalen Gelehrten einzustufen. Diese Einschätzung ist jedoch schlechterdings falsch. Ein „heidnischer“ Morus ist zu keiner Sekunde seines Lebens und Schreibens überliefert. Bereits die frühen Jahre zeigen einen tieffrommen Menschen. Immerhin vier Jahre (1499–1503) lebte er, ohne ein Gelübde abzulegen, bei den Londoner Kartäusern. Die Entscheidung zugunsten einer bürgerlichen Laufbahn ist wohl auf zwei Faktoren zurückzuführen: die Rolle seines Vaters und das Eingeständnis, ungeeignet für den Zölibat zu sein. Erasmus schrieb, Morus wollte lieber ein reiner Ehemann als ein unkeuscher Priester sein.[25] Morus aber blieb zeitlebens ein frommer Christ, der selbst der Askese gegenüber nicht abgeneigt war. Bis zu seinem tragischen Tod fastete und betete Morus zu regelmäßigen Zeiten und sein Schwiegersohn Roper berichtet, dass er heimlich „ein härenes Hemd auf der bloßen Haut“ trug und seinen Körper von Zeit zu Zeit „mit einer geknoteten Geißel“ kasteite.[26] Auch Morus' Schriften geben keinen Anlass, an seinem Katholizismus zu zweifeln. Ob in seinen Epigrammen oder den Übersetzungen des griechischen Satirikers Lukian (1505/06), ob in der frei übertragenen Biografie des Pico della Mirandola (1505) oder dem dramaturgischen Werk über die *Geschichte Richard III.* (1514) – immerzu tritt dort ein ebenso gottesfürchtiger, historisch interessierter wie politisch engagierter Humanist und Literat hervor. Bis zur Abfassung der *Utopia* (1515/16) spricht nichts für die These eines zeitweilig „unchristlichen" Morus. Im Anschluss daran ist das noch weit weniger der Fall: Ab Mitte der 1520er-Jahre engagierte er sich mit theologischen Kontroversschriften vehement gegen reformatorisch gesinnte Zeitgenossen (Luther, Tyndale). Und die Zeit im Tower ist schließlich reich an christlicher Erbauungsliteratur, tröstlichen Briefen und frommen Gebeten. Wenn man also nicht behaupten will, dass Morus in den wenigen Monaten während der Abfassung der *Utopia* von einem „heidnischen Fieber" befallen wurde, dann heißt das: Es steckt hinter der *Utopia* kein heidnischer Verfasser. Die genannten Urteile werfen daher vielmehr ein grelles Licht auf das methodisch höchst problematische Vorgehen, vom Inhalt des utopischen Entwurfs auf die persönliche Ansicht des Autors zu schließen. Auf dem Prüfstand steht damit aber noch weit mehr, nämlich zugleich, was gemeinhin fast als Synonym zur Utopie gilt: die Fiktion eines im Sinne des Autors idealen Gemeinwesens.

Gleichwohl muss man sich auch davor hüten, die *Utopia* nur vor dem Hintergrund von Morus' dramatischem Ende zu betrachten. Als er sie niederschrieb, stand das Ereignis der Reformation noch bevor. Diese Zäsur hat das geistige Klima in Europa nachhaltig verändert und die Fronten polarisiert. Auch Morus' Reformeifer ist dadurch gemäßigter geworden.[27] Eine Verbindung zwischen seinem Märtyrertod und seiner berühmtesten Schrift gibt es dennoch: Der Mensch, dem selbst im Augenblick des Todes der Humor nicht zu nehmen war, war auch zeitlebens ein ebenso ernsthafter wie heiter-ironischer Charakter. Und exakt in diese beiden Gesichter blickt man letztlich auch bei der Lektüre seiner *Utopia*. Vor allem das beständige Schwanken zwischen Ernst und Ironie ist einer der Hauptgründe für die beinahe groteske Palette der Interpretationsperspektiven.

Nach Morus' Seligsprechung (1886) und mehr noch nach der Kanonisation (1935) begannen in konservativ-katholischen Kreisen verstärkt Versuche, die „heidnische" *Utopia* mit ihrem christlichen Autor vereinbar zu machen. Wollte man die Schrift nicht sogleich als Morus' „größten Missgriff"[28] werten, dann musste man sie zu einem rein ironischen Spiel, zu einem einzigen humanistischen Jux erklären.[29] Völlig anders werteten allerdings die sozialistischen Vertreter die Schrift. Nicht als Scherz, sondern als Morus' ganz persönlicher und sozialistischer Idealstaatsentwurf galt dort die *Utopia*. Der bekannte Sozialist Karl Kautsky hielt die *Utopia* für die wichtigste vorwissenschaftliche Version des modernen Kommunismus; und er war damit nur der erste Vertreter einer langen Reihe von Autoren, die keineswegs nur sozialistische Kommentatoren umfasste.[30] Auffallend an den vielen Lesarten der *Utopia* – von denen hier nur zwei exemplarisch herausgegriffen wurden – ist allzu oft die Einseitigkeit bei der Beobachtung oder Betonung bestimmter Aspekte. Zudem hat sich die Forschungsliteratur inzwischen darin überboten, eine schier endlose Liste an möglichen Quellen oder Vorbildern zur *Utopia* zu erstellen, die nicht selten monokausal zur Entschlüsselung des Werkes dienten: Platons *Politeia*, die Gemeinschaft der Urchristen, Augustinus' *Gottesstaat*, die Ironie Lukians, die römischen Satiriker Horaz und Juvenal, das Klosterleben, die Gattung der Fürstenspiegel oder Amerigos Reiseberichte – all diese Einflüsse und Quellen lassen sich problemlos nachweisen und je nach Blickwinkel wird man somit auch stets sozialistische, idealstaatliche, satirische, reformerische, heidnische, machtpolitische, moderne oder mittelalterliche Elemente in der *Utopia* finden. Doch für viele Lesarten gilt, was bereits Eberhard Jäckel 1955 mit Nachdruck kritisierte: Es mangelt ihnen selten an der Entdeckung neuer Momente, vielmehr kranken sie an Überbetonung oder Verabsolutierung.[31]

Für eine dritte Gruppe ist die *Utopia* daher zunächst ein Zeugnis frühhumanistischen Denkens.[32] Wenngleich viele Einzelfragen auch innerhalb dieser Perspektive offen und strittig geblieben sind, so verfügt der „humanistische" Ansatz doch zumindest über den Vorteil, einen Einzelaspekt nie für das Ganze zu nehmen. Die Antwort auf die Frage nach der richtigen Interpretation der *Utopia* – und damit auch ein wichtiges Vorverständnis des Utopiebegriffs – lässt sich selbstredend nicht ohne Blick auf die Schrift selbst gewinnen.

2.2 Grundzüge und Gestaltungsmerkmale der Utopia

Rein formal handelt es sich bei der *Utopia* um einen literarischen Dialog, dessen Thema der „beste Staat" ist. Ort der ausgesprochen dürftigen Handlung ist Antwerpen, eine der wichtigsten Handelsmetropolen Europas im frühen 16. Jahrhundert. Das Buch beginnt nachweislich autobiografisch: Morus befindet sich von Mai bis Oktober 1515 auf einer königlichen Gesandtschaft in Flandern, um dort über Handelsverträge zwischen englischen und niederländischen Kaufleuten zu vermitteln. Als die gegnerische Delegation vorübergehend abreist, um erneut ihre Auftraggeber zu konsultieren, nutzt Morus die Gelegenheit, den befreundeten Humanisten Peter Gilles in Antwerpen zu besuchen.

Von hier ab verlässt die Erzählung den Boden der Tatsachen und geht in den Bereich der Fiktion über. Nach einem Gottesdienstbesuch trifft der Ich-Erzähler seinen Freund Peter Gilles, den Stadtschreiber von Antwerpen, den er in ein Gespräch mit einem Fremden verwickelt sieht. Der Fremde ist Raphael Hythlodaeus. Die Gesprächspartner begeben sich in den Garten von Morus' Antwerpener Domizil, gehen mittags Essen und kehren nachmittags in den Garten zurück. Das Gespräch endet abermals im Speisezimmer mit dem Wunsch auf baldige Fortsetzung des Dialogs. Damit ist im Grunde alles zum formalen Geschehen in der *Utopia* gesagt: Nicht die Handlung kennzeichnet die Schrift, sondern die im Gespräch behandelte Gedankenwelt. In einer über weite Strecken monologisierenden Rede berichtet Hythlodaeus im zweiten Teil von der fernen und glücklichen Insel „Utopia". Diesem Bericht gehen aber zunächst zwei ausführliche Erörterungen im ersten Buch voraus. Dabei handelt es sich zum einen um die Frage, ob nicht ein so erfahrener und philosophischer Kopf wie Raphael in den Dienst eines großen Fürsten treten sollte, um diesem mit seinem Rat zur Seite zu stehen. Raphael lehnt den Vorschlag kategorisch ab. Zum Zweiten trägt Raphael eine massive Sozialkritik vor, die sich gegen die innenpolitische Situation Englands sowie das außenpolitische Verhalten der Fürsten Europas richtet. Bereits damit ist angezeigt, dass sich Morus' Utopie nicht im Porträt einer imaginären Welt erschöpft. Mindestens ebenso bedeutsam erscheint die kritische Diagnose der

Gegenwart, die Auseinandersetzung mit den sozialen und politischen Verhältnissen der Zeit.

Die Komposition der Schrift erschließt sich zum Teil bereits aus ihrem unmittelbaren Entstehungskontext. Auf seiner Gesandtschaft in Flandern hat Morus auch das zweite Buch, also den Bericht über die entlegene Insel, niedergeschrieben. Nach seiner Rückkehr nach England sah sich Morus dann mit der Notwendigkeit konfrontiert, sich intensiv mit den politischen Realitäten seiner Zeit auseinanderzusetzen, vor allem durch das dringende Ersuchen, seine Dienste künftig allein dem König zu widmen. Erst in London fügte er das erste Buch nachträglich hinzu. Dieser Teil ist deshalb vor allem das Ergebnis von Morus' Reflexion über die Problematik, wie man in einer korrupten Wirklichkeit politische Verantwortung übernehmen kann, ohne dabei von den moralischen Prinzipien eines christlichen Humanismus abzufallen. Mit dem Vorziehen des später geschriebenen ersten Teils entsteht der Eindruck, und diese Wirkung ist zweifellos gewollt, dass der Anlass zur spielerischen Reflexion über das fiktive Gemeinwesen die kritische Betrachtung der europäischen Zustände gewesen sei. Die Konstellation aus beiden Büchern erfüllt damit zwei Funktionen: Sie ist einerseits Darstellung dessen, was ist, aber nicht sein sollte; andererseits ist sie auch der fantasievolle Entwurf einer anderen Welt, die als Denkanstoß und kritisches Korrektiv zugleich fungiert. Ohne ein eindeutiges Reformideal zu verkörpern oder unmittelbare Handlungsanleitungen zu geben, besitzt die *Utopia* sehr wohl einen Erkenntniswert für die zeitgenössische Wirklichkeit. Morus geht es aber nicht darum, die geschilderte Fiktion in die Wirklichkeit zu überführen, sondern durch die Betrachtung der utopischen Welt die Defizite der Herkunftsgesellschaft umso deutlicher erkennbar zu machen.

Nach Vollendung der Schrift in London schickte sie Morus an Erasmus. Im Dezember 1516 erschien sie erstmals in Löwen unter dem Titel: „Wahrhaft goldenes, nicht weniger nützliches als vergnügliches Büchlein über den besten Staat und die neue Insel Utopia." Obwohl das Werk sofort den ungeteilten Beifall aller herausragenden Humanisten seiner Zeit fand, ein Beifall, der bis heute nicht verstummt ist, spielt Morus in der Vorrede an Peter Gilles den eigenen Anteil an seinem Werk deutlich herunter. Mit dem originellen Einfall, er müsse nur wiedergeben, was ihm Raphael berichtet habe, beansprucht Morus nur noch die Rolle eines Herausgebers. Außerdem wendet er sich mit der Bitte an Gilles, er möge doch Raphael nochmals zu einigen Details befragen, vor allem: Wo denn die glückliche Insel Utopia liege?[33] Damit aber gleicht der Widmungsbrief dem sprichwörtlichen „Wink mit dem Zaunpfahl". Morus macht bereits zu Beginn der Lektüre den Leser ziemlich offensichtlich auf die spielerischen Aspekte des Werkes aufmerksam. Das Augenzwinkern fällt mitunter so deutlich aus, dass die Hinweise auf einen hintersinnigen und bisweilen spöttisch aufgelegten Verfasser kaum zu übersehen sind.

Die *Utopia* ist gleichwohl nicht nur Spiel. So entzündet sich die harsche Sozialkritik des ersten Buches an der steigenden Zahl von Dieben und Bettlern in England. Raphael wehrt sich dabei vehement gegen die Auffassung, die Diebe würden die drakonischsten Strafen bis hin zum Galgen verdienen: Das Todesurteil, so Raphael, sei weder gerecht, noch sei es im Interesse des Staates. Er analysiert das Phänomen ausgesprochen rational und führt es auf sozial-ökonomische Ursachen zurück. Verantwortlich für die ungerechte Situation sei in Wahrheit die Praxis der englischen Großgrundbesitzer: Durch das großflächige Einzäunen früheren Gemeindelandes (Allmende) und der Umwandlung von Acker- zu Weideland würden die Agrarflächen nun zunehmend für die Schafzucht und Textilproduktion okkupiert. Was aber bleibe den Unglücklichen dann anderes übrig, so fragt Raphael, als Haus und Hof zu Schleuderpreisen zu verkaufen und als Bettler oder Diebe in die Städte zu ziehen? Dort würden sie nun aber schon eines gestohlenen Sümmchens wegen aufgehängt.[34] Nicht an das Gewissen der Großgrundbesitzer richtet sich Raphaels Appell, noch weniger an das Seelenheil der Armen; vielmehr werden die Missstände als tiefe Krise der Sozialverfassung diagnostiziert. Die Kritik ist ohne Spott vorgetragen und sie ist so analytisch-rational und auffallend deutlich zugleich, dass kaum ein Grund besteht, ihre grundsätzliche Ernsthaftigkeit anzuzweifeln.

Des Weiteren beinhaltet das erste Buch eine Kritik der außenpolitischen Praktiken der europäischen Fürsten. Zu diesem Zweck schildert Raphael eine hypothetische Szene, die er an den Hof des französischen Königs verlegt.[35] Er lässt dort die Höflinge eine Fülle von macht- und eroberungstaktischen Vorschlägen unterbreiten, die in auffälliger Weise an Machiavellis *Principe* erinnern, etwa wie Bündnisse geschlossen und Verträge gebrochen, wie Gegner ruhig gestellt und neue Territorien erobert werden können.[36] Die Art dieser Gespräche dient Raphael als schlagendes Argument gegen eine mögliche Beraterfunktion, weil er in den höfischen Kreisen entweder selbst korrumpiert oder rasch vertrieben würde. Die Streitfrage, ob der Philosoph in den aktiven Fürstendienst treten soll, ist das eigentliche Kernproblem des ersten Buches. Die weiteren Diskussionspunkte gehen aus dieser Erörterung hervor und während Raphael mit seiner Sozialkritik weitgehend Zustimmung findet, bleibt diese Kontroverse offen und endet argumentativ unentschieden. Morus und Gilles betonen wiederholt, dass es bei aller offensichtlichen Ungerechtigkeit dennoch nötig bleibe, durch das persönliche Engagement wenigstens einen Beitrag zur Besserung zu leisten.

Der Streit um den Vorzug von *vita actica* oder *vita contemplativa* war für die Humanisten der damaligen Zeit nichts Neues; die Entscheidung betraf ein unmittelbares Problem. Die Humanisten formten ein neues Bild, eine neue Stellung des Menschen, die sich deutlich von der hierarchischen Abstufung des Mittelalters unterschied. Sie bemühten sich um eine neue, wesensgemäße Bestimmung von Herrschaft, Bildung, Gesetz, Eigentum und Strafe; und sie versuchten nicht nur Gehör bei den Trägern der politischen Macht zu finden, sondern traten meist selbst in den Dienst der Fürsten, um sich dort aktiv für die Umsetzung ihrer Ideen einzusetzen. Auch Morus selbst sah sich vor diese Entscheidung gestellt, und er hat sich die Antwort keineswegs leicht gemacht. Sein Leben ist ein beständiges Schwanken zwischen den Polen der rein geistigen Existenz eines christlichen Gelehrten und der aktiv-politischen als Staatsmann. Die zentrale Stellung der Berater-Thematik nährt daher den Verdacht, dass Morus an dieser Stelle, argumentativ und kontrovers, einen Grundkonflikt seines eigenen Lebens ausgetragen hat. Überzogen freilich scheint es, darin sogar den tiefen psychologischen Konflikt einer gespaltenen Persönlichkeit zu erblicken, die zeitlebens bereut hat, nicht Mönch geworden zu sein.[37] Das Dilemma beschäftigte schließlich nicht nur Morus, sondern den gesamten christlichen Humanismus der damaligen Zeit.

Das zweite Buch, rund zwei Drittel des Textes, ist dann ganz auf die Beschreibung Utopias konzentriert. Raphaels Schilderung folgt dabei keiner strengen oder konsequenten Gliederung. Dennoch ist die Darstellung inhaltlich erschöpfend und kennt im Wesentlichen fünf größere, aufeinander aufbauende Kapitel: Die Schilderung beginnt mit der geografischen Lage, der Landesstruktur und den Städten Utopias. Im Anschluss folgt die Beschreibung der sozioökonomischen Ordnung (Arbeit, Handel, Freizeit), ehe der Bericht zur utopischen Lebensphilosophie, der Ethik und dem Erziehungs- und Bildungssystem übergeht. Der vierte Abschnitt mit der Schilderung des Kriegswesens und den Hinweisen auf Verbrecher, Sklaven und Ehebrecher verdunkelt dann in Teilen das Bild. Die zentrale Bedeutung des Kapitels liegt in der Abweichung von der bis dahin weitgehend positiven Normgestalt des utopischen Gemeinwesens. Der fünfte und letzte Abschnitt konzentriert sich schließlich auf die Religion der Utopier, einschließlich der Behandlung der Todesthematik. Willi Erzgräber spricht aufgrund des Aufbaus daher von einer insgesamt „dramatischen" Linienführung.[38] Die Hinweise zum formalen Aufbau sollen hier vorerst genügen, weil sich an späterer Stelle noch eine genauere Analyse des utopischen Staatswesens anschließen wird.

In der Schlussszene wird die Dialogsituation wieder aufgenommen. In einem leidenschaftlichen Plädoyer für das utopische Gemeinwesen bricht Raphael mit seiner anfangs quasi-neutralen Berichterstattung. Der „Dialog-Morus" reagiert ausweichend. Sein Verweis auf das anstehende Abendessen setzt dem Gespräch ein vorzeitiges Ende. Morus lobt sowohl die beschriebenen Einrichtungen wie die Rede des Raphael. Seine Bedenken, namentlich gegenüber der Kriegspolitik, der Religion und der kommunistischen Lebensweise der Utopier, formuliert Morus nicht mehr an die Adresse Raphaels, sondern richtet sie direkt an den Leser. Er schließt mit dem Satz: „Inzwischen kann ich zwar nicht allem zustimmen, was er gesagt hat, obschon er unstreitig sonst ein ebenso gebildeter wie welterfahrener Mann ist, jedoch gestehe ich gern, daß es im Staate der Utopier sehr vieles gibt, was ich unseren Staaten eher wünschen möchte als erhoffen kann."[39] Damit endet die *Utopia*. Der zentrale Aspekt einer endgültigen Bewertung des Gesagten wird vertagt. Ein solcher Schluss ist im Grunde noch gar keiner. Das Ende ist bewusst offen gelassen; und es ist nun am Leser, Raphaels Standpunkte im Einzelnen zu prüfen. Die Erzählstruktur führt zu einer argumentativen Pattsituation, die verhindert, dass sich der Leser vorbehaltlos auf die eine oder andere Seite schlagen kann. Die Aufgabe des Nachdenkens und der Bewertung wird dem Publikum übertragen und in dieser Weise ist der Aufruf zur eigenen Urteilsbildung ebenso unverkennbar wie die Parallele zu Platons Dialogen.

Von zentraler Bedeutung für das Verständnis der gesamten Schrift sind die dort auftretenden Personen. Die schillerndste Gestalt ist zweifellos der einzige, frei erfundene Charakter: Raphael Hythlodaeus. Ein erster Zugang erschließt sich über seinen Nachnamen. Dieser nämlich enthält – wie schon die Utopia-Wortschöpfung – zwei griechische Begriffe: „hýthlos" heißt Posse oder Geschwätz; bei dem Wort „dáios" ist allerdings die Betonung entscheidend: dāios (mit langem a) heißt „feindlich", demzufolge wäre Raphael der Feind des Geschwätzes oder eben: der inhaltsschwere, weise Philosoph. Liest man jedoch dăios (mit kurzem a), wie es die meisten Interpreten tun, dann erhält man Raphael, den Schwätzer und Possenerzähler, denn das Wort bedeutet so viel wie „erfahren" oder „kundig".[40] Dass allein damit das Vorzeichen der gesamten Utopia-Schilderung wechselt, liegt auf der Hand. Doch nicht einmal das ist wirklich eindeutig: Selbst bei einer unzweideutigen Übersetzbarkeit könnte der Name im Sinne humanistischer Satire noch immer ironisch gemeint sein.

Im Text wird Hythlodaeus zunächst vorgestellt als ein ehemaliger Reisebegleiter des Amerigo Vespucci. Morus hält ihn deshalb anfänglich für einen Seemann, doch Gilles entgegnet ihm: „Weit gefehlt! (…) Jedenfalls fährt er nicht zur See wie Palinurus, sondern wie Odysseus oder, besser gesagt, wie Platon."[41] Der Platon-Vergleich, die Seefahrt und die Weltentdeckung sind unverkennbar Hinweise und Metaphern für philosophische Wahrheitssuche. Der Verweis auf Platon bereitet zudem Raphaels Thema vor: die Frage nach dem „besten" Staat. Konzipiert ist die Figur als deutliche Kontrastfolie zu den übrigen Personen der Erzählung. Im Gegensatz zu Morus und Gilles kennt Raphael weder private noch berufliche Pflichten. Auch sein gesamtes Vermögen hat er bereits zu Lebzeiten seinen nächsten Verwandten vererbt, um sich auf diese Weise von jeder sozialen Verantwortung freizukaufen.

Darüber hinaus ist Raphael ein großer Vereinfacher. Ablesen lässt sich das an seinem Diktum, wonach alle Besitzenden unnütz und frevelhaft seien, Arme und Besitzlose dagegen prinzipiell bescheiden und gut. Mit der Abschaffung des Geldes, so Raphael, werde auch die Geldgier verschwinden und damit zugleich Betrug, Raub, Mord, Streit, Furcht und Sorgen.[42] Hythlodaeus verkürzt nicht nur gern, bisweilen verfängt er sich sogar in groteske Widersprüche. So entwirft ausgerechnet er – die Losgelöstheit in Menschengestalt – das Bild eines Gemeinwesens, in dem das Kollektivinteresse über jede individuelle Selbstbestimmung triumphiert. Ferner besitzt Raphael eine besondere Vorliebe und Gabe, um von politischen Einrichtungen fremder Länder zu berichten. Auf der Insel Utopia gelten Diskussionen über Politik, außerhalb von Senat und Volksversammlungen, allerdings als Hochverrat.[43] Raphael ist zudem ein Weitgereister; in Utopia aber muss man sich für jedes Verlassen des Wohnbezirks einen Erlaubnisschein holen und reist im Normalfall in der Gruppe. Außerdem besteht Raphael während seiner Ausführungen explizit darauf, nur von den „Einrichtungen zu berichten, nicht aber diese zu rechtfertigen."[44] Gegen Ende seiner Rede formuliert er jedoch ein derart flammendes Plädoyer für die Utopier, dass er seine angeblich neutrale Haltung damit völlig ad absurdum führt.[45] Fast noch kurioser ist die Diskussion um die Todesstrafe: Im ersten Buch der *Utopia* begründet Hythlodaeus seine Ablehnung, selbst Diebe zum Tode zu verurteilen, mit so grundsätzlichen, christlich-humanistischen Argumenten, dass eine Revision seines Standpunkts nicht mehr möglich scheint: „Gott hat verboten zu töten, und wir töten so leicht wegen eines entwendeten Groschens (…). Nun hat uns Gott aber nicht nur die Verfügung über das fremde, sondern auch über das eigene Leben entzogen."[46] Nur kurz darauf lobt Raphael allerdings beim Volk der Polyleriten, und später dann auch bei den Utopiern selbst, die dort praktizierte Todesstrafe.[47] Überdies kennen die Utopier sogar die staatlich erlaubte, ja geförderte Euthanasie.

Die gesamte *Utopia* würde man indes kräftig missverstehen, wollte man Hythlodaeus nur als eine literarische Karikatur interpretieren. Trotz all der unübersehbaren Widersprüche, weisen ihn seine Argumentationen bisweilen als höchst kompetenten Beobachter und Kritiker aus. Seine

Kenntnisse der englischen Verhältnisse um 1500 und die unterbreiteten Lösungsvorschläge sind zum Teil von solcher Ernsthaftigkeit und so hohem Realitätssinn, dass man in Raphael nicht einfach die Parodie eines selbstgerechten Menschentyps sehen darf. „Schafft diese verderblichen Seuchen aus der Welt!", so fordert Hythlodaeus: „Schränkt diese Ankäufe der Reichen ein und die Möglichkeit, sie wie ein Monopol zu handhaben! Laßt nicht so viele vom Müßiggang leben! Stellt die Landwirtschaft wieder her! Belebt die Wollspinnerei! Somit hättet ihr ein ehrliches Gewerbe, in dem sich diese müßige Schar nützlich betätigen könnte: einmal die Leute, die die Not bisher zu Dieben machte, dann auch die, die jetzt als Landstreicher oder faulenzende Dienstleute herumlungern, beides zweifellos künftige Diebe."[48] Anflüge von Ironie sind dabei nicht erkennbar. Zudem hatte Raphael bereits im ersten Buch eine Theorie des guten Herrschers entwickelt, die sich vollkommen und nachweislich mit Morus' persönlichen Ansichten deckt.[49] Raphael mag phasenweise wie ein verbohrter und wirklichkeitsfremder Idealist erscheinen; bisweilen fungiert er jedoch unzweifelhaft als das Sprachrohr des Morus. In der Figur des Hythlodaeus liegt im Grunde der gesamte Reiz des *Utopia*-Projekts verborgen. Der gleiche Raphael, der sich in so viele Widersprüche verfängt, trägt auch die harsche Sozialkritik sowie alle in der *Utopia* entwickelten Reformperspektiven vor. Hieraus leitet sich seine zentrale Funktion für das gesamte Werk ab, weil der Leser jederzeit zur Vorsicht und zur Prüfung des Vorgetragenen aufgerufen bleibt.

Eine ähnliche Stellung kommt auch der Morus-Figur der Erzählung zu. Diese formuliert über weite Strecken Positionen des Autors, etwa wenn Morus im Streit um die Fürstenberatung Vorbehalte gegenüber der weltfremden „Schulphilosophie" des Hythlodaeus erhebt oder wenn er bezweifelt, dass die Abschaffung von Geld und Privateigentum zu öffentlichem Reichtum führt.[50] Der fiktive Morus wendet sich gegen zentrale Einrichtungen des utopischen Staates und ist damit als Korrektiv zu Hythlodaeus' Erzählung von nicht unwesentlicher Bedeutung. Trotzdem bleibt Vorsicht geboten. Die Dialogfigur ist beispielsweise nicht in der Lage, die sprechenden Namen der Personen und Orte zu deuten. Ferner wird in der Schlussszene zu Bedenken gegeben, dass durch die Einrichtung des Kollektiveigentums doch „aller Adel, alle Erhabenheit, aller Glanz, alle Würde, alles, was nach allgemeiner Ansicht den wahren Schmuck und die wahre Zierde eines Staatswesens ausmacht, vollständig ausgeschaltet" werde.[51] Wenn Morus seine Zweifel allerdings nicht mit der „eigenen", sondern mit der „allgemeinen Ansicht" begründet, dann mag die Satire durchaus erkennbar sein, vor allem, wenn man halbwegs mit Morus' Haltung gegenüber der Prunksucht an den europäischen Fürstenhöfen vertraut ist. An dieser Stelle spricht nicht der Autor, er hat vielmehr seiner Dialogfigur die Maske der „öffentlichen Meinung" aufgesetzt und diese wird ganz offensichtlich selbst das Opfer einer Täuschung. Man kann Morus hier ein ähnliches Vorgehen unterstellen, wie es die von ihm geschätzten römischen Satiriker Horaz und Juvenal praktizierten. Auch diese werden in den eigenen Werken bisweilen zu Reingefallenen und machten sich selbst zur Zielscheibe des Spotts.[52]

Zusammengefasst heißt das: Keine der Figuren der *Utopia* ist eine eindeutige und geschlossene Gestalt. Im Laufe des Dialogs widersprechen sich die Figuren nicht nur gegenseitig, sondern mitunter sogar sich selbst. Auch trägt die formale Struktur dazu bei, dass keine Person eine argumentative Überlegenheit gewinnt. Bereits Hubertus Schulte Herbrüggen hat daher mit Recht darauf verwiesen, dass die Frage, welche der beiden Figuren die Ansicht des Verfassers repräsentiert, falsch gestellt ist. Vielmehr muss die Frage lauten: Welche Ansicht spricht aus dem Zusammen- und Gegenspiel der *beiden* Erzähler?[53] Die spielerische Komplexität der *Utopia* erschließt sich also keineswegs auf Anhieb. Was beim ersten Lesen für leicht verständlich, eindeutig und unmittelbar einsehbar erscheint, das beginnt seine Wirkung oft erst zu entfalten, wenn man die Einzelteile des Werkes in Beziehung setzt und als Leser in einen „infiniten Prozeß des Auslegens, des Kombinierens und Abwägens hineingezogen wird."[54] Dieses diskursive Anliegen kennt gleichwohl einen roten Faden, der im Folgenden näher verdeutlicht werden soll.

2.3 Das Experiment: Vernunft als Staatsprinzip

Man kann die *Utopia* als ein höchst ambivalentes „Lob der Vernunft" auffassen. In enger und wohl auch durchaus gewollter Analogie zum *Lob der Torheit* seines Freundes Erasmus[55] ist das Werk in gewisser Weise sogar eine Art Komplementärschrift. Sie lobt aber nicht wie Erasmus' „Torheit" – mal ernst, mal ironisch – die menschlichen Affekte und Leidenschaften, sondern ihren Widerpart: die Vernunft. Nichts existiert in *Utopia*, das nicht ausdrücklich rational erklärt wird oder sich zumindest rational erklären ließe. Bei genauerer Betrachtung wird zudem offenbar, dass es sich um eine ganz bestimmte Qualität der Vernunft handelt. Nicht weniger häufig, wie eine Einrichtung oder Sitte als vernünftig gelobt wird, ist zu hören, sie sei nützlich. Und für vernünftig halten die Utopier vor allem, was den Gesamtnutzen des Gemeinwesens maximiert. Die *Utopia* erprobt die utilitaristische Rationalität in allen gesellschaftlichen Bereichen – mit allen positiven, aber auch, was gerne übersehen wird, mit allen negativen Konsequenzen.

Voraussetzung für das Vernunftexperiment ist zunächst die Isolation des Gegenstandes. Gleich zu Beginn des zweiten Buches berichtet Raphael deshalb, dass der Gründungsfürst Utopos vor 1760 Jahren die Halbinsel Abraxa vom Festland durch einen 15 Meilen breiten Graben abtrennen ließ.[56] Zudem ist die Insel durch natürliche Hindernisse sowie künstliche Verteidigungsanlagen bestens geschützt. Um die Möglichkeit des experimentellen Erkundens zu gewährleisten und um die wirkenden Kräfte mit ihren kausalen Folgen beschreiben zu können, bedarf es offenbar einer Versuchsanordnung, die das Funktionieren des Systems von störenden Fremdeinflüssen isoliert.

Der genaue geografische Ort der Insel bleibt ungeklärt. Man erfährt lediglich, dass Utopia jenseits der unwirtlichen Äquatorlinie und in der Nähe des neuen Kontinents liegt. Die eher begrenzten natürlichen Ressourcen sorgen bei den Utopiern für ein ausgesprochen instrumentelles Verhältnis zur Natur, das ganz auf ihre Verwertbarkeit gerichtet ist: Es dokumentiert sich beispielsweise darin, dass ganze Wälder von Menschenhand abgeholzt und mit Blick auf Ertrag und Transportverhältnisse an anderer Stelle wieder aufgeforstet werden.[57] Auch die gesamte

Infrastruktur betont die Funktionalität. Die Städte liegen nie weiter als einen Tagesmarsch voneinander entfernt. Die „Straßen sind zweckmäßig angelegt", die Gehöfte auf dem Lande sind „planmäßig über die ganze Anbaufläche verteilt" und das „Ackerland ist den Städten (...) zweckmäßig zugeteilt."[58] Die Hauptstadt Amaurotum heißt übersetzt so viel wie „Nebelstadt" und ist damit eine deutliche Anspielung auf London. Doch mit den zeitgenössischen Städten hat Amaurotum nicht viel gemeinsam: Waren die historisch gewachsenen, frühneuzeitlichen Städte mit ihren verwinkelten Gassen und dicht an dicht gebauten Häusern stets ein Hort der Brandgefahr, des Schmutzes und der Epidemien, so verkörpern die utopischen Städte nachgerade das exakte Gegenteil: Die langen, ausladenden Straßen, die ausgebaute Trinkwasserversorgung und nicht zuletzt die geschilderten Glasfenster, anstelle der im 16. Jahrhundert üblichen Öl- und Wachstücher – all dies vermittelt nicht nur symbolisch ein Bild der Helligkeit und Fürsorge, sondern ist insbesondere Ausdruck eines ungebremsten Zutrauens in die Leistungsfähigkeit einer technisch-planerischen Vernunft. Es ist zudem ein deutliches Indiz für politische Modernität: Denn soziale Ordnung und politische Herrschaft gelten in Utopia ausschließlich als Menschenwerk; und wie sehr gerade die Insel Utopia ein menschliches „Kunstprodukt" ist, das zeigt sich schon daran, dass sich ihre Existenz erst dem Abtragen gigantischer Landmassen verdankt.

Im Bereich von Bildung, Erziehung und Wissenschaft drückt sich die Betonung des Rationalen zunächst in der hohen Wertschätzung alles Geistigen aus. Unermüdlich, so erzählt Raphael, seien die Utopier auf geistigem Gebiet. Während Würfel- und Kartenspiele, Faulenzerei und Ausschweifungen verpönt oder gar unbekannt sind, erfreuen sich die morgendlichen Vorlesungen stets einer großen Zahl von Zuhörern. Das Volk verrichtet körperliche Arbeit zwar grundsätzlich mit „der nötigen Ausdauer"[59], doch zielt letztlich alles in Utopia darauf ab, dass so viel Zeit wie möglich für die geistige Bildung verbleibt. Denn darin, so heißt es, liegt „nach ihrer Meinung das Glück des Lebens."[60] Anders als später bei Francis Bacon, der die Wissenschaft vollständig dem Primat praktischer Verwertbarkeit unterwirft, trägt die Beschäftigung mit geistigen Dingen in Utopia Züge eines selbstzweckhaften Ideals und verlässt damit sichtlich die rein instrumentelle Perspektive. Gleichwohl bestehen die pädagogischen Institutionen nicht allein um ihrer selbst willen. Allen voran leisten sie einen wesentlichen Beitrag zur Verbrechensprävention. „Wenn ihr nämlich zulaßt“, so hatte Raphael bereits im ersten Buch kritisiert, „daß die Menschen grundschlecht erzogen und ihre Sitten von Kind auf allmählich verdorben werden, dass sie erst dann bestraft werden sollen, wenn sie als Männer die Schandtaten begehen, auf die sie von ihrer Kindheit an ständig hoffen ließen, was anderes, so frage ich, als Diebe züchtet ihr, um sie dann zu hängen?“[61] In Utopia hat man solchen staatspolitischen Dummheiten längst Abhilfe verschafft. Raphaels Schilderung vermittelt vor allem das Bild, wonach die Menschen nicht von Natur zum Bösen bestimmt, sondern vielmehr durch schlechte Normen, schlechten Umgang und falsche Erziehung erst zu Kriminellen gemacht werden.

Einem ausgesprochen positiven Vernunftbegriff folgt auch die Ethik der Utopier. Anders als später in der modernen Naturrechtslehre stehen allerdings nicht menschliche Würde oder vorstaatliche Rechte im Mittelpunkt, sondern die Frage, worauf „das Glück des Menschen“ beruhe. Die Antwort qualifiziert das ethische Konzept als ein weitgehend eudämonistisches Modell, denn ausdrücklich ist es die „Lust“, in der die Utopier „das menschliche Glück überhaupt oder doch dessen entscheidendsten Grund sehen.“[62] Freilich ist das Glücks- und Luststreben keine wahllose Suche nach immer neuer und möglichst häufiger Befriedigung körperlicher Bedürfnisse. Plakativ formuliert: Morus' Utopier sind Eudämonisten, nicht Hedonisten. Die falschen Bedürfnisse sollen den wahren Freuden nicht im Wege stehen. Als ein solch falsches Bedürfnis gelten den Utopiern zum Beispiel die Gier, sich wegen persönlichen Reichtums mit „eitlen und sinnlosen Ehrenbezeigungen“[63] bewundern zu lassen. Was die Mehrzahl der Menschen für gewöhnlich begehrt – Schmuck, Kleider, Edelsteine, Ehre, Adel – all das hat nach Ansicht der Utopier mit dem wahren Wert der Dinge nichts gemein. Die Orientierung an der utilitaristischen Rationalität übertragen die Utopier daher auch auf die Wertigkeit natürlicher Ressourcen. „Nur (…) die Torheit der Menschen (hat) der Seltenheit einen besonderen Wert beigemessen. Die Natur dagegen hat wie eine gütige Mutter gerade das Beste am zugänglichsten gemacht: die Luft, das Wasser, den Ackerboden“[64]. Zur Gänze unbegreiflich ist den Utopiern folglich, weshalb „das von Natur aus so unnütze Gold heutzutage überall in der Welt so hoch geschätzt wird“[65]. Für diese verquere Logik haben die Utopier kaum mehr als Spott und Verachtung übrig. Bezeichnenderweise machen sie aus ihren Goldbeständen Ketten für die Gefangenen und Nachtgeschirr.[66]

Das deutlichste Beispiel einer dezidiert utilitaristischen Ethik liefert schließlich das Institut der Euthanasie: Wenn dem menschlichen Leben keine Freude mehr abzugewinnen und die Nutzlosigkeit des Weiterexistierens für alle Beteiligten offenkundig geworden sei, dann soll der Betreffende ohne Furcht, aber voller Hoffnung aus dem Leben treten.[67] Das ethische Fundament der Utopier ist folglich kein christlicher, sondern ein ausschließlich vernünftiger Moralkodex. Auffallend ist jedoch zugleich, dass die geschilderten Vernunftkonzeptionen in den Bereichen Ethik und Landesplanung nicht vorbehaltlos in ein widerspruchsfreies Bild zu fügen sind: Das Verhalten, mittels Vernunft die Natur zu kontrollieren und sie den eigenen Nützlichkeitsvorstellungen gemäß zu beherrschen, verträgt sich nicht ohne Weiteres mit der Auffassung, sich vollkommen in die natürliche Ordnung zu integrieren und die Stimme der Natur dabei als Weisung der Tugend und Vernunft gleichermaßen zu deuten.

Wie kaum ein anderer Lebensbereich ist schließlich die Wirtschafts- und Sozialordnung unter die Bedingung einer gemeinwohlorientierten Nutzenmaximierung gestellt. Dem weitgehenden Luxusverzicht steht ein Überfluss an notwendigen Gütern der Grundversorgung gegenüber. Es herrscht allgemeine Arbeitspflicht – für Männer wie Frauen. Essen gibt es nur gegen geleistete Arbeit und so kennen die Utopier weder Tagediebe noch Bettler, weder untätige Großgrundbesitzer noch faule Ordensbrüder. Eine tägliche Arbeitszeit von sechs Stunden reicht aus, „um alles das bereitzustellen, was unentbehrlich oder nützlich“ ist.[68] Der eklatante Gegensatz zu den von Raphael im ersten Buch geschilderten Zuständen in Europa ist kein Zufall; der Kontrast ist zweifellos gewollt. Das beständige Insistieren auf die allgemeine Nützlichkeit wird schließlich bis zur Absurdität gesteigert: Ist ein Utopier auf Reisen, so muss er spätestens am zweiten Tag bei einem Kollegen seinem Beruf nachgehen, will er etwas zu essen erhalten. Das ist eine Forderung, die sich in der

Realität so wenig umsetzen lässt, dass sie beinahe unvernünftig anmutet. Auch besitzen die Utopier Brutmaschinen zum Zwecke der Hühnerzucht. Mögen dies auch hocheffiziente Mittel sein, so waren doch derartige Dinge für Morus' Zeitgenossen noch so fremd, dass man sie als reine (nutzenmaximierende) Fantasiekonstruktionen auffassen musste. Darüber hinaus ziehen die Utopier Ochsen den Pferden vor, denn zum einen seien sie ausdauernder, zweitens weniger anfällig für Krankheiten, drittens sei ihr Unterhalt billiger, und viertens könne man sie am Ende noch verspeisen.[69] Vergleichbare Ironiesignale und satirisches Spiel gibt es in der *Utopia* zuhauf. Sie schaffen immer wieder eine kritische, zur Reflexion auffordernde Distanz. Dieses Muster ist ferner eine häufige Quelle des Humors: Mag sich das Verhalten auch für überzogen oder absurd ausnehmen, es folgt ohne Einschränkung einer konsequenten Grundhaltung.

Neben dem Nützlichkeitsdenken ist es der Kollektivismus, der im Bereich von Ökonomie und Gesellschaft konsequent verwirklicht scheint. So praktizieren die Utopier alle zehn Jahre einen Wechsel ihrer Häuser, deren Türen sich jederzeit von jedermann öffnen lassen: „so gibt es keinerlei Privatbereich."[70] Auch Privateigentum ist den Utopiern fremd: Produktion, Güterverteilung und Arbeitsorganisation basieren nicht auf der Realisierung individuellen Gewinnstrebens, sondern auf kollektiver Planung. Im Gegensatz zu Platon, der die Gütergemeinschaft zum Privileg der obersten Stände erklärte, gilt der Kommunismus in Utopia für alle.[71]

Raphaels flammendes Plädoyer für das Gemeineigentum der Utopier war häufig Anlass zur Vermutung, Morus habe mit seiner *Utopia* eine dezidiert kommunistische Weltanschauung propagieren wollen. In Wahrheit hat Morus aber rechtmäßig erworbenes Eigentum nicht nur mehrfach verteidigt, sondern auch in einer Spätschrift dem Reformator und englischen Bibelübersetzer William Tyndale „schreckliche Häresien" vorgeworfen, weil dieser behauptet habe, die von Gott gegebenen Güter und das Land müssten dem Evangelium zufolge allen Menschen gemeinsam gehören.[72] Auch in der *Utopia* selbst widerspricht der Dialog-Morus dem Kommunismus an zwei Stellen des Textes und macht sich dabei das traditionelle, auf Aristoteles zurückgehende Argument gegen den platonischen Kommunismus zu eigen: Neben der Schlussszene[73] gibt er schon im ersten Buch zu bedenken: „Mir dagegen (…) scheint dort, wo alles Gemeingut ist, ein erträgliches Leben unmöglich. Denn wie soll die Menge der Güter ausreichen, wenn sich jeder vor der Arbeit drückt, da ihn keinerlei Zwang zu eigenem Erwerb drängt und ihn das Vertrauen auf fremden Fleiß faul macht?“[74] Raphael begegnet diesem Einwand lediglich mit der paradoxen Bemerkung: Morus hätte mit ihm in Utopia sein sollen, um es mit eigenen Augen zu sehen. Den Zweifel kontert Raphael also weder mit einer Erklärung, geschweige denn mit einem einzigen Argument. Vielmehr antwortet er mit dem Verweis auf die Existenz Utopias, von der der Leser weiß, dass sie nur im Kopf des Autors existiert. Raphaels radikale Position scheint damit weitgehend als wirklichkeitsfremd entlarvt. So wenig der konsequente Produktions- und Güterkommunismus mit Morus' persönlichen Ansichten vereinbart scheint, so sehr fügt er sich doch in das Porträt der strikt kollektiven Lebensweise der Utopier.

Mit Blick auf die sozialen Strukturen der Utopier ist zunächst auffallend, wie sehr der Familienverband die Keimzelle des gesamten gesellschaftlichen Lebens ist. Ehepartner wegen körperlicher Gebrechen oder Krankheit zu verstoßen, zieht lebenslanges Heiratsverbot nach sich. Ehebrechern droht Zwangsarbeit, im Wiederholungsfall wartet sogar die Todesstrafe. Dennoch praktizieren die Utopier ein vergleichsweise liberales Eherecht, das dem christlichen Sakramentsgedanken stracks zuwiderläuft. Scheidung und Wiederverheiratung ist prinzipiell erlaubt, sofern beide Partner und der Senat ihr Einverständnis erklären. Satirisch überzeichnet ist dagegen eine andere Sitte: Die heiratswilligen Utopier werden vor der Hochzeit einander nackt präsentiert, um zu verhindern, dass sich später Enttäuschung breit macht, schließlich würde man selbst „beim Kauf eines elenden Gauls“ nicht anders verfahren.[75] Insgesamt ist die große Bedeutung von Ehe und Familie zweifellos ein konservatives und traditionalistisches Element, das über weite Strecken mit christlich-mittelalterlichen und auch mit Morus' eigenen Wertmaßstäben in Einklang steht. Wenn Raphael dann allerdings schildert, dass die durchschnittliche Familie in den Städten Utopias zehn bis 16 erwachsene Mitglieder zählt und dass bei Überschreiten der Höchstzahl Kinder an kleinere Familienverbände abgegeben werden,[76] dann prallen zwei völlig unterschiedliche Vernunftkonzeptionen aufeinander. Die staatliche Direktive, Kinder aus ihren

Familien zu reißen, nur weil die Quantitäten nicht dem staatlich verfügten Optimum entsprechen, kommt einem Generalangriff auf alle natürlich gewachsenen Sozialstrukturen gleich. Die Maßnahme mag als rigide Überzeichnung politisch-administrativer Lenkungsmethoden des Staates gelten. Und das berechtigt zu dem Schluss, dass hier offensichtlich erneut nicht eine ernst gemeinte Reformperspektive vorgetragen, sondern vielmehr die Konsequenz eines gedanklichen Prinzips ausgemalt wird.

Aus der mathematisch-geometrischen Familien- und Landesstruktur geht auch das politische System im engeren Sinn hervor: Je 30 Familien wählen sich jährlich einen Syphogranten; je zehn dieser Vorstände einen Traniboren. Alle Syphogranten, 200 an der Zahl, wählen in geheimer Abstimmung einen von vier, durch das Volk nominierten Kandidaten zum Oberhaupt einer Stadt. Dieser Wahlmonarch amtiert für gewöhnlich lebenslang; sofern er jedoch tyrannische Züge entwickelt, kann er abgesetzt werden. Die Traniboren, für jeweils ein Jahr gewählt, bilden den Senat, der zudem die höchste richterliche Instanz verkörpert. Schließlich kennen die Utopier noch einen „Rat der gesamten Insel", über den aber kaum etwas ausgesagt wird, außer dass er sich einmal jährlich aus jeweils drei erfahrenen Bürgern der 54 Städte zusammensetzt. Auffallend ist, dass auch von anderen überregionalen Staatsorganen keine Rede ist. Es scheint, als würden die Utopier hauptsächlich von städtischen Senatsversammlungen regiert. Dass es noch einen König gibt, analog zum Verfassungsgeber Utopos, ist höchst unwahrscheinlich. Morus begnügt sich mit der Schilderung der lokalen Verwaltungspraxis. Obwohl die utopischen Städte in Sprache, Sitten, Einrichtungen und Gesetzen vollkommen übereinstimmen, basiert ihr politisches System auf einer ausgeprägten föderalen Struktur.

Hervorgegangen sind alle Institutionen aus den Prinzipien der Wahl und der Repräsentation. Die Bezeichnung „liberale Demokratie" würde allerdings in die Irre führen, denn es gibt keine erklärte Privat-, geschweige denn eine kodifizierte Sphäre von Grund- oder Bürgerrechten. Aufgabe der politischen Institutionen ist nicht die Ausführung eines erklärten Bürgerwillens, sondern weit mehr Überwachung und Kontrolle: So ist eine zentrale Funktion der Syphogranten, dafür Sorge zu tragen, dass niemand müßig herumsitzt. Die Syphogranten sind darüber hinaus die einzige Gruppe, die nicht zwingend jener Gelehrtenkaste – den 500 von der Arbeit freigestellten Wissenschaftlern einer Stadt – angehören, aus der sich ansonsten das politische Führungspersonal rekrutiert. Die Regierungsform qualifiziert sich insofern als Mischung aus Gelehrtenaristokratie und Demokratie und es scheint, als habe hier die Idee der platonischen Philosophenherrschaft zumindest teilweise Pate gestanden. Nicht zuletzt aber ist die politische Ordnung das Konstrukt einer strikt rationalen Herrschaftspraxis. Der Politikbegriff ist kein rein politischer, sondern soziologisch universal: Wirtschaft, Arbeit, Erziehung, Kultur und Herrschaft bedingen und stabilisieren sich gegenseitig. Exemplarisch zeigt sich das am Rechtssystem: Weil die Utopier infolge ihrer vorbildlichen Erziehungseinrichtungen den moralischen Normen aus innerem Antrieb folgen, ist übermäßiger Zwang von außen nicht erforderlich. Die Utopier bedürfen nur wenig der Gesetze und Gerichte, sie hegen Abscheu gegen Regulierungswut und spitzfindige Juristerei und halten grundsätzlich die einfachste Auslegung der Rechtstexte für die richtige.[77]

Das alles dominierende Prinzip ist allerdings auch in der Strafrechtspraxis der Zweckrationalismus. Generell gilt der Vorrang der Zwangsarbeit vor der Todesstrafe. „Denn einmal nutzen sie durch ihre Arbeit mehr als durch ihren Tod und dann schrecken sie durch ihr warnendes Beispiel andere länger vor einer ähnlichen Missetat ab." Die Todesstrafe kennen die Utopier allerdings neben wiederholtem Ehebruch noch bei einem weiteren Vergehen: Wenn Häftlinge sich „widerspenstig und aufsässig verhalten, dann freilich werden sie wie wilde Tiere, die Käfig und Ketten nicht zu bändigen vermögen, totgeschlagen."[78] So brutal diese Praxis anmutet, sie ist nicht allein zynischer Natur. Das Vorgehen erscheint noch immer humaner als die von Raphael im ersten Buch so heftig attackierte Behandlung der Bettler und Diebe in Europa. Für die rationalen Prinzipien der Utopier markiert die Todesstrafe auch kein ethisch-systematisches Problem; für die europäischen Christen hingegen, die weitaus häufiger zu diesem Mittel greifen, müsste eigentlich schon die Überzeugung, wonach Gott allein das Leben gibt und nimmt, einer derartigen Praxis vorbeugen. Wenn die Europäer in dieser Frage aber noch deutlich unerbittlicher zu Werke gehen, dann trifft sie die Kritik zweifellos doppelt.

Kein wirklich anderes Bild zeigt sich zunächst auch in Sachen utopischer Außen- und Kriegspolitik – und doch ist in diesem Bereich die Diskussion um die Vernunft auf dramatische Weise zugespitzt. Obwohl gleich zu Beginn des Abschnitts mitgeteilt wird, dass die Utopier den Krieg als etwas Bestialisches verabscheuen, kennen sie eine erstaunlich weit gefasste Skala an Gründen, die einen Krieg rechtfertigen. Sie führen zwar niemals Angriffskriege, doch als zulässig erachten sie: den Verteidigungskrieg, sowohl in eigener Sache wie zugunsten ihrer Freunde; den Befreiungskrieg gegen Tyrannen unterdrückter Völker; den Vergeltungsfeldzug für ihre Verbündeten, der kurioserweise meist aus kapitalistischen Handelstreitigkeiten ihrer Freunde resultiert.[79] Und schließlich erscheint ihnen auch noch der Krieg zum Zwecke der Bodennutzung auf fremdem Territorium für legitim. Die Parallelen sind schwerlich zu übersehen: Wie die europäischen Herrscher, so wenden sich auch die Utopier lauthals gegen den Krieg, beschwören ihre Friedensliebe und finden dann allerlei Gründe, um doch zu kämpfen.

Dieses satirische Vorgehen setzt sich in gleicher Weise bei den Praktiken der Kriegsführung fort. Als Maßnahmen bevorzugen die Utopier zum Beispiel Feinde mit Geld zu bestechen, sie zum Verrat in eigener Sache anzustiften und das feindliche Volk durch innere Zwietracht zu zermürben. Ritterliche Tugenden wird man den Utopiern dabei kaum nachsagen wollen, auch wenn ihre Methoden zumindest geeignet scheinen, das Blutvergießen in Grenzen halten. Spätestens wenn jede List versagt, endet aber auch bei den Utopiern der Rekurs auf den humanitären Zweck. Es werden dann – um den eigenen Blutzoll zu vermeiden – fremde Völker in den Kampf gehetzt und Söldner gemietet. Die Söldnertruppen entstammen vor allem dem Volk der „Zapoleten“ und die Beschreibung von Heimat und Lebensweise dieses Volkes lässt nur den Schluss zu, dass es sich um eine ziemlich unzweideutige Anspielung auf die Schweizer Söldnerheere handelt, die seinerzeit in fast allen Armeen Europas kämpften.[80] Über die Motivation, sich gerade der Zapoleten zu bedienen, erklärt Raphael: „Denn so gern sich die Utopier die Dienste guter Leute zunutze machen, so gern ziehen sie diese grundschlechten heran, um sie auszunützen. (…) Es kümmert sie nämlich nicht, wie viele von ihnen sie zugrunde richten; vielmehr sind sie überzeugt, dass sie sich den größten Dank des menschlichen Geschlechtes verdienten, wenn sie den Erdball von diesem Abschaum der Menschheit, von diesem ganzen abscheulichen und verruchten Volke reinigen könnten."[81]

Hier nun gerät man endgültig ins Staunen: Vom Geist der Humanität, von dem an anderer Stelle beschworenen, „natürlichen Band" zwischen den Menschen, ist kein Funke mehr zu spüren.[82] Die Vernunft schlägt gänzlich in ihr inhumanes Gegenteil um. Nicht blanke Unvernunft aber spricht aus den Methoden und Zielen ihrer Kriegsführung. Vielmehr dominiert eine spezielle, bis ins äußerste Extrem gesteigerte Seite der Vernunft, nämlich das allein effiziente Nutzenkalkül, das dem kollektiven Eigeninteresse alle Handlungsoptionen unterordnet. Mehr noch: Mit zynischer Rechtfertigung beweihräuchern sich die Utopier selbst, wenn sie ein ganzes Volk zum Abschaum erklären und dieses im angeblichen Dienst für die Menschheit der Vernichtung preisgeben. Man steht damit endgültig vor den Ambivalenzen der Vernunft. Diese ist – so muss man das Experiment der *Utopia* verstehen – ein höchst zweischneidiges Schwert: Führte die Vernunft bisher in der überwiegenden Zahl der Fälle zu gesunden und sympathischen Wertvorstellungen, zu effizienten Institutionen und ebenso menschlichen wie nützlichen Sitten, so lässt sich Gleiches über die kalte Brutalität der Kriegspolitik nicht mehr behaupten. Hier sind die Utopier sogar schlimmer als die Europäer. Wie in einem satirischen Spiegelbild können die „christlichen" Regenten Europas am Verhalten der Utopier ihre eigene Verwerflichkeit – in deutlich zugespitzter Form – besichtigen. Der Effizienzgedanke ist in einer Weise auf die Spitze getrieben, dass ziemlich unzweideutig die Warnung vor einer Rolle der Vernunft ausgesprochen wird, die sich selbst absolut und damit ins Unrecht setzt.

Auch der letzte Abschnitt ist eine Diskussion menschlicher Vernunft. Mit dem Kapitel zur utopischen Religion werden allerdings nicht mehr Ausprägungen in einzelnen Teilbereichen erörtert, vielmehr steht die Vernunft als Ganzes auf dem Prüfstand. Indem das Verhältnis zum Glauben ausgelotet wird, geht es um Rolle und Funktion, Leistungsfähigkeit wie -grenzen menschlicher Rationalität insgesamt. Auffallend ist zunächst, wie sehr die Vernunft eine tolerante Grundhaltung gebietet. Auf der Insel gilt grundsätzlich, „daß jeder der Religion anhängen dürfe, die ihm beliebe; andere aber zu seiner Religion zu bekehren, dürfe er nur insoweit versuchen, daß er seine Anschauung ruhig und bescheiden mit Vernunftgründen belege“[83]. Die Religionsfreiheit hat eine erstaunliche Fülle unterschiedlicher Sitten, Kulte und Traditionen zur Folge, die von der Verehrung der Sonne, des Mondes, verschiedener Planeten bis hin zur Huldigung eines bestimmten Menschen als höchste Gottheit reicht. Eine Einheitsreligion kennen die Utopier demnach nicht, und doch findet der Glaubenspluralismus in der Vernunft gewissermaßen eine Grenze; denn sie sorgt tendenziell dafür, dass die Utopier sich zunehmend von abergläubischen Vorstellungen abwenden und sich jener Religion anschließen, „die die anderen an Vernünftigkeit zu übertreffen scheint.“[84] Diese rationale Fundierung des Glaubens hat einen einfachen Grund: „Das ist ihre Auffassung von Tugend und Lust“, so war bereits im Abschnitt über die ethischen Grundsätze zu lesen, „und sie sind der Ansicht, es lasse sich mit menschlicher Vernunft keine richtigere ergründen, es sei denn, eine himmlische Offenbarung gebe dem Menschen eine erhabenere ein.“[85] Die Utopier entbehren also der Gnade göttlicher Offenbarung. Die Passage ist von weitreichender Bedeutung, weil sie den wohl zentralsten christlichen Glaubenssatz der damaligen Zeit berührt. Dieser wurzelt in Thomas von Aquins Lehre vom Natürlichen und Übernatürlichen, und seine Kernaussage lautet: „Ferner war es zu allem hin, was menschliche Vernunft bezüglich Gottes erkunden kann, doch notwendig, daß der Mensch auch durch göttliche Offenbarung unterrichtet wurde.“[86] Von den beiden Wegen der Glaubenserkenntnis – menschliche Vernunft (*humana ratio*) und göttliche Offenbarung (*caelitus immissa religio*) – verfügen die Utopier aber lediglich über das erstgenannte Prinzip. Und damit sind sie eindeutig als Heiden im Sinne des genannten Glaubenssatzes gekennzeichnet.

Insofern ist interessant zu sehen, zu welch religiösen Einsichten die Utopier nun ausschließlich mit Hilfe der Vernunft gelangen. Auch hier liefert die *Utopia* eine klare Antwort: „Der bei weitem größte und der weitaus vernünftigste Teil (…) glaubt (…) an ein einziges unbekanntes, ewiges, unendliches, unbegreifliches göttliches Wesen, das die menschliche Fassungskraft übersteigt“[87]. Sowohl Monotheismus wie Unendlichkeit Gottes, seine Unfassbarkeit, Vollkommenheit und Güte ergeben sich demnach aus der reinen Vernunfterkenntnis. Das hat sogar zur Folge, dass Atheisten und Materialisten von den Utopiern nicht zu ihren Staatsbürgern gezählt werden, ja „nicht einmal unter die Menschen“[88]. Bemerkenswert ist, dass auch Thomas von Aquin zu der analogen Überzeugung gelangt war, dass das „Dasein Gottes (...) durch die natürliche Vernunft (...) bekannt sein kann“[89] und dass jeder vernünftige Mensch guten Willens zu erkennen vermag, dass Gott eins ist, vollkommen, unendlich, ewig und gut. Klar scheint damit, dass Morus im Religionskapitel der *Utopia* vor allem eine zentrale theologische Grundsatzfrage seiner Zeit erörtert hat, wobei die Kernaussagen weitgehend auf dem Boden der thomistischen Lehre stehen.

Beim Blick auf die utopische Religion ist man letztlich also weit mehr geneigt, die erstaunlichen, allein rational ermittelten Übereinstimmungen zu christlichen Glaubensinhalten zu bestaunen, weniger hingegen die unvereinbaren Gegensätze. Gleichwohl sind und bleiben die Utopier – mangels Offenbarung – Heiden im streng theologischen Sinn des genannten Glaubensgrundsatzes; und natürlich hat sich der Christ Morus keinen heidnischen Staat als Ideal erträumt. Auch zahlreiche Praktiken, etwa das Frauenpriesteramt, die Euthanasie-Erlaubnis oder die Heirat der Priester sind letztlich inkompatibel mit dem Katholizismus. Der Sinn dieser Konstruktion lässt sich jedoch einigermaßen vollständig klären. Unterstellt man, dass Morus erstens den Verhältnissen im christlichen Europa einen kritischen Spiegel vorzuhalten versuchte, und dass er zweitens mit der *Utopia* diskutierte, wie weit die Vernunfterkenntnis selbst noch in Glaubensfragen trägt, dann ergibt sich daraus eine weitere Einsicht: Die *Utopia* ist ganz absichtsvoll heidnisch konzipiert, denn zum einen wäre das Vernunftexperiment angesichts vorbildlicher Christen überhaupt nicht mehr durchführbar gewesen; zum Zweiten gewinnt die Kritik fraglos an Deutlichkeit, wenn die Utopier gerade *ohne* die Gnade göttlicher Offenbarung in vielfacher Weise zu besseren Einrichtungen gelangen als die europäischen Christen. In diesem Sinn ist auffallend, dass auch der kritische Geist der *Utopia* selbst vor der zeitgenössischen Praxis der christlichen Religion nicht haltmacht. So heißt es – und dieser Schlag trifft mit Gewissheit die Geistlichen Europas: Die Priester Utopias seien allesamt frei gewählt, ausgesprochen fromm und durchweg hoch angesehen, sie besäßen außer ihrer ehrenvollen Stellung keinerlei Machtbefugnisse und daher gebe es in Utopia auch nur sehr wenige.[90]

Der Sinn, der aus der Beschreibung der vernünftigen Religion der Utopier hervorgeht, lässt sich daher kaum mit blanker Unernsthaftigkeit erklären, geschweige denn mit dem Ideal eines Autors in einer heidnischen Lebensphase. Das Rätsel, das späteren Rezensenten eine scheinbar unlösbare Aufgabe hinterlassen hat, dient vielmehr den zentralen Intentionen der Schrift: der Kritik, dem rationalen Experiment und dem diskursiven Anliegen.

2.4 Zum Utopiebegriff der Utopia

Wenngleich der Abschnitt zur Religion der Utopier die Struktur des Gedankenexperiments hinreichend deutlich macht, so ist damit eine letzte Frage noch nicht geklärt. Das abschließende Kapitel wird deshalb versuchen, zentrale Aspekte und Konsequenzen für ein Utopieverständnis abzuleiten, wie es sich allein aus Morus' Prototyp erschließt. Damit ist natürlich nicht gesagt, dass dieser Bedeutungshorizont der einzig mögliche ist, aber es scheint doch von beträchtlichem Interesse, was „Utopie" im Sinne ihres Namensgebers meint, oder anders formuliert: was sich aus der Schrift hierzu gerade nicht herleiten lässt.

Die erste Frage richtet sich an ein gängiges Problem üblicher Utopiedefinitionen. Die Rede ist von der verbreiteten Tendenz, die Utopie im Kern als eine Idealstaatsschilderung des Autors zu kennzeichnen. In diesem Sinn ist Morus' *Utopia* kein Idealstaat. Bei der dort vorherrschenden Religion handelt es sich, wie gezeigt, um einen rein vernunftbegründeten Glauben. Der heidnische Staat bleibt unvereinbar mit der christlichen Grundüberzeugung des Autors. Das zweite Missverständnis besteht in der Fehldeutung des utopischen Kriegswesens als Muster vorbildlicher, ja imperialistischer Machtpolitik.[91] In Wahrheit intendiert das Kapitel schlicht das Gegenteil: Es ist eine Satire auf geheuchelte Friedensbekenntnisse, ein bissig-ironischer Kommentar zu einer tragenden Säule zeitgenössischer Machtpolitik: dem gewerbsmäßigen Söldnerwesen, und eine vernichtende Kritik verbreiteter Kriegspraktiken, wie sie Morus unter den christlichen Völkern und Fürsten beinahe täglich um sich herum beobachten konnte. Die dritte große Missdeutung liegt darin, Morus als den Propheten des modernen Kommunismus, als ersten großen Kritiker kapitalistischer Ausbeutung und seine *Utopia* als erste vorwissenschaftliche Theorie sozialistischen Gemeineigentums zu interpretieren.[92] Auch hier ist Morus' Position eindeutig: In der erwähnten Spätschrift hat Morus nicht nur kommunistischen Gemeinbesitz strikt abgelehnt, sondern überdies legitim erworbenen Reichtum auch mehrfach verteidigt.[93] Ausgerechnet die Grundlage der gesamten sozioökonomischen Ordnung Utopias wird demnach von ihrem Verfasser als verallgemeinerungsfähiges staatspolitisches Prinzip nicht geteilt.

Das heißt freilich nicht, Morus' Schrift ist eine Art Dystopie, ein abschreckend gemeintes Beispiel, das Morus seinen Zeitgenossen warnend vor Augen halten will. Der Text ist auch keine großangelegte Satire auf die Vernunft. Morus' Ironie hat nicht zu bedeuten, man müsse nur alle Aussagen ins Gegenteil verkehren, um sodann den wahren Sinn zu erhalten. Dann nämlich müsste man konsequenterweise auch unterstellen, Morus befürwortet Preistreiberei, Ämterkauf, Wucher und das Elend weiter Bevölkerungsschichten. Es ist schlechterdings unmöglich, den zuweilen vorbildhaften Charakter, vor allem aber die kritische Intention der Schrift bei der Bewertung zu übergehen. Man darf getrost unterstellen, dass sich Morus in vielen Dingen des Staates, der Gesellschaft, gar der Religion, ein Denken und Handeln wünscht, das mehr von vernünftigen und nützlichen Überlegungen und weniger von irrationaler Geltungssucht und ehrgeizigem Egoismus geleitet wird. Die utilitaristische Rationalität, das insistierende Fragen nach dem Nutzen für das Gemeinwesen, dient Morus stets als oberste Leitlinie seiner kritischen Analyse der Gegenwart. So gesehen entspricht letztlich weder die einseitige Interpretation als geistreicher Witz noch die entgegengesetzte Deutung als idealstaatliche Schilderung dem Charakter der *Utopia*.[94]

Der genannte Streit lässt sich nun aber – mit Blick auf seine Relevanz für den Utopiebegriff – auf einer neutralen Ebene überspringen: Der Idealstaat ist nur das Thema, die Idee der Erzählung, nicht aber der Gehalt der *Utopia* selbst. Die Schrift entwirft gewiss einen Maßstab, nämlich das fiktive Bild einer durch und durch rationalen Gesellschaftsordnung. Der Entwurf selbst ist aber nicht der wahre Maßstab des Morus. Die simple Bewertung nach Gut oder Böse, nach wünschenswert oder nicht, ist für die *Utopia* sogar in den seltensten Fällen das letztentscheidende Kriterium. Für den Utopiebegriff der *Utopia* hat das zur Folge, dass die Frage nach Wunsch- oder Furchtbild überhaupt nicht die zentrale Kategorie ist. Ob ein utopischer Entwurf als absolutes Ideal des Verfassers zu gelten hat oder nicht, das muss sich stets am jeweiligen Einzelfall erweisen. Für einen an Morus angelehnten Utopiebegriff wird man deshalb festhalten müssen: Wichtiger ist der Utopie zunächst, was sie *nicht* will. Die Kritik ist zentraler und dem Wesen der Utopie näher als die vermeintlich erträumte Wunschwelt.

Auch die zweite Diskussion konzentriert sich auf eine gängige Charakterisierung von Utopie. Fast immer wird unterstellt, die Utopie sei vom Verfasser als Vorbild zur praktischen Umsetzung intendiert; der Glaube an ihre Realisierbarkeit, wenigstens aber der Wunsch nach Verwirklichung sei gerade das, was den Autor zum Utopisten macht.[95] Auch in diesem Punkt fällt die Diagnose bei Morus gegenteilig aus. Die Antwort ergibt sich im Grunde schon aus dem Vorhergesagten: Wo kein Ideal geschildert wird, erübrigt sich der Verwirklichungswille fast von selbst. Gleichwohl beinhaltet die *Utopia* mancherlei bedenkenswerte und praktische Vorschläge. An einigen Stellen kommt sie dem Charakter einer Reformschrift sogar verdächtig nahe. Was die Realisierungsdimension des Gesamtentwurfs betrifft, so ist die Antwort der Schrift allerdings eindeutig: Ein fast untrügliches Indiz ist die Tatsache, dass Morus ausgerechnet Raphael die Beschreibung des Gemeinwesens überlässt, denn dieser hatte sich in der vorausgehenden Auseinandersetzung gerade für den Rückzug des Philosophen aus der Politik ausgesprochen. Das Utopische steht somit ausdrücklich nicht auf Seiten unmittelbarer Handlungspraxis, sehr wohl aber ist es mit der Aufforderung verbunden, die bestehenden Einrichtungen auf den Prüfstand zu stellen. Der Geltungsanspruch von Morus' Utopie versteht sich nicht als Vorlage zur innerweltlichen Beseitigung aller Missstände; die *Utopia* formuliert kein politisches Aktionsprogramm. Vielmehr ist sie als geistiger Entwurf konzipiert, der sich ganz bewusst auf die Beförderung des politischen Diskurses beschränkt.

Gerade diese Konstruktion ist letztlich aber, was die *Utopia* zur Utopie im ursprünglichen Wortsinn macht: Sie ist der voraussetzungsfreie Entwurf einer Gesellschaft ohne Vermittlungsinstanz, das heißt ohne eine Realisierungsdimension aufzuzeigen und ohne diese aufzeigen zu wollen.

Dies vorausgesetzt, lassen sich abschließend nun für die *Utopia* anhand der vier Ebenen – Form, Inhalt, Intention und Funktion – zentrale Charakteristika festhalten, die zugleich als Orientierungsrahmen für den nachstehenden Überblick dienen können. (1.) Formal betrachtet ist die *Utopia* konzipiert als eine kontrafaktische Fiktion, als universelle Beschreibung eines imaginären Gemeinwesens, das in eine literarisch-narrative Rahmenhandlung gekleidet ist. Sie verknüpft dabei zahlreiche literarische Formtypen und Stilelemente wie die politische Reformschrift mit der Reiseerzählung, den philosophischen Traktat mit der Satire, die Ironie mit der Dialogstruktur. (2.) Auf inhaltlicher Ebene lassen sich dem Entwurf als zentrale Strukturprinzipien entnehmen: Isolation, Statik, soziale Harmonie und Gemeineigentum, Kollektivismus, Rationalität und Nützlichkeitsdenken. Die Elemente repräsentieren freilich nicht den Forderungskatalog des Autors, sondern verdichten sich lediglich zum materialen Bild seiner Utopie. Gleichwohl können diese Merkmale als eine Art Abfrageraster bei der Analyse späterer Utopieentwürfe dienen. (3.) Morus' Intention verbindet schließlich Sozialkritik mit dem Anliegen, einen Anstoß zur Diskussion über die Grundlagen des staatlichen Gemeinwesens zu leisten und qualifiziert sich damit zugleich als normatives Politikanliegen. (4.) Methodisch umgesetzt ist dieses Vorhaben auf dem Wege eines gedankenexperimentellen Erkundens der Vernunft. Daraus resultiert funktional betrachtet eine prinzipielle Relativierung des Bestehenden, weil die existente Wirklichkeit zu einer möglichen unter vielen herabgestuft wird. Diese Funktion deckt sich, zumindest in ihrem Ursprungskontext, auch vollkommen mit der intendierten Wirkung. Darüber hinaus – und das lag nicht mehr in Morus' Hand – hätte die *Utopia* in kaum größerem Maße Wirkung entfalten können, als mit der Begründung einer neuzeitlichen Denktradition, die diese Motivation und Funktion in vielfacher Weise weiter trägt.

Von den Besonderheiten der *Utopia*, die im zurückliegenden Kapitel beschrieben worden sind, müssen aber zumindest zwei Elemente als derart strukturbildend gelten, dass an ihnen keine Begriffsbestimmung vorbei kommt, ohne in Widerspruch mit Morus' Urtypus zu geraten: zum einen das soziopolitische Gegenbild, also die Notwendigkeit einer ausgemalten gesellschaftlichen Alternative; zum anderen die kritische Intention. Und von hier aus, so die Vermutung, gewinnen letztlich alle Utopien ein zentrales, sie verbindendes Moment.

3. Antike und Mittelalter

3.1 Antike Mythologie und das „Goldene Zeitalter"

Die Erschließung fiktiver Räume und Zeiten, ja der Traum von besseren Welten, existiert bereits in der Antike. Zu nennen sind vor allem der Mythos vom Goldenen Zeitalter, die griechische Atlantis-Sage und der biblische Garten Eden. Hesiods Darstellung vom Goldenen Zeitalter, als dem Anfang aller Geschichte, ist um 700 v. Chr. die erste überlieferte Version dieses mythischen Urbildes, dem eine lange Reihe weiterer Beispiele in der antiken Literatur folgten.[96] So findet sich der Mythos vom Goldenen Zeitalter bei Aratus im 3. Jahrhundert vorchristlicher Zeit, sodann bei Platon, der sogar mehrere Versionen davon kennt, und schließlich bei Ovid, der in seinen *Metamorphosen* auch für die römische Antike das Bild einer zurückliegenden Ära gezeichnet hat, in der eine großzügige Natur dem Menschen ein sorgenfreies Leben ermöglicht.[97] Die berühmteste Version ist fraglos die biblische Geschichte vom Garten Eden.[98] Auch dort ist das entscheidende Motiv die reichhaltige Erde, die ihre Früchte ohne menschliches Zutun spendet. Das paradiesische Bild einer verschwenderischen Natur ist allerdings für das von Morus geprägte Utopiemuster ebenso wenig charakteristisch, wie die Interpretation der Geschichte als gleichsam kontinuierlichen Verfallsprozess. Schon bei Hesiod ist aber exakt dieses Szenario das zentrale Motiv. Seine Erzählung enthält die Darstellung vergangener Zeitalter, wonach dem Goldenen ein Silbernes folgte, dann ein Zeitalter aus Erz, später ein viertes und schließlich ein fünftes, in dem das Menschenschicksal mit den Worten beschrieben wird: „Jetzt ja ist das Geschlecht ein eisernes; niemals bei Tage / Ruhen sie von Mühsal und Leid"[99]. Wenngleich die sozialen Verhältnisse damit kritisch in den Blick geraten, handelt es sich eher um eine Art mythologisch-historischer Verfallstheorie. Mythen lassen außerdem jede diskursive Kultur vermissen. Sie sind heilige Erzählungen, die als erfahrbare Offenbarungen des Seins der Argumentation und dem rationalen Denken gegenüber weitgehend verschlossen bleiben. Inhaltlich reicht die Thematik von der Entstehung der Welt über die Werke und Taten der Götter bis hin zu den Wechselspielen der Natur. Mythen versuchen eine Ursprungsmetaphorik zu begründen und lassen die Welt als Ausfluss des Willens der Götter erscheinen, mit dem Ziel, der Mangelhaftigkeit des Lebens einen nachträglichen metaphysischen Sinn einzuhauchen. Während Mythen die Welt als unabänderliches Schicksal hinnehmen, entwirft Morus das Bild einer rationalen, soziopolitischen Welt, die, weil menschlich gemacht, auch menschlich veränderbar erscheint.[100]

Die antike Mythologie und vor allem der Mythos vom Goldenen Zeitalter können gleichwohl als gewisse Vorform utopischen Denkens gelten: Sie entspringen nicht nur ebenso der menschlichen Fantasie, sondern zumeist auch einer kritischen Intention gegenüber den zeitgenössischen Realitäten. Mit ihren Bildern von gerechten und glücklichen Lebenswelten wird ein schroffer Gegensatz zu den Verfallserscheinungen der Gegenwart artikuliert. Eine inhaltliche Nähe zum modernen Utopiediskurs schimmert außerdem in Motiven wie der freigiebigen Natur, Frauen- und Kindergemeinschaften, dem Fehlen von Privateigentum oder der Verwirklichung des Gleichheitsprinzips durch. Dennoch gibt es gravierende Unterschiede – an erster Stelle: Der Mythos projiziert sein Ideal stets in die Vergangenheit. Der Rekurs auf eine ideale Vorzeit beschwört, vereinfacht gesagt, einen archaischen Traum vom ursprünglichen Glück der Menschheit, bei dem Arbeit nicht vonnöten war, um der Natur ihre Schätze abzuringen. Die Flucht in eine idealisierte Urzeit entspricht einer schlichten Überhöhung des Vergangenen. Morus' *Utopia* aber ist nicht rückwärts, sondern als Anstoß zu künftiger Besserung nach vorne gerichtet. Die utopische Inselwelt konfrontiert die mangelhafte Realität mit dem Bild einer rationalen Lebensordnung und bindet daran gleichsam den Appell, der Vernunft (in ihren Grenzen) endlich zu ihrem Recht zu verhelfen. Insofern steht die Utopie im Morusschen Sinne nicht zuletzt aufgrund der Rolle der Vernunft konträr zu den nostalgischen Sehnsüchten der Mythologien. Gegenüber dem Mythos, dem Paradies, dem Goldenen Zeitalter, und später auch gegenüber chiliastischen Heilserwartungen, lässt sich mit Morus eine analytische Trennlinie ziehen, weil demnach die Utopie weder vergangene noch jenseitige Visionen abbildet.

Zu den klassischen Werken der Antike, die den Merkmalen von Morus' *Utopia* am nächsten kommen, zählen aber zweifelsohne Platons *Politeia*, Iambulos' *Sonnenstaat* und Plutarchs *Leben des Lykurgos*. Iambulos' Werk ist nur als Sammlung von Exzerpten durch Diodor von Sizilien (Mitte des 1. Jhr. v. Chr.) überliefert. Iambulos ist Hauptfigur und Ich-Erzähler der weitgehend fiktiven Geschichte. Ob die autobiografische Erzählweise zugleich den historischen Iambulos belegt, ist umstritten.[101] Den größten Raum in Diodors Exzerpten nimmt die Schilderung von Inselbewohnern und ihres glücklichen Lebens ein. Diese sind frei von Ehrgeiz und bescheiden, leben in Frauen- und Kindergemeinschaften, kennen also weder Ehe noch Familie, und legen großen Wert auf Bildung und soziale Eintracht. Trotz der fragmentarischen Überlieferung blieb Iambulos' *Sonnenstaat* eine Inspirationsquelle, nicht zuletzt für den frühneuzeitlichen Utopiediskurs: Morus kannte Diodors Bericht[102] ebenso wie Campanella, dessen *Sonnenstaat* bereits im Titel unverkennbar auf Iambulos' Werk verweist.

Plutarchs idealisierte Schilderungen Spartas unter dem mythischen Gesetzgeber Lykurgos sind wohl weitgehend Erfindung. Lykurgos ist nicht mal als historische Figur belegt. Selbst Plutarch (ca. 45–125 n. Chr.) gibt zu: „Über den Gesetzgeber Lykurg kann man schlechthin nichts sagen, das nicht umstritten wäre.“[103] Der Realitätsgehalt aber spielt, wie Berneri schreibt, kaum eine Rolle, denn der Einfluss auf spätere Idealverfassungen oder Utopien hätte kaum größer sein können, wenn Lykurgos tatsächlich gelebt hätte.[104] Größere Schwierigkeiten für eine Zuordnung zum Utopiediskurs bereitet dagegen die Rückwärtsprojektion des Modellstaates. Deshalb sind – bei aller Rationalität des porträtierten Verfassungs- und Gesellschaftsmodells – Plutarchs Beschreibungen eher in einer Grauzone zwischen Utopie und Goldenem Zeitalter angesiedelt.

3.2 Platon und seine „Politeia“

Exemplarisch für das antike Institutionenmodell steht indes Platons Konstruktion eines „gerechten Staates“, das die Irrtümer der Gegenwart mit einer politischen Verfassungsfiktion zu konfrontieren sucht. Platon gilt vielen als der eigentliche „Vater der Utopie“[105] und seine *Politeia* als „Urbild aller Utopien“[106]. Unbestreitbar ist ferner, dass Platons „Staat“ für den modernen Utopiediskurs von überragender Bedeutung ist. Auf keine Quelle beruft sich Morus häufiger als auf den antiken Denker und im ausdrücklichen Rekurs auf Platon sind auch der *Sonnenstaat* Campanellas und die *Christianopolis* von Andreae entstanden. Selbst Bacon spielt mit seinem Titel auf Platon an – allerdings nicht auf die *Politeia*, sondern auf die mythische und versunkene Insel Atlantis, die Platon in den Dialogen *Timaios* und *Kritias* beschrieben hat.[107] Darüber hinaus sind es nicht zuletzt zentrale Strukturmerkmale von Platons Entwurf, die sich mit dem Muster der neuzeitlichen Utopie decken.

Ein auffallender Unterschied liegt zunächst jedoch – verglichen mit Morus' *Utopia* – in der Tatsache, dass das utopische Gemeinwesen nicht fingiert ist, das heißt der fiktive Staat wird nicht als Realität präsentiert, sondern durch Sokrates in einem Dialog mit seinen Gesprächspartnern erst nach und nach entwickelt. Damit liegt zwischen beiden Werken der nicht unwesentliche Schritt von der philosophischen Spekulation zur narrativen Darstellung. Eine mittelbare Folge ist, dass sich bei Platon das utopische Modell fast vollkommen in der Beschreibung der ständischen Ordnungsstruktur erschöpft. Man erfährt nur wenig über das praktische Leben der Lohnarbeiter, Handwerker und Bauern. Allerdings lebt auch Platons Entwurf von der utopietypischen Negation wesentlicher Strukturelemente der realgeschichtlichen Situation: War die zeitgenössische Demokratie Athens vor allem durch enorme außen- wie innenpolitische Dynamik gekennzeichnet, so ist das vorherrschende Charakteristikum bei Platon die wohlgeordnete Statik und Konfliktfreiheit. Überdies ist der Entwurf – und hierin blieb er Vorbild für nahezu alle frühneuzeitlichen Utopien – eine Konstruktion, die das Individuum in der Idee eines übergeordneten Konstruktionsideals aufgehen lässt, wenngleich der Einzelne darin keineswegs dem Ganzen geopfert, sondern gerade seine je eigene

Bestimmung finden und verwirklichen soll. Wie später bei Morus verkörpert aber auch Platons *Politeia* eine rational durchstrukturierte Gesellschaftsordnung, die in universaler Perspektive die Bereiche Erziehung und Bildung, wirtschaftliches, soziales und politisches System umfasst.

Der Mythos spielt allerdings auch bei Platon eine nicht unerhebliche Rolle. Zwar fordert er zunächst aus Sorge um die Gefährdung der Moral ein radikales Verbot der bisherigen mythischen Dichtung.[108] Vor allem auf Homer konzentriert sich seine Kritik, weil dort selbst Heroen und Göttern sittlich verwerfliches Handeln unterstellt werde, obwohl ihr Beispiel eigentlich vorbildgebend wirken sollte. Doch geht die anfängliche Ächtung rasch in die Erfindung neuer Mythen über, die sodann als Lügen zum Nutzen des Staates gerechtfertigt werden.[109] Das bekannteste Beispiel ist Platons „Metallmythos", wonach alle Menschen Kinder der gleichen Mutter Erde seien, der Schöpfergott aber den Mitgliedern der jeweiligen Stände bei der Geburt entsprechend Gold, Silber oder Eisen und Erz beigemischt habe.[110] Den Angehörigen des Volkes soll damit eine religiöse und politische Urerzählung verabreicht werden, um den Gehorsam und das Zusammengehörigkeitsgefühl zu stärken. Allerdings ist dieses mythische Bild bereits zweckrational gewendet: Es dient vor allem der Herrschaftslegitimation des Philosophenstandes und somit der Stabilität der Staatsverfassung. Gleiches gilt für die Beiordnung der drei Seelenteile (des vernunftgemäßen, des tapferen und des begehrenden) zu den jeweiligen Schichten des Lehr-, Wehr- und Nährstandes. Auch diese Vorstellung ist ebenso mythologisch aufgeladen wie sozialwissenschaftlich uminterpretiert, weil Platon der Ständegesellschaft zugleich funktional differenzierte Tätigkeitsbereiche zuweist: Die Arbeitsteilung – und in der Folge Platons Begriff der Gerechtigkeit – beruhen letztlich darauf, dass jeder im Staat hauptsächlich das verrichtet, wozu ihn seine Natur am besten befähigt.[111]

Die Frage des Geltungsanspruchs wird in Platons *Politeia* schließlich auf eine Weise beantwortet, die nahe legt, dass exakt hierin der platonische Entwurf zum großen Vorbild für die modernen Utopien, nicht zuletzt für Morus' *Utopia*, werden konnte. So kommentiert Glaukon im Gespräch mit Sokrates den „von uns jetzt gegründeten und geschilderten Staat" als einen, „der sein Dasein nur im Reiche der Gedanken hat; denn auf Erden findet er sich, glaube ich, nirgends". Und Sokrates fügt ergänzend hinzu: „Aber im Himmel ist er vielleicht als Muster hingestellt für den, der ihn anschauen und gemäß dem Erschauten sein eigenes Inneres gestalten will. Ob er irgendwo sich wirklich vorfindet oder vorfinden wird, darauf kommt es nicht an".[112] Das „U-topische", also das „Keinen-Ort-Haben" auf dieser Welt, kommt nachgerade beispielhaft zur Sprache: Der gerechte Staat wird als ein vorbildhaftes, aber weitgehend unerreichbares Modell präsentiert. Der utopische Staat existiert also nicht in Wirklichkeit, und er ist für diese auch gar nicht erdacht. Vielmehr entwirft Platon einen Maßstab, an dem sich bestehende und künftige Ordnungen (und jeder Einzelne) messen lassen – und zwar, inwiefern sie die Gerechtigkeit verwirklichen und inwiefern sie es nicht tun. Platons *Politeia* ist daher kein Programm, das unmittelbar zur Aktion auffordert, sie ist kein politisches Manifest, sondern ein Bild, ein Spiegel, der kontrafaktisch der Wirklichkeit gegenüber gestellt wird.

An dieser Stelle gilt es aber zugleich einem naheliegenden Missverständnis vorzubeugen. Ein Erklärungsversuch mit dem Hinweis auf das Zentrum der platonischen Philosophie, die Ideenlehre, führt mit Gewissheit in die Irre. Der Staat der *Politeia* ist nicht Teil der Ideenwelt. Die Ideen sind unveränderlich, wahr, wirklich und gut; sie bezeichnen feststehende Wesenheiten, unabhängig von Raum, Zeit und tatsächlicher Aktualität (es gibt die Gerechtigkeit auch dann, wenn niemand da ist, der sie repräsentiert). Alles Entstandene bleibt demgegenüber stets unvollkommen und vergänglich und hierzu zählt auch Platons Staat. Mit seiner Staatsformenlehre[113] beschreibt Platon daher auch einen notwendigen Verfall, gewissermaßen „den Sterbensweg der Utopie"[114]. Eine Parallele gibt es dennoch: Auch der Staat der *Politeia* ist ein gedankliches Ideal und die ideale Gestalt sperrt sich gegen jede Dynamik und ruht in sich: Die unverrückbare Stabilität wird zum Vorbild für die politische Ordnung. Darüber hinaus ist Platons *Politeia* noch in einem weiteren Punkt für die Utopietradition bedeutsam: Der Dialogcharakter impliziert prinzipiell eine diskursive Intention. Selbst bei Platon ist die Rede von einem „Idealstaat" deshalb ausgesprochen ambivalent. Der gesamte Diskurs der *Politeia* ist zwar erklärtermaßen darauf gerichtet, Kriterien eines idealen, weil gerechten Staates zu entwickeln,[115] offen bleibt gleichwohl, ob damit tatsächlich Platons persönliches Staatsideal in allen Einzelheiten geschildert werden sollte.

Auf inhaltlicher Ebene gibt es freilich einen gravierenden Unterschied zu fast allen Utopien der Frühen Neuzeit: Die *Gleichheit* der Menschen ist – mit Ausnahme Bacons – das Kennzeichen aller Utopien noch weit über die Renaissance hinaus. In der *Politeia* kann aber angesichts der ständischen Gliederung und der Beschränkung des Gemeineigentums auf die obersten Schichten kaum von Gleichheit die Rede sein. Der Angelpunkt Platons ist die Gerechtigkeit – und diese Gerechtigkeit ist wesentlich Ungleichheit. Dennoch konkretisiert sich die „Utopie" in beiden Fällen in der bewussten Negation des Bestehenden: Während Platon mit seinem ständegliedrigen Modell die Egalisierungstendenzen der athenischen Demokratie in ihr Gegenteil verkehrt, antworten die neuzeitlichen Utopisten auf die zunehmende soziale Ungleichheit, indem sie die feudalständischen und frühkapitalistischen Strukturen negieren. Entscheidend aber bleibt, dass Platon mit seiner *Politeia* in erster Linie einen rein gedanklichen Maßstab der Gerechtigkeit konzipiert. Weder bei der *Politeia* noch bei den alternativen Modellen in der Nachfolge von Morus wird sich die Interpretation daher mit der inhaltlichen Rekonstruktion begnügen und die Intention unhinterfragt mit einem maßstabsgetreuen Realisierungsanspruch gleichsetzen können. Schon bei Platon ist aber exakt diese Perspektive einer der Gründe für den häufig formulierten, letztlich aber völlig unhaltbaren Totalitarismusvorwurf.[116]

3.3 Mittelalterliche Eschatologie und Chiliasmus

Mit dem Auftreten des Christentums als der zentralen geistigen Kraft des Mittelalters wird der Entwurf utopischer Modelle – zumindest der kirchenoffiziellen Lesart zufolge – weitgehend obsolet. Die Heilsgeschichte verlagert das ungestörte Glück ins metaphysische Jenseits. Durch Adams Sündenfall ist jeder innerweltlichen Glücksverheißung die Grundlage weitgehend entzogen. Das Diesseits gilt als Zeit der Prüfung, alle Hoffnungen richten sich auf ein eschatologisches Heil. Die

Übermacht einer vom Transzendentalen her geordneten Lebensordnung lässt für innerweltliche Alternativen kaum Platz. Bereits Augustinus hat in seinem *Gottesstaat* (413–427 n. Chr.) daher nachzuweisen versucht, dass die Utopie überflüssig sei, weil der wahre und vollkommene Staat nicht die „Civitas Terena“, sondern erst das kommende Reich Gottes sein könne, wenngleich dieses zumindest in Ansätzen in der irdischen Institution der Kirche bereits verwirklicht werde.[117]

Vor diesem Hintergrund erscheint das Mittelalter gleichsam als utopiegeschichtliches „Vakuum“[118]. Manche Kommentatoren berufen sich indes auf gewisse inhaltliche Parallelen und geistige Wurzeln, die die frühneuzeitlichen Utopien mit Strömungen des Mittelalters teilen, um die spezifische Modernität der Utopie anzuzweifeln.[119] Viele der dabei genannten Bezüge sind nicht zu leugnen, die Frage ist nur, ob sie tatsächlich den Kern der klassisch-neuzeitlichen Utopietradition treffen. Als genuin neu muss nicht zuletzt das porträtierte Bild einer völlig weltimmanenten und rationalen Selbstverantwortlichkeit des Menschen gelten. Deutlich wird dieses moderne Profil, wenn man die Utopie mit den vorherrschenden Denkströmungen des Mittelalters in Beziehung setzt, die analog zur Utopie die mangelhafte Wirklichkeit durch den Entwurf alternativer Gegenwelten zu übersteigen suchen: Für die beiden begrifflichen Phänomene „Eschatologie“ und „Chiliasmus“ gilt, dass sie anders als der Mythos nicht mehr auf Vergangenes, sondern auf Künftiges gerichtet sind.

Der zentrale Begriff des Mittelalters für ein Denken, das sich auf kommende Gegenwelten richtet, heißt „Eschatologie“. Im Unterschied zum Utopiebegriff hat der Terminus allerdings nie Eingang in die Alltagssprache gefunden. Auch hat er sich nie – sieht man von den „Apokalypsen“ im späten Juden- und frühen Christentum ab – an eine bestimmte Literaturgattung gebunden. Allen voran aber unterscheiden sich Utopie und Eschatologie dadurch, dass die Utopie eine Unternehmung der philosophischen *Vernunft* ist, die eschatologische Rede dagegen eine solche des christlichen *Glaubens*. Während der Utopist die mangelhaften Institutionen mit rationalen, durch den Menschen ersonnenen Einrichtungen zu konfrontieren versucht, „verkündet“ im anderen Fall der Apostel oder Prophet eine Erwartung und überlässt die gegenwärtige

Welt mit all ihren Mängeln dem Untergang. Das kommende Heil wird allein vom Wirken Gottes erhofft.[120] Während Utopien also stets über irdisch-menschliche, mithin innerweltliche Fiktionen verfügen, folgt die eschatologische Logik in letzter Instanz dem Diktum Jesu: „Mein Königtum ist nicht von dieser Welt" (Joh. 18, 36).

Bei aller Abgrenzbarkeit der Eschatologie gegenüber dem utopischen Denken finden sich in Mittelalter und Früher Neuzeit allerdings auch versprengte Phänomene, deren Hoffnung sich auf die Ankunft eines *irdischen* Friedensreiches richten. Insbesondere der messianische Chiliasmus zielt auf wirkliche Neuordnung im Diesseits. „Man kann manchen Utopien nachsagen", so Hans Freyer, „sie hätten die Erde zum Himmel werden lassen. Der Chiliasmus denkt umgekehrt: er läßt den Himmel zur Erde werden."[121] Der Ausdruck „Chiliasmus" leitet sich dabei vom griechischen Begriff für „tausend Jahre" her und geht zurück auf das 20. Kapitel der Johannes-Apokalypse, wo die Rede von einem tausendjährigen Reich des Friedens ist, das dem Ende aller Dinge vorausgehen wird (Offb., 20). Der Konflikt mit der etablierten Kirche war damit vorprogrammiert, denn seit Augustinus bestand die kanonische Lehrmeinung in der Auffassung, dass dieses Tausendjährige Reich mit Christi Geburt oder Tod bereits begonnen habe und folglich das Jüngste Gericht in dieser Welt nicht zu erwarten sei.[122] Wiederholt ist die Kirche deshalb gegen vermeintliche Ketzer eingeschritten, die das Kommen eines Reichs der Auserwählten aus der Johannes-Offenbarung und dem Lauf der Zeiten errechneten und dieses nötigenfalls mit Gewalt herbeiführen wollten.

Das eindrucksvollste Beispiel für den christlichen Chiliasmus liefert zunächst Joachim von Fiore. Seine Ideen haben nachhaltig Wirkung entfaltet. Nicht nur die Wiedertäufer und Thomas Müntzer, sondern auch die englischen Levellers und Diggers trugen sein Erbe später weiter. Bloch nennt Joachims Denken die „folgenreichste Sozialutopie des Mittelalters"[123]. Die Gemeinsamkeiten, vor allem aber die Differenzen zwischen Utopie und Chiliasmus, lassen sich im Folgenden exemplarisch an Joachims Prophetie und sodann an Thomas Müntzers sozialrevolutionärer Zuspitzung festmachen.

3.4 Joachim von Fiore und „Das Dritte Zeitalter“

Geboren wurde Joachim um 1130 in der Nähe des italienischen Cosenza. Ungefähr zwischen 1178 und 1188 war er Zisterzienserabt von Corace. Einige Reisen führten ihn durch Deutschland und Frankreich. Später trat er aus dem Zisterzienserorden aus und gründete seinen eigenen, den Florenser Orden, der bis 1570 Bestand hatte. Er starb 1202 in seinem Kloster San Giovanni di Fiore in Kalabrien.[124]

Joachims folgenreiche „Entdeckung“ ist im Grunde ein einziger Gedanke: In der nächtlichen „Frühe eines Pfingstfestes, um das Jahr 1190“[125], hat er ein einschneidendes Erlebnis, das für ihn mit der Gewalt einer göttlichen Erleuchtung durchbricht. Joachim gelangt zur Überzeugung, dass zur Weltzeit des Vaters und jener des Sohnes eine weitere hinzukommen muss: das Dritte Reich des Heiligen Geistes. Waren die Zeiten des Alten und des Neuen Testaments das Sonderwerk von Vater und Sohn, so sei das dritte Weltzeitalter das Sonderwerk des Heiligen Geistes. Dieses werde zusammenfallen mit den symbolischen Gleichungen des siebten Schöpfungstages, also mit der Ruhe vor der vollen und jenseitigen Gottesschau am achten Tag.[126] Zudem werde das Wirken des Heiligen Geistes den Aufstieg einer Zukunftskirche mit sich führen. Das vorherrschende Lebensprinzip des neuen Ordens sei das rein kontemplative Leben der Mönche – so, wie es entsprechend das aktive Leben der Laien im Alten, und das aktiv-kontemplative der Priester im Weltzeitalter des Neuen Testaments war.[127] Joachim entwickelt eine Geschichtstheologie, die Weltgeschichte und Heilsgeschichte miteinander kombiniert; er ist nicht nur der Begründer des Begriffs vom „Dritten Reich“, das (später auch in der NS-Propaganda) tausend Jahre währen wird, sondern gewissermaßen der „Vater aller modernen Geschichtsphilosophie“[128].

Zwischen der prophetischen Weissagung des Joachim und der rationalen Utopie des Morus liegen jedoch erkennbar Welten: Joachim baut sich mit spekulativer Bibelsymbolik eine kommende Idealwelt zusammen; seine wesentlichste Erkenntnisquelle ist die Bibel. Zwar verlegt Joachim das erlösende Heil eindeutig ins Diesseits – Bloch meint: „das Reich Christi ist bei Joachim so entschieden von dieser Welt wie nirgends mehr seit dem Urchristentum“[129] –, doch bleibt die Hoffnung auf irdische

Neuordnung letztlich allein an den göttlichen Willen gebunden. „Das tausendjährige Reich“, so Hans Freyer, „liegt nicht irgendwo, sondern es ereignet sich. Es wird nicht entdeckt, sondern es wird erwartet, weil es geweissagt ist.“[130]

Verbunden sind Utopie und Chiliasmus hingegen auf inhaltlicher Ebene durch die Organisationsstruktur des mittelalterlichen Klosters: Wenn Joachim von Fiore mit dem Dritten Reich eine Endphase der historischen Entwicklung eingeleitet sieht, in der nicht mehr die Hierarchie der Kirche, sondern das gemeinschaftliche Leben der Mönche zum Paradigma aufsteigt, dann sind damit zahlreiche Parallelen angesprochen, die sich später auch in den Utopien von Morus, Campanella oder Andreae finden: Die umfassende und minutiöse Regelung des Tagesablaufs, die asketische Lebensweise, die einfache und uniforme Kleidung, die Arbeitsteilung, das strikt antiindividualistische Gemeinschaftsideal, ja selbst der zweckrationale Funktionalismus architektonischer Grundrisse – all diese klösterlichen Motive verweisen auf unübersehbare Gemeinsamkeiten zu den frühneuzeitlichen Utopien.[131] Doch kann damit nicht die allgemeine Vorstellung verbunden sein, die frühen Utopisten hätten in erster Linie mittelalterliche Verständnistraditionen in die Moderne verlängert. Zu unterschiedlich ist hierfür der neuzeitliche Geist, der die bestehende Ordnung nicht mehr auf Gottes Willen, sondern auf die Gestaltungskraft des Menschen und seine Vernunft fußen lässt. Auch Joachims Geschichtsphilosophie ist davon weit entfernt. Seine chiliastische Neuordnung entspricht eschatologischer Notwendigkeit; sie ist Sache Gottes und nicht jene des Menschen.[132]

3.5 Thomas Müntzers revolutionärer Chiliasmus

Zugespitzt findet sich der Chiliasmus schließlich im revolutionären Gestus des Thomas Müntzer. Zu enormer Bedeutung für den Utopiediskurs gelangte er, weil später der Soziologe Karl Mannheim in seiner einflussreichen Studie *Ideologie und Utopie* den Typus des „revolutionären Utopismus“ an Thomas Müntzer aufrichtete.[133] Seither gilt Müntzer meist als klassischer Repräsentant einer religiös-revolutionären Spielart der

Utopie. Doch wie klein die Gemeinsamkeiten zwischen rationaler Utopie und revolutionärem Chiliasmus tatsächlich sind und wie nachhaltig die Unterschiede ausfallen, das mögen die folgenden Zeilen kurz illustrieren.

Müntzer war bereits ein unmittelbarer Zeitgenosse von Morus, aber keineswegs ein geistreicher Humanist.[134] Sein Interesse galt nicht dem heiteren Diskurs mit den Gelehrten, sondern der chiliastischen Revolution. Theologie und Sozialrevolte gingen bei Müntzer Hand in Hand. Geboren wurde er wahrscheinlich im Jahr 1489. Er machte sich früh mit den Schriften der Mystiker vertraut, sein prophetischer Geist entzündete sich und bereits 1513 versuchte er einen konspirativen Geheimbund gegen den Papst und den Magdeburger Erzbischof zu gründen. Dennoch gelang es ihm später, Priesterweihe und Magisterhut zu erhalten. Er schloss sich anfangs der Reformation an, zunächst als evangelischer Prediger in Zwickau, später in Prag, und dann im thüringischen Allstedt. Doch Reformation, Theologie und Priesteramt dienten ihm lediglich als Mittel zum Umsturz. Sein Bruch mit Luther und Wittenberg war schließlich bedingungslos. Er schuf einen „Bund der Erwählten", der die Führung von revoltierenden Bauern übernehmen sollte, die sich seit dem ersten lokalen Aufstand von 1518 allerorts in apokalyptischem Aufruhr befanden. Mühlhausen, wohin Müntzer sein Hauptquartier verlegt hatte, wurde zwischen 1523 und 1525 zum Zentrum einer gewaltigen Bauernerhebung: Seine Anhänger warfen dort den Magistrat aus dem Amt und setzten einen „Ewigen Rat" ein, der die kostenlose Versorgung der Armen verfügte. Zuvor hatte Müntzer, um die Revolution weiter zu tragen, bereits das Oberland, den Schwarzwald und das Elsass durchzogen, war bis in die Schweiz vorgestoßen, und hatte rauchende Burgruinen und Klöster hinterlassen. Bei einer verheerenden Niederlage seines Bauernheeres gegen den Landgrafen Philipp und den Herzog von Sachsen im Jahr 1525 wurde er gefangen genommen, gefoltert und schließlich enthauptet. Der Volkstribun und wortgewaltige Prediger war gerade 35 Jahre alt, als er hingerichtet wurde. In Reden und Schriften hatte er verkündet, dass der Himmel nicht im Jenseits liege, sondern auf dieser Welt hergestellt werde: Wer sich der Errichtung des irdischen Gottesreiches widersetze, der verwirke sein Leben; derjenige aber, der sich am Umsturz beteilige, habe die ewige Seligkeit zu erwarten.

Der Hintergrund von Müntzers revolutionärem Impetus lag zunächst in einem völlig veränderten Offenbarungsverständnis. Er glaubte an eine „Gemeinschaft von Auserwählten“, an eine fortwährend durch das „innere Wort“ sich erneuernde Christengemeinde. Mit Vehemenz agitierte er daher gegen das Konzept der Autoritäts- und Traditionskirche, die das Werk der Offenbarung für historisch abgeschlossen hielt.[135] Der Geist Gottes, so Müntzer, spreche auch heute noch unmittelbar zu den Menschen; doch dem Buchstabengehorsam bleibe die innere Erleuchtung stets verborgen. Die göttliche Offenbarung werde deshalb dem Laien viel eher zuteil als der Schriftgelehrsamkeit und Vernunft der Theologen. „Wer nicht (unmittelbar) aus dem Munde Gottes das rechte lebendige Wort hört (und unterscheidet), was Bibel und was Babel ist, der ist nichts anderes als ein totes Ding. Aber Gottes Wort, das durch Herz, Hirn, Haut, Haar, Gebein, Mark, Saft, Macht, Kraft hindurchdringt, darf wohl anders (ein)hertrapen als unsere närrischen hodensäckischen Doktoren plappern.“[136]

In Übereinstimmung mit dem gesellschaftskritischen Muster der klassischen Utopie verortet zunächst auch Müntzer die Grundübel der Zeit in den existierenden Sozialstrukturen. Die Fürsten gelten ihm als „Grundsuppe des Wuchers, der Dieberei und Räuberei“[137], und vor allem am Zustand der Kirche lässt Müntzer kein gutes Haar. Den Papst nennt er einen „Brunztopf zu Rom“ und die Mönche und Bischöfe verhöhnt er als Ansammlung von „eselforzigen Doktor(en)“, „Dünnscheißern“ und „höllengrundfesten Pfaffen“.[138] Wenngleich nur wenig in dem giftigen Konglomerat aus Romfeindlichkeit, apokalyptischer Agitation und Pfaffenschelte ungeschoren bleibt, so geht es Müntzer mit seiner Kritik nirgends um eine rationale Analytik der sozialen, religiösen und politischen Strukturen um ihrer selbst willen. Zwar teilt Müntzer mit der klassischen Utopietradition durchaus deren kritischen Impetus und gibt 1524 immerhin eine Art republikanische Theokratie als sein Staatsideal zu erkennen.[139] Doch das Bild einer alternativen Wirklichkeit hat er nie konkretisiert. Dieses Fehlen eines ausgemalten, soziopolitischen Entwurfs ist kein Zufall. Die Einzelheiten einer Neuordnung bleiben schlicht deshalb unerwähnt, weil sie dem göttlichen Heilsplan überlassen sind. Noch auf dem Höhepunkt des revolutionären Aufruhrs sprach Müntzer die Warnung aus, den Kampf ausschließlich um politischer oder sozialer Ziele willen zu führen: „Es ist nicht euer, sondern des Herrn Streit.“[140] Das Werden der Neuen Zeit blieb der eschatologischen Überzeugung unterworfen, dass die Zeitenfolge im Ratschluss Gottes begründet liegt.

Demzufolge sah sich Müntzer hauptsächlich als „Knecht Gottes wider die Gottlosen“[141]. Auch seine Geduld war bald zu Ende: „Die Zeit der Ernte ist da. Darum hat mich Gott selber angemietet in seine Ernte. Ich habe meine Sichel scharf gemacht“[142]. Im vollen Vertrauen auf seinen Bund mit Gott stellte sich Müntzer auch am 15. Mai 1525 den Truppen Philipps mit einer kleinen Bauernschar. Im Bewusstsein, das „Schwerte Gideons“[143] zu führen, versicherte er seinen Gefolgsleuten die Gefahrlosigkeit der gegnerischen Geschosse und führte sie damit in die sichere Niederlage. Etwa 6 000 Aufständische wurden auf der Flucht niedergemetzelt. Auch Müntzer floh völlig kopflos nach Frankenhausen. Im nächstgelegenen Haus legte er sich schlafen. Ferdinand Seibt kommentierte das Verhalten mit den Worten: Gerade die Ereignisse seines Scheiterns zeigten, „wie wenig der Prophet des Gottesreiches die irdischen Verhältnisse in Rechnung stellte.“[144]

Die von Müntzer erwartete Neuordnung ist kein utopisches Konstrukt, sondern letztlich eine Angelegenheit göttlichen Wirkens. Seine Blut- und Schwert-Missionierung, die nur Tod oder Glaube als Alternativen zulässt – „die Gottlosen haben kein Recht zu leben“[145] –, hat nichts von einem literarischen Korrektiv, das eine Distanz zur Realität zurückbehält. Sein revolutionärer Geltungsanspruch ist keine Paraphrase des Nirgendwo, und – mangels Konkretisierung – noch nicht einmal ein innerweltlicher Gegenentwurf oder ein politisches Reform- oder Revolutionsprogramm; es ist vielmehr eine explosive Mischung aus Prophetie, eschatologischer Erwartung und missionarischem Gewaltwillen. Beide Phänomene – der revolutionäre Chiliasmus und die rationale Utopie – bieten demnach anhand der Beispiele Müntzer und Morus eindeutige Unterscheidungsmöglichkeiten: Während Morus seinen Zeitgenossen einen kritischen Spiegel vorhält, probt Müntzer mit allen Mitteln den Umsturz. Seine eher diffusen Vorstellungen von einer egalitären Gesellschaft bauen nicht auf die menschliche Vernunft, sondern sind getragen vom Vertrauen auf biblische Offenbarung und göttliche Führung. Müntzer sieht sich als

Erfüllungsgehilfe Gottes, seine gesamte Agitation fußt durchgängig auf biblischen Aussagen und Zitaten. Nicht die Umgestaltung und Verbesserung der gegebenen Welt um ihrer selbst willen, sondern Revolution im Namen Gottes ist Müntzers Vision. Sein agitatorischer Chiliasmus lässt sich demzufolge nur unter Preisgabe zentraler Merkmale in die frühe Tradition der Utopie integrieren. Elemente wie das rationale Fundament, der diskursive Geltungsanspruch oder die Notwendigkeit eines soziopolitischen Alternativmodells hätten keine Gültigkeit mehr.

Der Hauptstreitpunkt der Müntzer-Forschung ist dagegen vergleichsweise leicht zu klären. Die Frage nämlich, ob man seiner historischen Rolle am ehesten mit der Einschätzung als Theologe oder als Sozialrevolutionär gerecht wird, kennt vor allem zwei Strömungen: Während die konservative Lesart in Müntzers Polemiken häufig eine systematische Theologie vermutete, feierte ihn die sozialistische Interpretation als ersten großen Sozialrevolutionär der Neuzeit.[146] Müntzer aber war schlicht beides, insofern er – anders als Luther – nicht gewillt war, biblische Offenbarung und weltliche Ordnung auseinanderzuhalten. Als Utopist klassischen Zuschnitts lässt sich Müntzer indes kaum bezeichnen.

4. Renaissance und Frühe Neuzeit

Verglichen mit dem eschatologischen Erwartungsdenken oder der chiliastischen Revolution besitzt der klassische Utopiediskurs einen gänzlich neuen Anknüpfungspunkt: Die Entdeckung Amerikas ist als Stimulans und Bedingungsgrund wohl eine zentrale Voraussetzung für die Utopien der Frühen Neuzeit. Stattgefunden hat damit eine tatsächliche – und nicht nur gedankenexperimentelle – Erweiterung des abendländischen Erfahrungshorizonts, die sich tief in das europäische Bewusstsein eingegraben hat. Vor diesem Hintergrund ist kaum verwunderlich, dass alle frühen Klassiker (Morus, Campanella, Andreae, Bacon) ihr alternatives Gemeinwesen auf eine entlegene Insel projizieren und einen Weltreisenden davon berichten lassen. Die Entwürfe unterscheiden sich vom eschatologischen Paradigma insofern auch dadurch, dass die fiktiven Welten zeitgleich zur realen Gesellschaft angesiedelt sind. In der Nachfolge von Morus prägt die Gattung der „Raumutopie“ maßgeblich das Muster der literarischen Utopie. Allerdings wäre es verfehlt, im unmittelbaren Anschluss an die europäischen Entdeckungsfahrten eine Welle inselutopischer Entwürfe zu vermuten. Sieht man von Kaspar Stiblins höchst traditioneller, aber auch völlig uninspirierter *Makaria*-Fiktion von 1555 ab[147], dann tritt nach Morus rund ein Jahrhundert lang keine einzige, klassisch zu nennende Konstruktion mehr auf die ideengeschichtliche Bühne des utopischen Denkens. Erst mit Tommaso Campanella (1568–1639), Johann Valentin Andreae (1586–1654) und Francis Bacon (1561–1626) ändert sich dies zu Anfang des 17. Jahrhunderts grundlegend. Ausnahmen, die zumindest partiell dem utopischen Denken zugeordnet werden können, sind die „Abtei Thelema“ in Rabelais’ Erzählung *Gargantua und Pantagruel* (1534)[148], Eberlin von Günzburgs *Wolfaria-Episode* (1521) oder Antonio Francesco Donis *Mondo Savio* (ca. 1550).[149]

4.1 Tommaso Campanella und die „Civitas Solis“

Der Entwurf des kalabrischen Dominikanermönchs Tommaso Campanella wurde zum Großteil im Kerker verfasst. Der Autor verbrachte zwischen 1602 und 1629 wegen seines religiösen Fanatismus und seiner Neigung für politische Abenteuer nicht weniger als 27 Jahre hinter Gitter. Trotz seiner Religiosität hat Campanella aber nicht den Weg Müntzers eingeschlagen und im Vertrauen auf göttliche Führung auf die Ausgestaltung eines fiktiven Gegenbildes verzichtet. Vielmehr konzipiert er in seinem *Sonnenstaat* das universale Modell eines Staates, das seinen „Stützpunkt nicht in der Religion, sondern im Wissen“ sucht.[150] Campanella ist mit seinem Entwurf der zweite klassische Vertreter der frühneuzeitlichen Raumutopie. Zusammen mit Morus' *Utopia* und Platons *Politeia* kann die *Civitas Solis* als „eine der einflussreichsten Utopien der abendländischen Tradition“ gelten.[151] Die Schrift ist ursprünglich italienisch abgefasst (ab 1600), erschien in dieser Sprache aber erst 1905. Eine lateinische Version wurde erstmals im Jahr 1623 in Frankfurt von Tobias Adami veröffentlicht, der zwischen 1617 und 1629 die meisten Werke Campanellas editierte. Angelehnt ist die Bezeichnung „Sonnenstaat“ an die gleichnamige Schrift des griechischen Dichters Iambulos, mit der auch die geografische Lage der geschilderten Insel (Sri Lanka) übereinstimmt.[152]

Geboren wurde Giovan Domenico Campanella, der als Mönch später den Namen Tommaso annahm, im September 1568 im kalabrischen Dorf Stignano. Prägenden Einfluss übte die politische Situation seiner Heimat aus: Der äußerste Süden Italiens gehörte zum Königreich Neapel, das seit 1504 Teil der spanischen Monarchie war. Während des gesamten 16. und 17. Jahrhunderts blieb Süditalien ein Ort brodelnder Unruhe. Adel und Geistlichkeit waren von Steuern befreit, dafür lastete auf den ärmsten Bevölkerungsschichten eine erdrückende Abgabenlast. Der Zorn über die soziale Ungerechtigkeit und der Hass auf die spanischen Unterdrücker ließen den jungen Campanella zum politischen Rebellen werden. Er schloss sich einer Verschwörergruppe an, die 1599 gegen die spanische Herrschaft aufbegehrte. Die Gruppe wurde denunziert. Während die übrigen Köpfe des Zirkels hingerichtet wurden, kam Campanella letztlich mit Folter und einer langen, schweren Gefängnisstrafe davon. Wegen der

Beteiligung am kalabrischen Aufstand wurde ihm ab 1600 der Prozess gemacht. Im Jahr 1602 verurteilte man ihn zu lebenslanger Haft, aus der ihn Papst Urban VIII. im Jahr 1626 zumindest teilweise befreite, indem er vorgab, ihn der Inquisition zu unterstellen. Erst ab 1629 erlangte Campanella seine Freiheit einigermaßen vollständig zurück. Nach einer neuerlichen Verschwörung gelang ihm 1634 die Flucht nach Frankreich. Er starb schließlich 1639 in einem Kloster in Paris.

Die Kraft, mit der Campanella die Qualen seiner Marter überlebte, stehen jener des Morus in nichts nach. In einem handschriftlichen Vorwort zu der Schrift *Der besiegte Atheismus* berichtet Campanella, wie er durch insgesamt fünfzig Gefängnisse geschleppt und siebenmal grausam gefoltert wurde, wobei die letzte Folter ungefähr vierzig Stunden dauerte und man ihn zuletzt zerfleischt und dem Verbluten nahe in eine Grube warf. Der zweite Einfluss Campanellas gründete auf seiner Auseinandersetzung mit den Lehren der katholischen Kirche. Er entwickelte eine sensualistische Erkenntnislehre, die die Beobachtung der Wirklichkeit als einzige Quelle sicheren Wissens postulierte. Seine stark pantheistische Grundkonzeption und seine kaum theologisch verhüllte Abkehr vom scholastischen Lehrsystem ließen Campanella in den Augen der Kirche bald als Ketzer erscheinen. Zweimal wurde er bereits während seiner frühen Wanderjahre vor das römische Inquisitionsgericht bestellt und anschließend ins Gefängnis geworfen. Die dritte Einflussgröße war die religiöse Spiritualität des Dominikanermönchs, die sich mit astrologischen, prophetischen und chiliastischen Elementen verband.

Obwohl Campanella die *Utopia* von Morus nicht erwähnt, hat er sie bestens gekannt. Der Vorbildcharakter lässt sich an zahlreichen Stellen nachweisen, wobei die Parallelen bis in die Details beider Schriften reichen. Eine weitere Hauptquelle ist die platonische *Politeia*. Formal betrachtet handelt es sich bei Campanellas Entwurf abermals um einen fiktiven Reisebericht, der jedoch eher vordergründig in eine Dialogsituation gedrängt erscheint. Berichterstatter ist ein genuesischer Seefahrer, der auf einer Weltumsegelung die Insel Taprobana (Sri Lanka) kennengelernt hat (im Übrigen Raphaels vorletzte Station vor seiner Rückkehr nach Europa) und nun seine Erfahrungen einem „Großmeister" schildert. Dessen knapp gehaltene Einwände lassen kaum einen echten

Dialog aufkommen. Anders als Morus, der immerhin ein Drittel seines Textes zunächst der sozioökonomischen Analyse der zeitgenössischen Missstände widmet, kann es Campanella mit der Schilderung seines utopischen Gemeinwesens kaum erwarten. Bereits auf der ersten Seite beginnt er mit der Beschreibung. So erfährt der „Großmeister" (respektive der Leser) gleich zu Beginn von der bestens gerüsteten Anlage der Stadt: Sieben ringförmige Mauern, nach den sieben Planeten benannt, sind dort mit Darstellungen aus Astronomie, Geometrie, Mineralogie, Botanik oder Zoologie bemalt, sodass die Kinder bereits in einem Jahr spielend lernen, wozu man sonst fast 15 Jahre braucht. Höchstes geistliches und weltliches Oberhaupt ist der Metaphysikus (Sol), dem die drei Würdenträger „Macht" (Potestas, *Pon*), „Weisheit" (Sapientia, *Sin*) und „Liebe" (Amor, *Mor*) zur Seite stehen. In unübersehbarer Anlehnung an Platons drei Stände trägt das Triumvirat die Verantwortung für das Kriegswesen, die Wissenschaft und die tägliche Lebensvorsorge.[153] Selbst der dreifaltige Gottesglaube korrespondiert mit dieser Struktur: Neben der *Allmacht* von Gott Vater, steht das *Wort* des Sohnes, und die *Liebe* des Heiligen Geistes. Parallelen zu den chiliastischen Vorstellungen eines Joachim von Fiore sind daher nicht rein zufälliger Natur. Doch auffallend ist zugleich, dass der *Sonnenstaat* keine genuin christlichen Züge trägt. Die utopische Staatsreligion ist aus heidnischen und katholischen Elementen zusammengesetzt. Das mag überraschen, angesichts des geistlichen Standes, ja des religiösen Spiritualismus des Verfassers. Doch spiegelt die Konstruktion der *Civitas Solis* hauptsächlich den Kosmos wider, und nicht zuletzt ist die Astrologie von entscheidender Bedeutung. Der Tempel auf der Spitze des Hügels trägt Symbole und Darstellungen der Gestirne und im Besonderen wird die Sonne als Zeichen Gottes und als natürlicher Altar des Himmels verehrt.[154]

Mit Blick auf Form, Inhalt, Funktion und Intention lässt sich der *Sonnenstaat* eindeutig als klassisch-literarische Utopie kennzeichnen. Mit Morus' *Utopia* teilt Campanellas Schrift zunächst die fundamentale Kritik an den bestehenden soziopolitischen Verhältnissen. Diese Kritik ist zwar über die gesamte Schrift hinweg verstreut, also dem fiktiven Staatsentwurf nicht vorangestellt, doch steht sie der *Utopia* in Deutlichkeit und Schärfe in nichts nach: „70 000 Menschen leben in Neapel, und von ihnen arbeiten kaum zehn- oder fünfzehntausend. Diese kommen durch übermäßige, andauernde, tägliche Arbeit herunter und gehen zugrunde. Die restlichen Müßiggänger aber verderben gleichfalls, und zwar durch Faulheit, Geiz, körperliche Gebrechen, Ausschweifung, Wucher usw. Dabei verführen und verderben sie den größten Teil des Volkes, indem sie es in Armut und knechtischer Kriecherei halten“[155]. Im Gegenentwurf des *Sonnenstaats* herrscht wie schon in Morus’ *Utopia* allgemeine Arbeitspflicht und auch die Solarier nutzen ihre Freizeit hauptsächlich zur geistigen Weiterbildung, zum „Lernen, Disputieren, Lesen, Erzählen, Schreiben, Spazierengehen, geistigen und körperlichen Übungen und Vergnügungen.“ Campanella übertrifft Morus aber noch mit der Feststellung, dass in Solaris eine tägliche Arbeitszeit von „kaum vier Stunden“ ausreicht.[156]

Darüber hinaus ist auch der *Sonnenstaat*, analog zu Morus’ *Utopia*, das gedankliche Experiment einer alles beherrschenden Vernunft. Grundidee ist die Unterordnung der Teile unter das Ganze, einschließlich einer logisch-rationalen Auf- und Zuteilung der Staatsaufgaben. Die kollektivistische Sozialordnung findet ihren exemplarischen Ausdruck in den einheitlich gekleideten Solariern, die „Glieder eines Körpers und der eine ein Teil des anderen zu sein glauben.“[157] In das Muster der *Utopia* fügt sich ferner, dass die Solarier dem Mönchstum und der Gemeinschaft der Urchristen wegen ihrer anti-individualistischen Lebensweise großen Respekt zollen.[158] Gleichwohl ist die *Civitas Solis* weder mit dem Vorbild der Klostergemeinschaft erklärbar, noch lässt sich der Entwurf als klassische Theokratie einstufen. Zwischen religiösen und politischen Funktionen wird zwar nirgendwo differenziert; der Regierungschef (Sol) ist zugleich höchster Priester der Stadt und die 24 Mitglieder des führenden Priestergremiums greifen unmittelbar in die praktische Lebensgestaltung der Sonnenstaatler ein.[159] Doch die Mehrzahl staatlicher Maßnahmen ist nicht religiös motiviert, sondern Ausfluss einer säkularisierten Sozialtechnologie. So degradiert etwa in der Beichte die „Reinigung des Gewissens“ zum reinen Staatszweck, wenn das Beichtgeheimnis dem Sol gegenüber aufgehoben wird. Dieser ist folglich, obwohl ihm keine Namen genannt werden, stets über die „schwereren und staatsgefährlichen Vergehen“ unterrichtet und ergreift in Kenntnis dessen „geeignete

Gegenmaßnahmen".[160] Darüber hinaus präsentiert sich der *Sonnenstaat* ausdrücklich nicht als göttlich gestiftete Ordnung, sondern als das Werk von Menschen, die bei ihrer Gründung ein „philosophisches Leben" zu führen beschlossen haben.[161] In den Kreisen der Solarier ist nicht religiöse, sondern „gelehrte Unterhaltung und Disputation" an der Tagesordnung.[162] Die zentrale Orientierungswissenschaft heißt nicht Theologie, sondern Geometrie. Und das Erziehungswesen rückt keineswegs die religiöse, sondern die naturwissenschaftliche und empirische Ausbildung ins Zentrum. Der Sol ist dabei jederzeit im Besitz des gesamten theoretischen und praktischen Wissens seiner Zeit.[163] Er gleicht damit weit mehr einem platonischen Philosophenkönig als dem Bischof von Rom, mit dem er häufig gleichgesetzt wurde.[164]

Vor allem aber sind im Bild der *Civitas Solis* zwei Erscheinungen ins glatte Gegenteil verkehrt, die von Campanellas Zeitkritik als die gravierendsten Krisenphänomene identifiziert werden: An die Stelle der monogamen Ehe, die Campanella als Ursache der „Selbstsucht" ausmacht, treten Frauengemeinschaften und staatliche Eugenik; und mit Abschaffung des Privateigentums, dem zweiten Hauptübel, ist auch im *Sonnenstaat* die Wurzel allen sittlichen Verfalls herausgerissen. „Alles bei ihnen ist Gemeinbesitz. Die Verteilung aber liegt in den Händen der Behörden."[165]

Trotz des revolutionären Gestus ihres Autors ist auch die *Civitas Solis* wie Morus' *Utopia* kein Modell, das sich auf die Wirklichkeit im Maßstab eins zu eins übertragen lässt. Zwar beabsichtigt der *Sonnenstaat* gewiss weit mehr politisches „Vorbild" zu sein, doch ist auch Campanellas Entwurf im Sinne Platons ein Paradigma für den, der einen im Geiste errichteten Staat sehen und sein Leben danach ausrichten will. Campanellas Anspruch ist, dass der *Sonnenstaat* in seinem philosophischen Gehalt wahr sei, als Idee eines zu den Gesetzen des Kosmos analogen Staates. Wenngleich gewisse Elemente chiliastischen Denkens in die rationale Konstruktion eingebunden sind und damit auch die Unterscheidung von Utopie und Chiliasmus weniger eindeutig ausfällt als etwa noch bei Thomas Müntzer, so sprengt Campanellas Entwurf nirgendwo das bei Morus zugrunde gelegte Muster: Angefangen bei der literarischen Fiktion einer isolierten Insel und der fiktiven Gleichzeitigkeit von utopischer und historischer

Wirklichkeit über die inhaltliche Ausgestaltung bis hin zum Verzicht auf ein Transformationsszenario tradiert Campanellas Schrift durchgängig Morus' Prototyp der Utopie.

Campanellas Modell findet rasch einen Nachfolger. Während zwischen *Utopia* und *Civitas Solis* noch ein rundes Jahrhundert liegt, dauert es im Anschluss an Campanellas Utopie nur kurze Zeit, ehe die utopische Tradition mit der *Christianopolis* von Johann Valentin Andreae eine klassische Fortsetzung erfährt.

4.2 Johann Valentin Andreae und die „Christianopolis"

Campanellas Vorbild ist beim Entwurf des schwäbisch-lutherischen Pfarrers kaum zu übersehen. Obwohl erstmals im Jahr 1619 und somit früher als die *Civitas Solis* publiziert, gilt als gesichert, dass Andreae vor der Drucklegung Einblick in das Manuskript des *Sonnenstaates* genommen hat. Den Text bekam Andreae wohl durch Tobias Adami, dem Herausgeber zahlreicher Campanella-Schriften, zwischen 1613 und 1617 zu Gesicht.[166]

Die *Christianopolis* hat inzwischen längst ihren Platz in einer Reihe mit den klassischen Utopien von Morus, Campanella und Bacon gefunden.[167] Dem war nicht immer so. Noch im Jahr 1891 wertete Friedrich Kleinwächter die Schrift als eine völlig „geistlose Paraphrase der Campanella'schen ‚Civitas solis' vom (protestantisch-)christlichen Standpunkte"[168]. Und auch Minkowski urteilte 1936 analog, die *Christianopolis* verhalte sich zum *Sonnenstaat* „wie Vaihingen an der Enz zu Rom"[169].

Freilich entstammt Andreaes Utopie keinem unbedeutenden Kopf des geistigen Deutschlands der damaligen Zeit. Unter anderem gestaltete er in seinem Schauspiel *Turbo* (1616) erstmals das Faust-Thema zu einem Drama. Andreaes Großvater war Theologie-Professor und Kanzler der Universität Tübingen, sein Vater protestantischer Pfarrer, dem ebenso wie seiner Mutter, einer späteren Hofapothekerin, ein ausgeprägter Sinn für naturwissenschaftliche Studien nachgesagt wird. Als der Vater starb, zog Andreae im Alter von 15 Jahren mit seiner Mutter nach Tübingen. Zunächst von den Wirren des Dreißigjährigen Krieges gezeichnet, verlief sein Leben in den späteren Jahren ruhiger – als Hofprediger in Stuttgart und als Prälat von Bebenhausen. Andreae starb 1654 in Stuttgart als Abt von Adelsberg.

Sieht man von der quadratischen Grundform ab, so zeigt die Physiognomie der Christenstadt viele Überschneidungen mit dem Entwurf Campanellas, etwa der Rundbau im Zentrum der Stadt, die vier Tore, die exakt in die vier Himmelsrichtungen zeigen oder das bilddidaktische Konzept mit lehrreichen Wandbemalungen. Eine Pointe liegt allerdings darin, dass all die genannten Elemente sich auch schon in Kaspar Stiblins *Makaria*-Utopie von 1555 finden. Nicht nur die vermeintliche Abhängigkeit Andreaes von Campanella relativiert sich dadurch erheblich. Vermutlich liegt auch ihre gemeinsame Quelle weitaus häufiger beim Entwurf von Andreaes schwäbisch-katholischem Landsmann als bisher angenommen. An die Stelle der merkwürdig heidnisch-katholischen Staatsreligion Campanellas setzt Andreae zudem die fromme und sittenstrenge Lehre des Protestantismus. Folglich ist auch die monogame Ehe wieder eingeführt; und nicht zuletzt die drei Vorsteher, die wiederum das politische Machtzentrum von Campanellas drei Würdenträgern ersetzen, sind mit „sehr idealen Frauen“[170] verheiratet: Der Oberpriester ist mit dem „Gewissen“, der Oberrichter mit der „Vernunft“ und der Vorsteher der Wissenschaften mit der „Wahrheit“ vermählt.[171]

Analog zu seinen Vorläufern ist auch Andreaes Utopie in ein literarisches Gewand gekleidet. Die Schilderung der Christenstadt wird dabei eher flüchtig in die mit vielen allegorischen Motiven ausgestaltete Reise und den Schiffbruch des Ich-Erzählers eingebunden: Keiner der Gefährten hat das Unglück überlebt, allein der Ich-Erzähler wird an das Ufer der Insel „Capharsalama“ (hebräisch für „Dorf des Friedens“) getrieben und dort von einem wohlwollenden Wächter aufgenommen. Dieser bringt ihn zur Stadt „Christianopolis“, in die er nach dreifacher Prüfung – seiner Charaktereigenschaften, seiner körperlichen Verfassung und seiner geistigen Bildung – Einlass erhält.[172] In der Folge berichtet der Ich-Erzähler ausführlich von den institutionellen Strukturen in Wirtschaft, Politik, Justiz, Kriegswesen, Wissenschaft, Kunst und vor allem der Religion. Nicht den Glauben der Europäer lehnen die Bewohner ab, sondern deren Sitten, weil die Europäer die „gesamte Theologie in Schwerter, Degen und Bogen verwandelt“ hätten und „als Verehrung Gottes nur Zank und Streit zulassen.“[173] Geschildert wird insgesamt ein fiktives und in seinen Einzelheiten detailliert ausgestaltetes Staatswesen. Vollkommen in Einklang mit dem klassischen Muster der Utopie steht auch, dass die Schrift gleich zu Beginn die Missstände und moralischen Übel der Zeit heftig attackiert. Im Vorwort an den „christlichen Leser“ ist davon die Rede, dass mit Luther zwar das „Licht einer reineren Religion“ aufgegangen sei, doch „die Kirchen, die Höfe oder die Universitäten“ seien „keineswegs frei von Ehrsucht, Geiz, Völlerei, Wollust, Neid, Müßiggang und anderen herrschenden Lastern“.[174] Auch der „Staat“ gleiche einem „Markt, auf dem man Laster kaufen und verkaufen kann“[175]. Andreaes Kritik richtet sich darüber hinaus gegen den wörtlich verstandenen Glauben an die Verheißungen des tausendjährigen Friedensreichs aus der Johannes-Offenbarung. Mehrfach polemisiert er gegen chiliastisches und sektiererisches Gedankengut. Den Schwärmern, Alchemisten und Rosenkreuzern bleibt der Weg in die Christenstadt von vornherein verwehrt.[176] Ferner sind es die Ungerechtigkeiten der Rechtsprechung, die ins Fadenkreuz der Kritik geraten. Die Todesstrafe ist verpönt und die Utopie selbst wird gleichsam als Antithese zu den christlichen Staaten präsentiert, die „mit brüderlichem und unschuldigem Blut verschwenderisch“ umgehen.[177] Andreae paraphrasiert überdies sogar Raphaels Ausspruch von den seit Kindesbeinen an gezüchteten Dieben, die man im Mannesalter hängt, wenn er schreibt: „Weit menschlicher ist es doch, die ersten Triebe und Wurzeln der Laster auszureißen, als die emporgewachsenen Stämme zu behauen. Denn einen Menschen vernichten kann jeder, aber nur der Beste kann ihn wieder auf den rechten Weg bringen.“[178]

Wenig überraschen mag daher, dass der Bildungs- und Erziehungsgedanke höchste Priorität genießt. Rund ein Viertel des Textes widmet sich dem Wesen der Pädagogik, das dabei „so sehr unter dem Einfluss der Kirche steht, dass es geradezu als ein Teil dieser angesehen werden kann.“[179] Das Musterbild eines Wissenschaftlers und Erziehers wird in der Person des Abida vorgeführt. Dieser ist bescheiden, umgänglich, tiefreligiös und hält alle unchristlichen Werke von seinen Schülern fern.[180] Schon früh übernimmt der Staat die erzieherische Funktion der Eltern: Im Alter von sechs Jahren werden die Kinder in Unterkünfte gebracht, wo sie gemeinschaftlich lernen, essen, spielen und schlafen, und auf diese Weise bestens geschult für die kollektive Lebensweise hervorgehen.[181]

Besonders auffallend an der äußeren Struktur der *Christianopolis* ist ein mathematisches Ordnungsdenken (worauf bereits die Kapitelzahl 100 einen ersten Hinweis gibt), das in extremer Weise an geometrischen Formen orientiert ist. Während die Insel Capharsalama über die Form „eines Dreiecks" verfügt, ist der Grundriss der Stadt „viereckig" und der Tempel im Zentrum ist „rund".[182] Die gesamte Ordnungsarchitektur folgt einem durchkalkulierten geometrischen Planungsdenken und weist zugleich eine bis ins Letzte durchstrukturierte Symmetrie auf. Vier quadratische Gebäudekomplexe mit 24 symmetrisch über das Stadtgebiet verteilten Türmen formen auf ebenem Gelände die Struktur der Stadt. Die Bewohner halten die Geometrie folglich auch für jene Wissenschaft, die „die tiefsten Thesen und Theoreme in die Dinge" bringt und glauben, dass es „keine Kunst gibt, die nicht durch sie leichter würde".[183] Mit der Orientierung an der Geometrie korrespondiert zugleich eine Vernunftkonzeption, die ein völlig instrumentelles Naturverständnis impliziert. In Christianopolis existiert nichts natürlich Gewachsenes mehr, nichts Zufälliges, kein einziges, „nicht irgendwie für den Menschen nutzbar gemachtes Fleckchen Erde", denn „alles, was die Erde in ihrem Schoß birgt, wird den Gesetzen und Instrumenten der Wissenschaft unterworfen."[184]

Der konstruktivistische Geist findet seine Fortsetzung in den politischen und sozialen Strukturen der Stadt. Die Verwaltung ist funktional und arbeitsteilig „in die drei Bereiche Ernährung, Ausbildung und Betrachtung" gegliedert.[185] Analog zu seinen Vorgängermodellen identifiziert auch Andreaes Utopie die Verfügung über Privatbesitz als Ursache für die extreme Kluft zwischen Arm und Reich. Während nicht selten diejenigen „Hunger leiden, welche die schwerste Arbeit ausüben"[186], würden andere müßig „mit mancherlei Geschirr und Werkzeugen protzen" und „in unnützem Eifer Besitz anhäufen."[187] In Christianopolis ist folglich Bedürfnisbefriedigung und nicht Gewinnmaximierung das Grundprinzip des Wirtschaftens. Abermals gilt Gemeineigentum als Bedingung für eine konfliktfreie Gesellschaft. Dennoch besitzen die Bewohner – wie schon Morus' Utopier und Campanellas Solarier – Unmengen „gemünzten

Goldes und Silbers" für ihre Außenbeziehungen.[188] Weil alle zur Verfügung stehenden Arbeitskräfte mobilisiert werden, reicht erneut eine geringe tägliche Beschäftigungszeit aus: „Während anderswo zehn Fleißige kaum einen Müßiggänger ernähren, wird man leicht glauben können, daß hier, wo alle arbeiten, dem einzelnen auch Zeit zur Entspannung übrigbleibt."[189] Diese Passage ist nicht das letzte Beispiel für eine fast wortgleiche Entsprechung zur *Utopia*. Auch das Gemeineigentum erstreckt sich bis hin zu den Wohnungen: „Niemand hat ein eigenes Haus, denn alle Häuser sind zum Gebrauch freigegeben und zugewiesen; wenn es der Staat erlaubt, können sie leicht die Wohnung wechseln. Nahezu alle Häuser sind nach einem Muster gebaut"[190]. Spätestens hier glaubt man endgültig auf Morus' Insel gelandet zu sein.

Darüber hinaus gibt Andreae in seiner Vorrede selbst Auskunft über den Geltungsanspruch seiner Utopie: „Schließlich ist es ein Spiel, das man bei dem berühmten Thomas Morus nicht mißbilligt hat; meins jedoch als ein weniger ernstes und weniger geistreiches Werk mag man leicht übersehen."[191] Ausgerechnet den Spielcharakter, den später viele Kommentatoren bei Morus fast ganz übersehen haben, hebt Andreae hervor, und er glaubt hierin sogar noch einen Schritt weiter gegangen zu sein als Morus selbst. Andreaes *Christianopolis* qualifiziert sich daher nicht als theoretische Abhandlung, auch nicht als praktische Handlungsanleitung. Vielmehr begreift sie sich als dichterische Pädagogik in Form allegorischer Bilder und Motive; als etwas, so Andreae selbst, das „die Welt verspricht, aber nie und nirgends Wirklichkeit werden läßt!"[192] Auch die *Christianopolis* ist daher kein Entwurf eines real möglichen Staates, sondern „ein gleichnishaftes Bild"[193]. Hinter der literarischen Verkleidung verbirgt sich allerdings auch bei Andreae eine ernsthafte Wirkungsabsicht. Obzwar die Schrift spielerisch zur Selbsterkenntnis und zur Änderung des Lebens anzuregen versucht, verzichtet sie nicht auf einen gewissen Wahrheitsanspruch.

Zusammengefasst finden sich in Andreaes Schrift demnach annähernd alle Merkmale des bei Morus zugrunde gelegten Musters: das Motiv unmittelbarer Sozialkritik, das auf die zeitgenössischen Tendenzen des Sittenverfalls und der Prunksucht gerichtet ist; der rationale Gegenentwurf eines isolierten und kollektiven Gemeinwesens und dessen universale

Darstellung; die Form einer literarischen Fiktion, ja selbst der Kunstgriff der Reiseerzählung. Zugleich verzichtet Andreae auf die Beschreibung eines Transformationskonzepts und die Verkündigung von chiliastischen Heilsbotschaften. Bedient sich die *Christianopolis* in ihrem äußeren Bauplan oftmals der Physiognomie des *Sonnenstaates* oder der *Makaria*-Utopie Kaspar Stiblins, so ist ihr inneres Ethos dem Ideal christlicher Herrschaft verpflichtet. Der Geltungsanspruch knüpft indes an den Spielcharakter von Morus' *Utopia* an. Der Adressatenkreis ist – wie bei Morus – auf einen ausgesprochen elitären Zirkel von Lesern begrenzt, der für eine derartige Rezeption ausreichend geschult sein musste. Der erklärten Absicht Andreaes zufolge ist die *Christianopolis* für „Freunde geschrieben, mit denen man spielen darf."[194]

Auch Andreaes Utopie erfährt nur wenige Jahre später in einem entscheidenden Punkt eine bedeutsame Fortführung: Beschränkten sich Morus und Campanella auf die Betonung einer herausgehobenen Stellung der Wissenschaft und wiesen den Naturwissenschaften Rolle und Funktion in ihren Staatsutopien zu, so treibt bereits Andreae die technisch-praktische Gestaltung menschlicher Lebenswirklichkeit in einer Weise voran, dass sie letztlich nur noch von einer Utopie der Frühen Neuzeit übertroffen wird: von Francis Bacons *Neu-Atlantis*.

4.3 Francis Bacon und die „Nova Atlantis"

Die Utopie des 1561 in London geborenen Francis Bacon erschien erstmals 1627, ein Jahr nach dem Tod ihres Autors. Geschrieben hat er sie 1623 zunächst in englischer Sprache und später dann selbst ins Lateinische übersetzt. Der Titel „Nova Atlantis" ist dem Namen nach zwar deutlich an Platons Mythos von der versunkenen Insel „Atlantis" angelehnt, Bacons Schilderungen weisen allerdings keinerlei erkennbare Schnittmengen zu den einschlägigen Aufzeichnungen Platons im *Timaios* und *Kritias* auf.[195]

Dem Literaten Bacon ist meist ein ziemlich schlechtes Zeugnis ausgestellt worden. „Ein Poet war Bacon nicht", meint beispielhaft Joseph Prys.[196] Die *Neu-Atlantis* wertet Prys daher vor allem als Beleg für die Existenzberechtigung der Gattung, denn wenn selbst der große englische

Philosoph und Lordkanzler sich dem Genre zugewandt hätte, dann spreche das in erster Linie für die Funktion, die er dem Medium zugetraut habe. Die *Nova Atlantis* ist in der Tat weniger aufgrund ihrer literarischen Qualität bedeutsam, als vielmehr wegen der zentralen Positionierung der Wissenschaft, die innerhalb der Utopietradition weitgehend ihresgleichen sucht.[197]

Bacon hat fast sein gesamtes philosophisches Schaffen in den Dienst einer Erneuerung der Wissenschaft gestellt. Mit Campanella verbindet ihn dabei nicht nur die Verehrung für Bernardino Telesio (1508–1588), einem italienischen Philosophen und erklärten Gegner des Renaissance-Aristotelismus, sondern auch die Überzeugung, dass das Prinzip der Erfahrung als erste Grundlage aller menschlichen Erkenntnis zu dienen habe. Obwohl Bacons Herkunft beste Beziehungen zum königlichen Hof mit sich brachte, verlief seine politische Karriere unter Königin Elisabeth nur schleppend. Erst 1603, mit der Thronbesteigung von Jakob I., beschleunigte sich sein Aufstieg – dann aber rapide: Bereits am Tag nach der Krönung wurde Bacon geadelt und ein Jahr später zum königlichen Rat ernannt. Im Jahr 1613 stieg er zum obersten Kronanwalt und Generalfiskal auf, ehe er 1617 zum Großsiegelbewahrer und ein Jahr später schließlich zum englischen Lordkanzler berufen wurde. Sein Erfolg aber währte nicht lange. Das Unterhaus beschuldigte Bacon im März 1621 der Bestechlichkeit im Amt. Er verzichtete auf eine Verteidigung und legte ein Schuldgeständnis ab, unter anderem um Ermittlungen gegen den König zu verhindern. Neben einer Geldstrafe von 40 000 Pfund wurde Bacon zu einer Haftstrafe verurteilt. Weit mehr als dieses Urteil – die Einkerkerung im Tower dauerte lediglich zwei Tage, die Geldbuße wurde ihm erlassen – schmerzte Bacon die Tatsache, dass ihm fortan jeder Zugang zu öffentlichen Ämtern verwehrt blieb. Sein Nachruhm gründet aber nicht zuletzt auf jene Schriften, die er in den letzten fünf Jahren seines Lebens verfasste. Bacon starb, um der Ironie einen bitteren Tribut zu zollen, in „Aufopferung" für die Wissenschaft: Auf einer Reise nach Highgate ließ er kurzerhand seinen Kutscher anhalten. Um die Frage nach der konservierenden Wirkung von Kälte zu klären, kaufte und schlachtete er ein Huhn, stopfte es mit Schnee und zog sich dabei eine Lungenentzündung zu, an der er am 9. April 1626 in London verstarb.[198]

Bacons wissenschaftstheoretisches Programm ist freilich weniger in der *Nova Atlantis* formuliert als im 1620 erschienenen *Novum Organum Scientarum* (Neues Organ der Wissenschaft).[199] Bacons expliziter Absicht zufolge sollte es die aristotelische Logik ersetzen und wurde später geradezu als „Bibel der neuzeitlichen Erfahrungswissenschaft" gefeiert.[200] Bacon postuliert darin, was heute wie selbstverständlich als Ziel und Zweck aller Wissenschaft gilt, nämlich im Dienst der Menschheit zu stehen und allein zu ihrem Wohl und Nutzen da zu sein. Das heutige Verständnis verdeckt freilich, dass Bacon damit ein uraltes antikes Ideal verabschiedet, wonach Wissen seinen Wert in sich selbst trägt.[201] „Das wahre und rechtmäßige Ziel der Wissenschaften", so formuliert Bacon, „ist kein anderes, als das menschliche Leben mit neuen Erfindungen und Mitteln zu bereichern."[202] Die Forderung nach praktischer Verwertbarkeit des Wissens kann sich nach Bacon sogar eines göttlichen Auftrags gewiss sein, möglichen Missbrauchsgefahren sieht er eher gelassen entgegen: „Das Menschengeschlecht mag sich nur wieder sein Recht über die Natur sichern, welches ihm kraft einer göttlichen Schenkung zukommt. Mag ihm das voll zuteil werden. Die Anwendung wird indes die richtige Vernunft und die gesunde Religion lenken."[203]

In seiner *Nova Atlantis* greift auch Bacon zunächst auf die klassisch-literarische Trias utopischer Rahmenhandlungen zurück: Schiffbruch, Inselfiktion und Reisebericht. Der erste Teil des Werks schildert demzufolge, wie der Ich-Erzähler auf seiner Expedition von Peru nach Japan und China in der Südsee in Seenot gerät und schließlich im Hafen einer unbekannten Insel landet. Ausführlich beschrieben werden der Empfang der Fremden und ihre Unterbringung im Gästehaus. Sodann erhalten die Ankömmlinge eine Schilderung der Insel „Bensalem" und erfahren von der Lebensweise ihrer Bewohner, der Geschichte und Ordnung des utopischen Gemeinwesens. Die Außenwelt weiß so gut wie nichts von der Existenz der abgeschotteten Insel; ihre Bewohner sind hingegen, vermittels Kundschafter, über die Entwicklungen in anderen Ländern bestens unterrichtet.[204]

Dem klassischen Muster der Utopie folgend, ist auch Bacons Zeitkritik ganz auf den Verfall der Moral konzentriert: Das Einwanderungsverbot von Ausländern wird mit dem Argument begründet, der

„Sittenverwirrung“ vorzubeugen.[205] Schon bei der Ankunft der Schiffbrüchigen hatte der Ich-Erzähler seine europäische Mannschaft aufgefordert, den Gastgebern nicht „unsere Fehler oder unsere schlechten Sitten offen vor Augen“ zu führen.[206] Gemeint sind, wie Bacon an späterer Stelle deutlich macht: Bordelle, Prostitution und „ein zucht- und zügelloses Junggesellenleben“, das die Institution der Ehe zu einem bloßen Geschäft degradiert habe.[207] Anders als seine Vorgänger macht Bacon aber weder die soziale Verelendung noch die Kluft zwischen Arm und Reich zum Thema; auch Privateigentum wird nirgendwo als Hauptquelle des sozialen Übels identifiziert. Die utopietypische Kritik an der Prunksucht von Klerus und Adel scheint phasenweise sogar in das glatte Gegenteil verkehrt, etwa wenn die Ankunft eines der „Väter des Hauses Salomon“ mit den Worten beschrieben wird: „Er hatte kostbare Handschuhe an, die mit Edelsteinen geschmückt waren, und hyazinthfarbene Schuhe aus reiner Seide. (…) Er saß auf einem prunkvollen Armstuhle (…) aus Zedernholz, mit Gold beschlagen und mit Bergkristall verziert; ferner wies er an der Vorderseite Vierecke aus Saphiren, die mit Gold verziert waren, auf, hinten aber ähnliche aus Smaragden von peruanischer Farbe.“[208] Ein solches Szenario wäre bei Morus' Utopiern, um es vorsichtig zu formulieren, auf schallendes Gelächter gestoßen. Dass Bacon die soziale Entwurzelung und die Gegensätze von Arm und Reich nicht zum Kritiktopos seiner Utopie macht, rechtfertigt indes nicht den Schluss, bei Bacon den völligen Mangel eines sozialen Problembewusstseins zu vermuten. In seinen *Essays* (1612) hat er beispielsweise mit Vehemenz für soziale Reformen plädiert, um die „tatsächliche Ursache zu Unruhen (…), nämlich Not und Armut im Reiche“ zu beseitigen.[209] Bacons Utopie ist gewiss oberschichtenzentriert, doch entfernt sie sich damit kaum vom Muster der platonischen *Politeia*, weil auch dort das Schicksal der einfachen Bevölkerung keine sonderliche Beachtung erfährt.

Im Zentrum von Bacons Utopie steht die Fiktion eines großzügig angelegten Forschungsinstituts. Rund ein Drittel des Textes widmet sich der Schilderung des „Hauses Salomon“, das dem Leser insbesondere das Modell einer wissenschaftlichen Arbeitsteilung vor Augen führt. Als Ziel des Forscherzirkels wird formuliert: „Der Zweck unserer Gründung ist die Erkenntnis der Ursachen und Bewegungen sowie der verborgenen

Kräfte in der Natur und die Erweiterung der menschlichen Herrschaft bis an die Grenzen des überhaupt Möglichen."[210] Doch bei diesen Postulaten bleibt Bacons Beschreibung weitgehend stehen. Die Aktivitäten des Forscherzirkels gehen letztlich kaum über reine Erkenntnisziele hinaus und die nützlichen Erfindungen beschränken sich im Wesentlichen auf zwei Bereiche: Landwirtschaft und Medizin. Verwunderlich also bleibt – vor allem angesichts von Bacons wissenschaftstheoretischem Anspruch –, weshalb er in der *Nova Atlantis* nicht die Gelegenheit nutzte, die positiven Auswirkungen wissenschaftlicher Forschung auf die praktische Lebensgestaltung oder die Verbesserung der Arbeitsbedingungen auszumalen. Diese Beobachtung fügt sich jedoch weitgehend in das sonstige Bild Bacons. Zwar hat er die Programmatik der europäischen Wissenschaftsgeschichte über Epochen hinweg vorformuliert und den neuzeitlichen Geist in geradezu exemplarischer Weise artikuliert. Doch sein Modernitätsstatus ist ambivalent: Weder hatte Bacon klare Vorstellungen vom Wesen des naturwissenschaftlichen Experiments noch hat er dessen Bedeutung für den Fortschritt der Naturerkenntnis geahnt. Die induktive Methode – als Weg von der Erfahrungserkenntnis zu allgemeingültigen Sätzen – ist von Bacon mehr gefordert als beschrieben oder gar konkret praktiziert worden. Für seine *Nova Atlantis* gilt Vergleichbares: Obwohl wenig darüber ausgesagt wird, wie sich die sozialen Verhältnisse mittels Erneuerung der Wissenschaft umgestalten lassen, kommt der Schrift dennoch die Bedeutung zu, erstmalig die menschlich-technische Beherrschung der Welt, zumindest als zentrale Forderung, in den Mittelpunkt einer Utopie gerückt zu haben.

Mit der weitgehenden Konzentration auf die Wissenschaften geht freilich auch eine gewisse Abweichung vom bisherigen Muster einher: Das charakteristische Merkmal einer universalen Beschreibung aller den Menschen betreffenden Lebensbereiche weist bei Bacon signifikante Lücken auf. Wegen der starken Betonung der technisch-wissenschaftlichen Dimension ist die Schrift sogar als Vorläufer der Science-Fiction eingestuft worden.[211] Eine mögliche Erklärung für die weißen Flecken der Darstellung mag sein, dass die Schrift Fragment geblieben ist; noch wahrscheinlicher ist jedoch, dass Bacon sie ganz bewusst unvollendet ließ. Sein Geltungsanspruch begnügte sich wohl in erster Linie mit der

Intention, den englischen König zur Gründung einer vergleichbaren Forschungseinrichtung wie das fiktive „Haus Salomon" anzuregen. Diese Hoffnung zerschlug sich zwar zunächst, doch wurde sie nach Bacons Tod rasch Wirklichkeit: 1660 konstituierte sich die britische „Royal Society", die später mehrfach Bacon als ihren Initiator würdigte. In ganz Europa fand die Institution rasch Nachfolger.

Sieht man vom Merkmal der Universalität ab, so stehen die formalen und inhaltlichen Besonderheiten der *Nova Atlantis* eindeutig in der Tradition des bisherigen Utopiediskurses seit Morus: Angefangen bei der klassisch-literarischen Reisefiktion über den rationalen Entwurf eines imaginären und isolierten Gemeinwesens bis hin zur Kritik an den sittlichen Übeln der europäischen Herkunftsgesellschaft, übernimmt Bacon alle Kennzeichen des tradierten Paradigmas. Gleiches gilt für die Statik der Konstruktion, den Verzicht auf geschichtsphilosophische Geltungsansprüche, chiliastische Heilserwartungen oder die Beschreibung einer sozialen Transformationsstrategie. Insbesondere die bereits bei Morus auffallend utilitaristische Perspektive sozialer Institutionen wird mit Bacons imaginärer Forschungseinrichtung auf eine neue Höhe getrieben, die sich nachgerade als das zentrale Motiv seiner Utopie erweist.

5. Absolutismus und Aufklärung

5.1 Vertragstheorie und Utopie

Die vorherrschende politische Denkfigur der beginnenden Aufklärung ist das Vertragsmodell. Ein kurzer Vergleich mit ihren Grundprämissen sowie der Blick auf die große Gründerfigur der politischen Philosophie der Neuzeit, Thomas Hobbes (1588–1679), lässt nicht zuletzt den besonderen Modernitätsgehalt der frühneuzeitlichen Utopie deutlich werden. Eine entscheidende Voraussetzung beider Ansätze ist, dass im Selbstverständnis der Moderne die klassischen Legitimationsressourcen – Tradition, Natur, Gott – ihre Bindungskraft weitgehend eingebüßt haben. Folglich verbleibt allein der Mensch als Quelle und Schöpfer seiner politisch-sozialen Welt. Diese Grundperspektive kommt in den Utopien vor allem als Konstruktion eines alternativen Gemeinwesens zum Ausdruck. Im Vertragsdenken mündet sie in den theoretischen Begründungsversuch, wonach politische Ordnung allein als menschlich geschaffenes Rechtsverhältnis zu begreifen sei: In einem fiktiven Vertrag verständigen sich die Individuen, ausgehend von der hypothetischen Situation eines Naturzustands, auf die Errichtung eines Gemeinwesens. Dieses ist folglich nicht länger eine natürlich gegebene oder göttlich gestiftete Ordnung, sondern das Werk vernünftiger, freier, gleicher und im rationalen Eigeninteresse kalkulierender Individuen.

Was Morus für das Genre der Utopie, das ist Hobbes für die Begründung der kontraktualistischen Tradition. Und in beiden Fällen, auch das ist bemerkenswert, steht der Gründungsakt auf dem Fundament der Leitwissenschaft Geometrie. Bereits bei allen frühneuzeitlichen Utopien findet sich eine auffallend strikte Orientierung an geometrischen Grundfiguren und mathematisch genauen Zahlenangaben. Während Morus' *Utopia* über 54 grundrissgleiche Quadratstädte mit je 6 000 Familien à zehn bis 16 Personen verfügt, besitzt Campanellas *Sonnenstaat* mit seinen terrassenförmig aufeinander geschichteten Ebenen die geometrische Figur eines stumpfen Kegels. Andreaes *Christianopolis* ist schließlich eine vollkommen quadratisch-symmetrische Reißbrettkonstruktion. Kein Denker hat das Vorbild der Geometrie für den Bereich der Sozial- und Geisteswissenschaft allerdings so engagiert verfolgt wie Thomas Hobbes. Wenngleich Hobbes weniger an konkreten Sozialstrukturen oder der Ästhetik geometrischer Grundformen interessiert war, so spiegelt seine Theorie doch in erster Linie die Auffassung wider, wonach der Staat als Kunstwerk, als menschlich geschaffenes Produkt zu verstehen sei. Die Geometrie symbolisiert das Künstliche, menschlich Gemachte schlechthin. Seine große Anziehungskraft verdankt das geometrische Methodenideal bei Hobbes der Tatsache, dass wahre Wissenschaft für ihn prinzipiell nur von Dingen möglich ist, die der Mensch selbst erzeugt.[212] So entsteht ein Kreis durch das Herumführen eines Gegenstandes um einen festen Punkt mit gleichem Radius auf gerader Ebene.[213] Allein aus der Kenntnis des Erzeugungsvorgangs leitet sich auch die treffende Definition des Untersuchungsgegenstandes her. Diesem Vorbild folgend, können und sollen nach Hobbes nun auch Ethik und Politik *more geometrico* konstruiert und demonstriert werden, weil der Mensch mittels Übereinkunft die Ursachen von Gerechtigkeit und Ungerechtigkeit selbst erst begründet.[214]

Dieses methodische Unternehmen ist bei Hobbes mit einem ungeheuren Neuerungsanspruch verbunden. Über den Schöpfungsakt seines *Leviathans* schreibt er auf der ersten Seite seiner Einleitung: „Endlich aber gleichen die *Verträge* und *Übereinkommen*, durch welche die Teile dieses politischen Körpers zuerst geschaffen, zusammengesetzt und vereint wurden, jenem ‚Fiat‘ oder ‚Lasst uns Menschen machen‘ das Gott bei der Schöpfung aussprach.“[215] Wie Gott die natürliche, so erschafft sich der Mensch nunmehr seine künstliche, sprich politisch-moralische Welt. In ganz analoger Weise urteilte Norbert Elias über Morus und dessen *Utopia*: „Es war ein recht säkularisiertes Bild. Er ließ die Götter aus dem Spiel; die Menschen werden hier weitgehend als Urheber ihrer eigenen gesellschaftlichen Einrichtungen dargestellt.“[216] Ebenso wie der Vertragsstaat, ist auch die Utopie weder gottgegeben noch Naturzweck, sondern gedanklicher Neubau einer Ordnung und damit keineswegs

Zeugnis eines abseitigen Phänomens, sondern Ausdruck einer Modernität, mit der sich der Mensch als Schöpfer seiner Welt vom mittelalterlichen Selbstverständnis absetzt.

Nicht nur hierin gibt es eine große Schnittmenge zwischen Vertragstheorie und Utopie. Die Vertragsmodelle sind darüber hinaus – in ihrer methodisch unproblematischsten Form – fiktive und rationale Gedankenexperimente, das heißt der Vertrag kann weder historisch die Genese des Staates erklären noch kann er in einem streng juristischen Sinn zur Generierung von Verpflichtungen seiner Staatsbürger dienen.[217] Als bloßes gedankliches Modell ermöglicht er aber immerhin zu erklären, dass Herrschaft dann als legitim und gerecht gelten kann und soll, wenn vernünftige, freie und gleiche Menschen ihr hätten zustimmen *können*. Vertragstheoretisch lässt sich also vor allem ein normativer Maßstab für die Bedingungen von Legitimität, Gerechtigkeit und öffentlicher Moral formulieren. Oder, wie Kant es genannt hat: Der Vertrag bestimmt das Ideal des Staatsrechts.[218] Folglich liefert die Vertragsfigur neben ihrer rechtfertigungstheoretischen Funktion immer auch ein kritisches Potenzial, das sich ähnlich wie im Fall der Utopien zur Bewertung und Kritik empirischer Verhältnisse in Staat und Gesellschaft heranziehen lässt. Bei all den unbestreitenden Differenzen zwischen Utopie und Vertragstheorie sind zumindest die methodischen und funktionalen Gemeinsamkeiten beider Ansätze derart signifikant, dass man sie für die Frage nach dem Modernitätsstatus der Utopien nicht ignorieren sollte.

5.2 Gerrard Winstanley und „The Law of Freedom"

Gerrard Winstanley, geboren 1609 in Wigan (Lancashire), war ein unmittelbarer Zeitgenosse von Thomas Hobbes. Der zentralen Metapher von Hobbes' Kontraktualismus vermochte der englische Frühkommunist allerdings nicht zuzustimmen: Der „Krieg aller gegen alle"[219] gilt ihm nicht als Fiktion eines hypothetischen Naturzustandes, sondern als existente Wirklichkeit. Im Rahmen des Utopiediskurses führt Winstanley – sogar in zugespitzter Form – die sozialkritische Stoßrichtung fort. Das „Eintreten für Eigentum und Einzelinteressen", so schreibt er 1649, spalte „das

Volk eines Landes, ja die ganze Welt in Parteien und führt ursächlich zu allem Krieg, Blutvergießen und Zwist auf Erden."[220] Zugleich bricht er jedoch auch als erster Utopist mit einem zentralen Merkmal der bisherigen Tradition. Allen Klassikern lag der Gedanke fern, zu einer revolutionären Verwirklichung ihrer literarischen Gebilde aufzurufen; kein einziger Vertreter begriff seinen Entwurf als politisches Programm, von dem er in naher Zukunft eine radikale Umsetzung gefordert, geschweige denn erwartet hätte. Die Utopie war bis dato ein heiter bis ernst gemeintes Gedankenexperiment, ohne den Versuch, konkrete Handlungsanleitungen zu liefern. Die Frage nach Verwirklichung der Utopie rückte erstmals, und nicht zuletzt unter dem Eindruck revolutionärer Ereignisse, mit Winstanley greifbar in den Mittelpunkt.

Seinen Lebensunterhalt bestritt Gerrard Winstanley als kleiner Stoffhändler in London, ehe ihn der englische Bürgerkrieg (1642–1649) wirtschaftlich ruinierte.[221] Während der Bürgerkriegsphase gehörte er zum äußersten linken Flügel des revolutionären Puritanismus und war Anhänger der basisdemokratischen Levellers und Diggers, die für die radikale Entfeudalisierung der Sozialordnung kämpften. Winstanley starb vermutlich 1676 in London. An der sozioökonomischen Situation in England hatte sich seit den knapp eineinhalb Jahrhunderten, die zwischen Morus' *Utopia* und Winstanleys Schriften liegen, indes nur wenig verändert. Winstanley reagiert auf ein identisches Phänomen, wie es schon in der *Utopia* zur Zielscheibe der Kritik wurde, wenn er die Landnahme von „reichen Grundbesitzern und Freisassen" mit dem Vorwurf attackiert, dass sie „die Gemeindeweiden mit Schafen und Vieh vollstopfen, so daß die Armen vielerorts nicht einmal eine Kuh halten können, ohne das Gras für sie zu stehlen."[222] Bettlern und Landstreichern wurde außerdem beim erstmaligen Aufgreifen der Buchstabe R eingebrannt, beim zweiten Mal, wie Marie Louise Berneri schreibt, wurden sie „ohne den Segen der Kirche hingerichtet"[223]. Noch immer wurden also – dem Diktum von Morus' Raphael folgend – Diebe gezüchtet, um sie dann zu hängen.

Auf dem linken Flügel der Levellers radikalisierten sich um 1648 die Forderungen. Die „Diggers" oder „wahren Levellers" plädierten nicht mehr nur für konstitutionelle politische Reformen, sondern traten für die völlige Abschaffung von Privateigentum und Geldverkehr ein. Die Revolution sollte ihre Vollendung mit dem Ende der Eigentümergesellschaft finden. Das Programm der „wahren Levellers" hat Winstanley in zahlreichen Pamphleten sowie in der direkt an Oliver Cromwell adressierten Schrift *The Law of Freedom* (1652) federführend formuliert. Mit konkreten Aktionen versuchten die Diggers, das Land für die Bauern zurückzugewinnen. Ab April des Jahres 1649 – König Karl I. war soeben hingerichtet worden – bewirtschaftete Winstanley mit einer kleinen Schar von Gesinnungsgenossen auf dem St. George's Hill brach liegendes Land. Sie wandten keinerlei Gewalt an, machten ihre Forderungen und Ziele öffentlich und hofften, dass ihr Beispiel die Grundbesitzer schließlich dazu bewegen würde, freiwillig auf ihr Land zu verzichten. Während der Londoner Stadtrat die Digger-Kolonie tolerierte, versuchten Regierung und Grundbesitzer dem Projekt ein Ende zu setzen: Man verprügelte die kleinen Digger-Gruppen, entriss ihnen Spaten und Karren, zerstörte ihre Häuser, vernichtete die Ernten oder verhaftete sie. Im März 1650 wurde der Modellversuch beendet.

Erst nach dem Scheitern des Experiments veröffentlichte Winstanley seine umfangreichste und wichtigste Schrift: In seinem *Gesetz der Freiheit* formulierte er den Entwurf einer alternativen Gesellschaft, die sich in Analogie zu den frühen Utopisten aus der Kritik an den herrschenden Missständen speist und darüber hinaus annähernd alle inhaltlichen Topoi der klassischen Utopie aufgreift. Gleichwohl erscheinen drei Aspekte diskussionswürdig für seine Stellung innerhalb der Utopietradition: Zum einen ist es der Verzicht auf das Medium einer literarischen Fiktion, zweitens die praktische Realisierungsintention seines Gesellschaftsentwurfs sowie drittens (zumindest in den früheren Jahren) die eschatologische Fundierung seines Denkens.

Eine Abweichung von den klassisch-frühneuzeitlichen Utopien ist zweifellos die erstmalige Wahl einer nicht-fiktionalen Textform. Das utopische Gemeinwesen wird weder auf eine ferne Insel verlegt noch wird seine Existenz mit Realitätssignalen fingiert. Vielmehr ist der Entwurf eindeutig auf unmittelbare Praxis und auf das reale England des 17. Jahrhunderts gerichtet. Winstanleys Schriften haben auch nichts mehr mit einem spielerischen Gedankenexperiment gemeinsam. Es existiert keine Doppeldeutigkeit des Textes; der „Autor steht und fällt mit dem verbindlich interpretierbaren Inhalt seiner Schrift“[224]. Zumindest dem humanistischen Ideal heiter-spielerischer Pädagogik lässt sich Winstanleys Denken damit nicht mehr zurechnen. „Nicht Worte, sondern Taten“, so schreibt er, „werden zum Beweis eines redlichen Herzens dienen“[225]. Allerdings wird der gewaltsame Umsturz von Winstanley strikt abgelehnt; er glaubt zeitlebens an die Möglichkeit einer friedlichen Wandlung der Gesellschaft.

Kaum zu übersehen ist ferner, dass Winstanleys Vision in den frühen Traktaten Züge einer eschatologischen Erlösungsstrategie trägt. Noch im Jahr 1649 spricht er in der Schrift *Das neue Gesetz der Gerechtigkeit* von einem „Vorgeschmack“ auf den „Neuen Himmel“, worin „die Gerechtigkeit wohnt“.[226] Die Erlösung gilt dort allein als Werk Gottes: „Der Herr wird rasch handeln: Babylon wird in einer Stunde fallen und Israel in einer Stunde entstehen. (…) Allein die Kraft des Allmächtigen vermag den Fluch fortzunehmen“[227]. Von diesem chiliastischen Interpretationsmuster hat sich Winstanley allerdings zunehmend gelöst. Im *Gesetz der Freiheit* präsentiert Winstanley eindeutig den Entwurf einer Gesellschaftsordnung, die allein das Werk menschlichen Veränderungswillens ist.[228] Explizit verteidigt er die Vernunfterkenntnis gegen vermeintliche Glaubenswahrheiten und er vertraut nicht länger auf eschatologische Prophezeiungen, sondern wendet sich einer institutionellen und weltimmanenten Umgestaltung zu.[229]

Das fiktive Modell ist dabei hinsichtlich aller gesellschaftlich relevanten Bereiche – Religion, Familie, Erziehung, Wissenschaft, Politik und Wirtschaft – vollständig und kohärent. Insbesondere in den sozioökonomischen Strukturen sind Winstanleys utopische Vorläufer auf das Höchste präsent: Die Produktion der Nahrungsmittel und Güter ist genossenschaftlich organisiert und die Verteilung erfolgt nicht mehr „auf dem Wege des Kaufens und Verkaufens“, sondern die Familien können sich „je nach Bedarf“ bei „Lagerhäusern“ und „öffentlichen Speichern“ bedienen.[230] Eine umfassende Mobilisierung des gesamten Arbeitskräftepotenzials sorgt mit Hilfe von Aufsehern für das Ende von Bettelei und Müßiggang.[231] Ferner plädiert Winstanley für die rasche Nutzbarmachung aller Fortschritte in Wissenschaft und Handwerk und ihren Einsatz zur Steigerung der Produktivität. Auch kennt sein Szenario das utopietypische Luxusverbot: Sobald das Bedürfnis nach ausreichend Nahrung, Wohnung und Kleidung befriedigt ist, wird eine deutliche Grenze gegenüber jeder weiteren Konsumsteigerung gezogen. Darüber hinaus adaptiert Winstanley einen weiteren typisch-utopischen Topos, wenn er die Trennung zwischen Öffentlichem und Privatem aufhebt: In der idealen Gemeinschaft, die eine politische Wertegemeinschaft ist, existiert keine Privatheit mehr. Allerdings bleibt eine gewisse Sphäre gewahrt, insofern „die Wohnung eines Menschen ohne dessen ausdrückliche Zustimmung kein Gemeingut" ist.[232] Nicht übernommen hat Winstanley also das Motiv des Häuserwechsels, das in den frühen Utopien noch am deutlichsten die völlige Kollektivierung symbolisierte.

Mit Lösung der Eigentumsfrage, so Winstanley, werde auch jede politische Unfreiheit ihr Ende finden. Wenngleich damit erstmals in der utopischen Literatur neben Gleichheit auch Freiheit eingefordert wird, bedarf es zu deren Sicherung abermals des Rückgriffs auf den Primat starker Institutionen. Zumindest der Versuch, sich Eigentum an Grund und Boden zu verschaffen, wird in letzter Instanz mit Androhung und Vollstreckung der Todesstrafe sanktioniert.[233] Noch deutlicher zeichnet sich Morus' Spur in der Art und Weise ab, wie Edelmetalle auf ihren wahren Wert zurecht gestutzt werden: So wird mit Abschaffung des Geldverkehrs auch der Irrsinn beendet, den „Stempel des Eroberers auf einem Stückchen Gold oder Silber gegen die Früchte der Erde" einzutauschen.[234] Gold und Silber finden ihre Verwendung zwar nicht für Nachttöpfe, aber immerhin für „Krüge und anderen erforderlichen Zierat" im Haushalt.[235] Morus' Utopier besitzen darüber hinaus bekanntlich angehäuften Reichtum allein für ihre Außenbeziehung – und einzig für diesen Fall macht auch Winstanley eine Ausnahme: So sollen „Silber- und Goldstücke" für den Fall bereitgehalten werden, dass andere Länder den Handel „von der Bezahlung mit Geld abhängig machen".[236] Kaum zu glauben also, dass bis heute unklar ist, ob Winstanley „die Utopia des Thomas Morus jemals gelesen hat"[237].

Winstanleys Entwurf unterscheidet sich aber zweifellos in wichtigen Punkten von der klassisch-literarischen Utopie. Der Geltungsanspruch steht eindeutig auf Seiten praktischer Gesellschaftspolitik und erstmals integriert Winstanley auch eine Art Transformationsstrategie, also einen möglichen Weg der Realisierung in sein utopisches Modell – ein Element, das im Grunde erst für das utopische Denken im 19. Jahrhundert charakteristisch wird. Gleichwohl bleibt Winstanley der kritischen Stoßrichtung treu; er entwirft ein universales und rationales Alternativmodell und verzichtet auf die Empfehlung gewaltsamer Mittel. Das institutionelle Gegenbild erfüllt daher – unabhängig von der Realisierungsintention – noch immer die wirklichkeitsrelativierende Funktion, die im Aufzeigen einer andersartigen Möglichkeit des sozialen Zusammenlebens begründet liegt.

5.3 Gabriel de Foigny und die „Terra Australe“

Exemplarisch für einen neuen Strang innerhalb der literarischen Utopie ist der 1676 anonym in Genf erschienene Roman *Les Avantures de Jacques Sadeur* von Gabriel de Foigny (1630–1692).[238] Betonte das klassische Utopieparadigma bis dahin stets die starken staatlichen Institutionen, mithin die Ordnung, so ist Foignys Entwurf erstmals durchgängig vom Primat absoluter Freiheit beherrscht. Bereits Anfang des 20. Jahrhunderts verweist Andreas Voigt darauf, dass in Foignys Roman „zum ersten Mal der Gedanke der reinen Anarchie“ thematisiert werde.[239] Die Schrift liefert Voigt die Vorlage, um daran seine einflussreiche typologische Unterscheidung zwischen „archistischen“ (also herrschaftsorientierten) sowie „anarchistischen“ Utopiemodellen aufzurichten.[240] Im Anschluss an Foigny findet die anarchistische Utopie-Variante ihre Fortsetzung beispielsweise mit Denis Diderots *Nachtrag zu „Bougainvilles Reise“* (um 1775)[241] oder mit William Morris' utopischer Erzählung *News from Nowhere* (1890).

Foignys Roman ist freilich nicht nur wegen des Modells einer staatsfreien Fiktion von Interesse. Der Entwurf rückt außerdem zwei weitere, zentrale Fragen der Utopiediskussion in den Mittelpunkt: So ist die Schrift zum einen in der Nachfolge von Morus' experimenteller Verabsolutierung der Vernunft angesiedelt; zum anderen wird das Problem der „Realitätsadäquatheit“ virulent, denn Foignys australische Inselbewohner kennen keine natürlichen Geschlechtergrenzen mehr. Der Roman ist deshalb von einem frühen Utopieforscher sogar als „der denkbar krasseste Blödsinn“ bezeichnet worden, als „die abgeschmackteste ‚Wundergeschichte‘, die man sich überhaupt nur vorstellen kann“.[242] Gleichwohl spricht vieles dafür, Foignys Erzählung nicht einfach dem Genre der fantastischen Literatur zuzurechnen, sondern sie durchaus als klassische Utopiekonstruktion zu werten. So ist beispielsweise Foignys Bild der australischen Hermaphroditen nicht schlechthin das Produkt einer überbordenden Fantasie, sondern entspringt vielmehr der Intention, mit der gänzlichen Verabsolutierung des Gleichheitsprinzips (selbst über die Geschlechtergrenzen hinweg) die Kritik an den patriarchalischen Gesellschaftsstrukturen Europas auf die Spitze zu treiben.

So befremdlich manche Passage in Foignys Australien-Utopie fraglos ist, so unstet und skandalträchtig verlief das Leben des Autors. Um das Jahr 1630 bei Reims geboren, schloss er sich, rhetorisch talentiert und bestens geschult, in jungen Jahren dem Franziskaner-Orden an. Obwohl er es als Prediger in Reims zu einiger Bekanntheit brachte, musste Foigny wegen „skandalösen Betragens“ das Kloster, die Stadt und Frankreich verlassen. Er flüchtete nach Genf und konvertierte dort 1666 zum Calvinismus. Bald aber stand er im Verdacht, dem Kartenspiel gefrönt, mehrere Dienstmädchen verführt und unsittliche Reden gehalten zu haben. Am 1. Oktober 1666 erhielt er die Aufforderung, binnen acht Tagen Genf zu verlassen. Gut zwei Wochen später erreichte er Lausanne, wo er die schlecht beleumundete und von ihm in Genf geschwängerte Léa La Maison heiratete. Im März 1669 bot sich ihm die Gelegenheit, als Magister am Collège de Morges eine Stelle mit geregeltem Einkommen und fester Unterkunft anzutreten. Bezeichnend aber scheint das Ende seiner kurzen universitären Laufbahn: Nachdem Foigny betrunken einen Gottesdienst zelebriert und sich vor dem Altar übergeben musste, wurde er fristlos entlassen und trat mit seiner Frau und zwei Kindern die Rückkehr nach Genf an. Dort bemühte er sich, die Wächter der calvinistischen Moral, die sogenannte „Ehrenwerte Gesellschaft“, milde zu stimmen. Er gab mehrere Psalme heraus, setzte allerdings Gedichte und eigene Kommentare hinzu – mit dem Ergebnis, dass die Bücher in Kürze verboten, beschlagnahmt und vernichtet wurden.

Noch in Genf erschien außerdem im Jahr 1676, ohne Druckerlaubnis, seine Australien-Utopie über die „Abenteuer des Jacques Sadeur". Unter dem Kürzel „G. d. F." gab er sich lediglich als Herausgeber der Schrift zu erkennen. Die Genfer Theologen, die das Buch sofort prüften, empfanden es als schändlich, gefährlich und blasphemisch. Die moralische Entrüstung mag angesichts des gewagten Entwurfs nicht unbedingt überraschen. Foignys Australier leugnen beispielsweise die Offenbarungslehre, machen ihre Späße über den Unsterblichkeitsglauben der Seele und halten das Gebet für Blasphemie. Foigny bestritt anfangs die Autorenschaft, gestand jedoch drei Monate später und um einen Gefängnisaufenthalt reicher, der Verfasser zu sein. Gegen eine Bürgschaft kam er frei. Ein letzter Skandal besiegelte sein Dasein in Genf: Die Verführung des Dienstmädchens Jeanne Berlie brachte dem inzwischen 50-jährigen Witwer 1684 erneut einen Gefängnisaufenthalt ein. Er kehrte daraufhin, zusammen mit der schwangeren Jeanne und seinen inzwischen vier Kindern, nach Frankreich zurück, konvertierte abermals zum Katholizismus und verbrachte die letzten Jahre in einem Kloster, wo er 1692 starb.

Für sein utopisches Konstrukt wählt auch Foigny die Form einer literarischen Fiktion.[243] In den ersten drei Abschnitten erfährt der Leser von der Geburt, Jugend und Erziehung des Ich-Erzählers Jacques Sadeur sowie von dessen Seefahrt zum Kongo und den Ereignissen, die ihn auf seiner Reise schließlich bis nach Australien führen. Auch dabei wird die Realitätstreue der Schilderung vielfach durchbrochen: Seinen Erzähler lässt Foigny nach mehreren Schiffbrüchen durch einen Riesenvogel retten und ins Land der Australier bringen. Aufgenommen wird Sadeur dort nur, weil er ebenfalls Hermaphrodit und – wie die Australier – nackt ist. Die Passage ist der erste Hinweis auf den Isolationismus der Utopie, denn bei „den Einwohnern dieses Landes ist es Sitte, niemanden bei sich aufzunehmen, dessen Temperament, Geburt und Heimatland sie nicht vorher kennen"[244].

Im Folgenden werden Sadeurs Begegnungen mit den Lebensgewohnheiten der Australier geschildert. Den Großteil des Buches beansprucht der Dialog zwischen dem Romanhelden und einem alten Greis, der sich stets schützend vor Sadeur stellt. Erzählt wird vom Erziehungswesen der Australier, von ihrem politischen und wirtschaftlichen System, von der deistischen Vernunftreligion, den wissenschaftlich-technischen Errungenschaften sowie von Klima, Bevölkerungsstruktur und Geografie des Landes. Foigny hält sich insofern vollständig an das klassisch-utopische Muster einer universellen Darstellung, ja insgesamt an das typische Paradigma der Raumutopie. Zudem ist seine Utopie eine hoch fiktionalisierte Konstruktion, die durch ihre vorgespiegelte Existenz die Zustände der Zeit massiv attackiert. Zur Zielscheibe werden dabei nicht zuletzt die irrationalen Verhältnisse in Europa: In Australien gebe es zwar wilde Tiere, doch in Europa seien es die Menschen, die übereinander herfielen und sich gegenseitig erwürgten. Grund sei vor allem die nur mangelhaft entwickelte Vernunft bei den europäischen Völkern. Beispielhaft lässt Foigny seinen Romanheld sagen: „Der unersättliche Hunger nach Reichtümern, diese ständigen Meinungsverschiedenheiten, diese schwarzen Hinterhältigkeiten, blutigen Verschwörungen und grausamen Gemetzel, die wir ständig gegeneinander üben; zwingen sie uns nicht zu erkennen, daß wir eher von Leidenschaft als von Verstand geleitet sind?“[245] Die Folge sei in Europa eine Kette des Elends und des Leids. Die Notwendigkeit von repressiven Institutionen zementiere und verschärfe den permanenten Konfliktzustand nur zusätzlich, denn um das Absinken ins Chaos zu verhindern, müsse sich der Massenmensch einem mächtigen Herrscher und seiner Zwangsordnung unterwerfen. Wie die politischen Verhältnisse, so seien in Europa auch die Familienstrukturen, die Herrschaft des Mannes über die Frau, Ausdruck einer gewalttätigen Hierarchie.

Die Europäer gelten den Australiern daher nur als „Halbmenschen“, weil sie lediglich über eine unvollständig entwickelte Vernunft verfügten und sich überdies sogar aus den daraus folgenden Fehlern definierten. Demgegenüber erklärt sich das reibungslose Funktionieren des anarchistischen Gemeinwesens bei den Australiern aus der Allherrschaft der Vernunft. Über den dortigen Menschentypus heißt es: „Das gebieterische Wort ist ihm verhaßt, er tut, was ihm die Vernunft eingibt; die Vernunft ist sein Gesetz, seine Regel, sein einziger Maßstab. Es gibt einen Unterschied zwischen wahren Menschen und halben Menschen, daß nämlich die Gedanken und Wünsche der ersten vollkommen übereinstimmen und deshalb ohne Unterschied dieselben sind“[246]. Der Grund also, weshalb die

Australier weder Regierung noch zentrale Behörden, weder Befehlshaber noch sonstige Vorgesetzte brauchen, ist das Wirken einer Vernunftkraft, die bei allen Einzelwesen zu vollkommen identischen Wünschen und Handlungsweisen führt. Folglich versinkt die Gemeinschaft auch nicht im Chaos; individuelle Freiheit und Gleichheit sind sogar Garant der schier grenzenlosen Harmonie und Homogenität des Gemeinwesens. Diese bemerkt auch Sadeur. Er erwähnt die „erstaunliche Gleichförmigkeit der Sprachen, Sitten, Gebäude und anderer Dinge" – und man glaubt Morus' Raphael-Figur reden zu hören, wenn Sadeur berichtet: „Die Kenntnis eines Wohnbezirks genügt, um ein sicheres Urteil über alle übrigen fällen zu können".[247]

Auch mit dem Modell einer vollkommenen Gütergemeinschaft folgt Foigny dem klassischen Vorbild seit Morus: Die Unterscheidung von Mein und Dein ist den Australiern fremd, alles gehört allen.[248] Das Bemerkenswerte an der einfachen, gemeinwirtschaftlichen und auf Bedarfsdeckung gerichteten Ökonomie ist dabei, dass es „überhaupt keinen Produktionsprozess" gibt.[249] Aufgrund des warmen Klimas und der Freigiebigkeit der Natur ist alles Notwendige im Überfluss vorhanden. Die Spannung zwischen Bedarf und Deckung ist insofern a priori gelöst. Habsucht kennen die Australier nicht; und so gilt ihnen das Verhalten, „ohne irgendeinen Nutzen Kostbarkeiten anzuhäufen", als ein Ausdruck geistiger Schwäche.[250] Zugleich findet sich auch das zweckfunktionale Vernunftkonzept der *Utopia* in den äußeren Strukturen der australischen Inselwelt wieder. Die natürliche Umwelt ist vollständig dem instrumentellen Zugriff des Menschen unterworfen, sodass „man weit und breit keinen Berg sieht; die Eingeborenen haben sie alle eingeebnet"[251]. Ferner ist auch die geschilderte Siedlungsweise bezeichnend: Jedes Haus hat vier Wohnungen für je vier Personen. 25 Häuser bilden einen Wohnbezirk und aus 16 Wohnbezirken formt sich eine sogenannte „Seizain". Das mathematische und primär an Quadratzahlen orientierte Ordnungsmuster – aus den frühen Utopien als Ausfluss eines planerischen Rationalitätsideals bestens vertraut – ist somit auch in Foignys Entwurf auf das Höchste präsent. Insgesamt existieren nicht weniger als 15 000 Seizains. Zählt man noch die Mitglieder der sogenannten „Habs" und „Hebs" hinzu, die entweder politisch-kulturellen oder pädagogischen Zwecken dienen, so kommt man auf eine Gesamtbevölkerung von 144 Millionen Einwohner, die eindeutig Ausdruck einer Massenzivilisation sind.[252]

Mit dem zwölften Kapitel beginnt allerdings die Schilderung des Krieges der Australier gegen ihren größten Feind, die sogenannten „Fondins". Zwar sind auch die Australier gemeinhin „ein friedliches Volk und kämpfen niemals gegeneinander, doch manchmal sind sie gezwungen, große Kriege zu führen, um ihr Land gegen die Invasion fremder Nationen zu verteidigen. Sie führen diese Kriege mit erschreckender Gründlichkeit und Unbarmherzigkeit, hören erst auf, wenn der letzte Feind vernichtet ist und machen in einigen Fällen das gesamte Feindesland dem Erdboden gleich."[253] Diese rational-destruktive Energie erinnert fraglos an Morus' Utopier. Die Vernunft wird zum Instrument effizienter Vernichtungspolitik. In einem dieser Kriege begeht Sadeur in den Augen der Australier allerdings grundlegende Fehler. Er wird angeklagt und schließlich zum Tode verurteilt, ehe ihm abermals mit Hilfe eines Riesenvogels die Flucht gelingt. Vorgeworfen wird ihm ein ungenügender Einsatz im Kampf, Mitleid mit dem Feind, die Umarmung einer feindlichen Frau, der Verzehr von Fleisch, und schließlich sein Rat, sich der Frauen des Feindes zu bemächtigen, anstatt sie zu töten.

Sadeurs Fehler liegen in allzu menschlichen Eigenschaften wie Mitleid und Schwäche. Für Foignys Intention kann daher nicht ausgeschlossen werden, dass er letztlich sogar vor den inhumanen Konsequenzen eines reinen Vernunftdogmatismus warnen wollte. Verglichen mit Morus' *Utopia* lässt sich bei Foigny ein fast identisch gelagertes Konzept ausfindig machen: Das utopische Gemeinwesen ist die Konstruktion einer in allen Sitten und Einrichtungen verabsolutierten Vernunft – von der Vollendung sozialer Harmonie bis hin zur zweckrationalen Vernichtung der Kriegsgegner. Foigny geht aber sogar noch einen Schritt weiter als Morus, weil er die Vernunftstruktur bis in die Natur der Australier hinein verlängert: Foignys Australier sind ausschließlich Wesen der Vernunft und daher bedarf es, anders als für Morus' Utopier, auch keiner starken staatlichen Institutionen mehr. Die Stimme der kollektiven Ratio in jedem Einzelwesen ist Gewähr für das Funktionieren des anarchistischen Gesellschaftsmodells – mehr, als jeder Befehl dies leisten könnte. Girsberger resümiert daher: Foignys Schrift sei „Utopie im wahrsten Sinne des Wortes, sofern sie alle Schwierigkeiten durch die Macht souveräner Konstruktionen beseitigt, ohne sich auch nur im geringsten an die Logik der Wirklichkeit zu halten."[254] Dies jedoch, so muss hinzugefügt werden, ist nicht zuletzt ein genuines Recht der Utopie. In der Irrealität des literarischen Entwurfs können die Signale selbst verborgen liegen, die auf die Unmöglichkeit der Verwirklichung verweisen. In diesem Sinne kann gelten, dass das primäre Anliegen von Foignys Roman abermals nicht das unmittelbare, praktische Vorbild ist, sondern die Funktion, sich der bestehenden Verhältnisse im Lichte des Alternativmodells bewusst zu werden.

5.4 Johann Gottfried Schnabel und die „Insel Felsenburg"

Auf den ersten Blick ist auch die *Insel Felsenburg* von Johann Gottfried Schnabel in einer gewissen Grauzone des Utopiediskurses angesiedelt. Besitzt Foignys Australien-Utopie eine große Schnittmenge zur fantastischen Literatur, so gibt es bei Schnabels Erzählung auffallende Überschneidungen mit dem Genre der Robinsonade. Seine Darstellung gruppiert sich vor allem um die Schilderung persönlicher Einzelschicksale – in einer anfangs fremden und unbewohnten Welt.[255] Allerdings verwahrt sich bereits Schnabel gegen die Einschätzung, lediglich „zusammen geraspelte Robinsonaden-Späne" würden das Wesen seines Werkes prägen.[256] Im Folgenden sollen die angedeuteten Merkmale in erster Linie als Indiz für die „Individualisierung" der Utopie gewertet werden. Diese bleibt – wie sich zeigen wird – nicht der einzige charakteristische Zeitaspekt der Aufklärung, der in Schnabels Romanutopie seinen Niederschlag gefunden hat.

Schnabels Erzählung erschien erstmals zwischen 1731 und 1743 unter dem Titel „Wunderliche Fata einiger See-Fahrer, absonderlich Alberi Julii, eines gebornen Sachsens (...)". Sie zählte zu den beliebtesten und meist gelesenen deutschen Romanen des 18. Jahrhunderts. Das über 1 000 Seiten starke und insgesamt vierbändige Werk war bereits früh als „Insel Felsenburg" bekannt. Zwischen 1731 und 1772 sind nicht weniger als 26 Auflagen nachgewiesen und allein der erste Band wurde achtmal neu aufgelegt. In deutlicher Differenz zur Verbreitung des Romans steht allerdings das Wissen um seinen Autor. Selbst die Klärung der Verfasserfrage ließ im Anschluss an die Erstausgabe rund 150 Jahre auf sich warten. Als gesichert gilt inzwischen, dass Schnabel 1692 als Sohn eines Pfarrers und dessen Frau Hedwig Sophia in Sandersdorf bei Bitterfeld geboren und früh bei Verwandten erzogen wurde, weil beide Elternteile starben noch ehe Schnabel zwei Jahre alt war. Zwischen 1708 und 1712 nahm er auf Seiten des Prinzen Eugen in den Niederlanden am Spanischen Erbfolgekrieg teil. Bis 1724 reißt die biografische Spur dann ab. In diesem Jahr trat Schnabel, er war bereits verheiratet und hatte einen Sohn, beim Erbgrafen Christoph Ludwig in Stolberg (Harz) eine Stelle als „Hofbalbier" und „Herrschaftlicher Kammerdiener" an. Zwischen 1731 und 1741 tauchte er als Zeitungsherausgeber und Autor auf, und – obwohl Angehöriger des bürgerlichen Standes – lebte er, wohl auch während der Abfassung seiner *Insel Felsenburg*, in bescheidenen bis armen Verhältnissen. 1738 erschien der ebenfalls gern gelesene und galant-anzügliche Roman *Der im Irrgarten der Liebe herum taumelnde Kavalier*. Ferner ist bekannt, dass Schnabel Vater von insgesamt fünf Kindern war und seine Frau bereits im Jahr 1733 verstarb. Ab 1750 fehlen wieder jegliche Hinweise auf seinen Verbleib. Wann und wo er starb, ist unbekannt. Das letzte Lebenszeichen ist die Veröffentlichung eines allegorisch-fantastischen Romans (*Der aus dem Mond gefallene und nachero zur Sonne des Glücks gestiegene Printz*) aus dem Jahr 1750, der unter dem Pseudonym Gisander erschien.

Unter gleichem Namen wurde auch Schnabels *Insel Felsenburg* publiziert. Die utopische Fiktion ist dabei sogar in eine doppelte Rahmenhandlung eingebunden. Die äußere Erzählung enthält die Geschichte des fiktiven Herausgebers Gisander, der das Manuskript von einer Reisebekanntschaft, dem „Literato" Eberhard Julius, erhält und in den Druck gibt, nachdem dieser bei einem Postkutschenunfall unglücklich sein Leben verlor.[257] Mit Gisanders Herausgeberfunktion, der die Papiere ordnet und ediert, wird abermals der Wahrheitsgehalt der Erzählung so authentisch wie möglich zu fingieren versucht. In unverkennbarer Analogie zu Morus beteuert auch Gisander, dass er aufgrund seiner knapp bemessenen Zeit einen stilistisch nur dürftig überarbeiteten Text präsentiere. Zudem gibt er in der Vorrede noch einen offenen Hinweis auf sein Schwanken zwischen Scherz und Ernst, denn er sei „etwas lustigen humeurs, aber doch nicht immer."[258]

Das Manuskript selbst bildet dann die innere Rahmenerzählung mit der Hauptgeschichte des Ich-Erzählers Eberhard Julius. Die Handlung nimmt ihren Anfang mit einem Brief, den Eberhard durch den Boten und Kapitän Leonhard Wolffgang erhält. Das Schreiben stammt von Albertus Julius, dem Ahnvater der Insel Felsenburg. Der 97-Jährige fordert darin seinen Urgroßneffen Eberhard im 78. Jahr seiner Regierung auf: „Machet euch auf, und kommet zu mir"[259]. Gemeinsam mit dem Kapitän begibt sich Eberhard Julius sodann in Richtung der neuen Welt und berichtet fortan federführend von den Erlebnissen und Einrichtungen auf der utopischen Insel. Eberhards Schilderungen markieren jedoch nur etwa die Hälfte des Textes; die andere besteht aus eingeschobenen Zeugnissen von Emigranten und jetzigen Bewohnern der Insel. Von diesem Wechsel ist die Form des gesamten Romans maßgeblich geprägt. Die Neuankömmlinge haben allesamt Leid, Elend und Unrecht in ihren europäischen Ländern erfahren. Ihr Leben und die Verhältnisse auf dem alten Kontinent waren geprägt von Armut, Krieg und unschuldigen Hinrichtungen, von Ehebruch und sexueller Nötigung, Fress- und Saufgelagen, Raub, Mord, religiöser Intoleranz und allgemeinem Sittenverfall. Während Lebensbericht um Lebensbericht die erschreckenden Zustände im Europa der Zeit illustrieren und Schnabel die Möglichkeit bieten, seine satirische Kritik aus den zahlreichen Einzelerzählungen zusammenzufügen, stellt er ihnen schroff Eberhards Erfahrungsberichte von der utopischen Insel entgegen. Damit gelingt Schnabel auf recht innovative Weise die erzähltechnische Umsetzung der utopietypischen Dichotomie von fiktionalisiertem Gegenbild und empirischer Realität. Der Wunsch, das „Vaterland, oder auch nur einen eintzigen Ort von Europa wieder zu sehen", ist bei den Immigranten erloschen.[260] Die Insel wird daher auch „anders als Robinsons Insel – nicht als Exil, sondern als Asyl" wahrgenommen.[261] Über die Erzählform bringt Schnabel aber nicht nur die Kritik an den europäischen Zuständen und die angesprochene Individualisierung der Perspektive zur Geltung, sondern relativiert zugleich auch die Statik seines Gesellschaftsentwurfs. Die gesamte Romanutopie vermittelt eher den Eindruck eines prozesshaften Szenarios: Die Entdecker der Insel sind zugleich Errichter des Gemeinwesens; es wird die Entstehung und der allmähliche Aufbau der utopischen Welt, ihr Status quo und andeutungsweise sogar ihre mögliche Zukunft geschildert.

Am Beginn der Geschichte Felsenburgs steht abermals ein Schiffbruch. Lediglich vier Personen haben das rettende Ufer der Insel erreicht: Albertus, sein Freund van Leuven, dessen Frau Concordia sowie der damalige Kapitän, ein Bösewicht namens Lelemie. Die Erzählung macht rasch deutlich, dass sich die hergebrachten Strukturen aus der alten Welt allesamt überlebt haben: Lelemie, der sein Regiment sogleich über die restlichen Überlebenden fortzusetzen gedenkt, erhält zur Antwort: Die „Zeiten haben sich leyder! verändert, euer Commando ist zum Ende, es gilt unter uns dreyen einer so viel als der andere, die meisten Stimmen gelten, die Victualien und andern Sachen sind gemeinschafftlich“[262]. Die Passage darf durchaus den Status einer Schlüsselstelle beanspruchen, insofern sie Hinweise auf soziopolitische Prinzipien gibt, die auch nach Gründung des utopischen Gemeinwesens ihre Gültigkeit weitgehend beibehalten: Der Aufbau der neuen Ordnung macht sich frei von den Hierarchien des alten Kontinents; Grundnahrungsmittel wie übrige Güter werden zu Gemeineigentum deklariert; und Concordia, der vierten Überlebenden, wird ausdrücklich kein Mitspracherecht zugebilligt.

Eine Fortsetzung findet die Ausgrenzung Concordias später durch die patriarchalische Ordnung Felsenburgs. In Familie und Gesellschaft dominiert die Autorität einer Hausvaterfigur. Wie für das bürgerliche Ehemodell charakteristisch, gebührt dem Mann die Funktion des Familienoberhaupts. Allerdings bricht Schnabel bereits in Teilen mit zeitgenössischen Vorstellungen, wenn er im Modell der harmonischen Ehe Leidenschaft und Vernunft, Religion und Sittlichkeit zusammenfließen lässt. Auch nicht Frauen- und Kindergemeinschaften wie bei Platon oder Campanella, sondern die monogame, auf Freiwilligkeit, meist sogar Liebesheirat gegründete Ehe bildet die Keimzelle der Gesellschaft. Das beschriebene Gemeinwesen gleicht sogar weit mehr einem Familienidyll als einem durchorganisierten Staatsapparat. Auch seine Entwicklung gründet hauptsächlich auf der Geschichte einer Familiendynastie. Nach van Leuvens frühem Tod – er wurde von Lelemie hinterrücks ermordet – bilden Albertus und Concordia das Ur-Stammespaar und die Familien ihrer Kinder die neun Julischen Familien – welche die neun, dem biblischen Motiv nachgebildeten Siedlungsgebiete bewohnen und Albertus Julius als ihren „Vater und König“ anerkennen.[263] Folglich findet das basisdemokratische Modell, wie es die Strandungsszene andeutet, nur bedingt eine Fortsetzung im politischen System Felsenburgs. Dieses verzichtet zwar auf eine starke Zentralgewalt und steht somit in einem klaren Gegensatz zur absolutistischen Staatspraxis in Europa, doch die Regierungsform ist von einer starken Betonung des persönlichen Regiments geprägt und trägt weitgehend Züge einer monarchischen Verfassung. Im dritten Teil verfügt Albertus in seiner Abschiedsrede sogar ein politisches Testament, das eine Thronfolge festlegt. Gleichwohl sollen die Machtbefugnisse der kommenden Herrscher deutlich einschränkt werden, sodass sich für die Zeit nach Albertus weitgehend das Modell einer „gemischten Verfassung“ ergibt.[264] Die Aufgabe der Machtkontrolle soll von neun Senatoren, drei Beisitzern und einem Zirkel verdienstvoller Geheimräte übernommen werden.[265] Von anderweitigen politischen Institutionen ist – auch insgesamt – kaum die Rede.

In der klassischen Tradition utopischer Entwürfe steht zweifellos die von Schnabel gezeichnete Übereinstimmung von subjektivem Willen und kollektivem Interesse. Schnabel unterstellt schlicht einen tragfesten Tugendkonsens aller Bewohner. Für das Ausbleiben von Konflikten sorgt in diesem „irrdischen Paradiese“[266] die Natur weitgehend selbst. Die milden klimatischen Verhältnisse und der fruchtbare Boden verhindern Mangel- und Konkurrenzsituationen und lassen die Inselwelt weitgehend als gedeckten Gabentisch erscheinen. Gleichwohl setzt sich die *Insel Felsenburg* von aller Schlaraffenland- oder Zurück-zur-Natur-Idylle dadurch ab, dass die sozialen und wirtschaftlichen Strukturen allesamt Menschenwerk sind. Auf einen zivilisatorischen Fortschrittsgeist verweisen unter anderem der „durch Menschen-Hände“ angelegte Kanal, die „Brücken und Schleusen“, der Anblick von „schönen Gärten, Scheuern und Ställen“ und die stets verbesserte „Wirthschaffts-Einrichtung im Acker- Garten- und Wein-Bau“.[267] Zwar ist auch die *Insel Felsenburg* einem auffallend geometrischen Geist verpflichtet, doch bleibt stets ein ästhetischer, fast romantischer Sinn für die Naturschönheiten vorherrschend.

Auch das ökonomische System Felsenburgs orientiert sich weitgehend an der Strandungsszene. Geldverkehr und Privateigentum sind abgeschafft[268] und abermals wird der „wahre Wert" der Dinge in das rechte Licht gerückt. „Golde, Silber, Kleinodien und Gelde" sind zwar „in grosser Menge anzutreffen", werden aber kaum geachtet, weil sie auf der Insel so gut wie „keinen Nutzen schaffen könten".[269] Analog zu Morus' Utopiern verstehen sich die Insulaner ohnehin „nicht als eitele Bauch- und Mammons-Diener"[270]. Die Ökonomie ist agrarisch geprägt und autark und die Handelsaktivitäten beschränken sich fast ausschließlich auf das Inselterritorium selbst. In ihrer Freizeit legen die Felsenburger weder eine asketische Haltung an den Tag noch sind ausschweifende Gelage wie in Europa üblich; sie geben sich vielmehr, vor allem bei religiösen Feiern und Familienfesten, einem gemäßigten Vergnügen hin.

Schnabels *Insel Felsenburg* entspricht darüber hinaus dem klassischen Vorbild der Raumutopie. Bereits die Topografie charakterisiert die Insel als ausgesprochen schwer zugänglich: Dem „von aussen wüste scheinenden Felsen" sind im Meer Sandbänke vorgelagert.[271] Auch die verborgenen Klippen und schroffen Felswände sind Sinnbild der isolierten Abgeschiedenheit. Zudem wird das Innere der Insel mit künstlichen Gräben und Hindernissen abgeschottet. Auch für den Fall der Verteidigung – das „Schieß-Pulver" gibt davon Zeugnis[272] – ist bestens vorgesorgt. Mehr noch aber dokumentiert sich die Isolation anhand der Exklusivität der Bewohner, denn nur „gewisse auserlesene Leute" wurden auf die Insel gebracht.[273]

Insofern handelt es sich also auch bei Schnabels *Insel Felsenburg* um einen weitgehend in der klassischen Tradition stehenden, literarisch aufbereiteten Entwurf, der das Modell einer alternativen und besseren Welt porträtiert. Beschrieben wird ausdrücklich ein Ort, „allwo die Tugenden in ihrer angebohrnen Schönheit anzutreffen, hergegen die Laster des Landes fast gäntzlich verbannt und verwiesen sind."[274] Wie Morus, so verfolgt auch Schnabel nicht das Ziel, die Gesellschaft umzustürzen, sondern intendiert, deren Fehler und Defizite im Spiegel einer fiktiven Alternative zu reflektieren. Seine Utopie ist ohne einen Anflug von Realisierungswillen, er malt vielmehr eine paradiesische Existenz des Menschseins aus – unerreichbar, aber denkmöglich – und konfrontiert damit die von Sittenverfall und Dekadenz geprägten Verhältnisse in Europa mit dem Bild einer idyllischen Welt. Schnabel hält sich dabei auch inhaltlich an viele Topoi des tradierten Musters: Genannt sei die autarke und bedarfsorientierte Ökonomie, die Institution des Gemeineigentums, die Geringschätzung von Gold und Silber, die gemeinwohlorientierte Politik und die friedlich-fromme Religion der Felsenburger. Schnabels Entwurf ist dabei geradezu exemplarisch für den Geist der Aufklärungsutopien. So ist nicht nur die angesprochene „Individualisierung", also die durchgehaltene Perspektive einer Schilderung persönlicher Einzelschicksale, ein echtes Novum. Gleiches gilt auch für die „Dynamisierung" der Utopie. Diese umfasst zwar noch keineswegs ein Phänomen der späteren Zeitutopien, nämlich den Weg von der historischen zur utopischen Wirklichkeit im Sinne einer Transformationsstrategie vor- bzw. nachzuzeichnen, doch verglichen mit der Statik der frühneuzeitlichen Vorläufer unterliegt die Behandlung der „Geschichte" bereits deutlich erkennbaren Veränderungen.

5.5 Louis-Sébastien Mercier und „L'An 2440"

Sieht man von dem eher unbekannt gebliebenen Roman *Épigone, Histoire du Siècle Futur* (1659) von Michel de Pure ab, dann vollzieht sich gegen Ende des 18. Jahrhunderts fast unbemerkt der vielleicht einschneidendste Paradigmenwechsel in der Geschichte des utopischen Denkens. Mit seinem Roman *Das Jahr 2440* projiziert Louis-Sebastien Mercier im Jahr 1771 das fiktive Gemeinwesen in eine ferne Zukunft und verlässt damit sichtbar die Dimension der räumlichen Gegenwart. Doch auch Merciers Entwurf wurde im zeitgenössischen Kontext noch keineswegs als großer Paradigmenwechsel rezipiert.[275]

Merciers Bedeutung liegt zudem weder in einer besonderen Originalität seiner Ideen, noch überrascht er mit einer ungewöhnlich prophetischen Gabe. Bereits im Jahre 1891 ist etwa Friedrich Kleinwächter der Auffassung, dass „ein guter Teil der Ereignisse, die der Verfasser für die Zeit um 2440 prophezeit, schon längst zur Wirklichkeit geworden ist."[276] Die prominente Stellung von Merciers Utopie ergibt sich allein aus dem holzschnittartigen Gesamtkontext der Utopiegeschichte. So kann gelten, dass die frühen, noch vorutopischen Fiktionen, etwa die mythischen Schilderungen vom Goldenen Zeitalter, vor allem in die

Vergangenheit gerichtete Vorstellungen an verloren gegangene Glückszustände waren. Die Antike kannte generell nur wenige rationale Systemutopien im Sinne der platonischen *Politeia*. Verlegte die Renaissance schließlich das utopische Bild auf eine ferne, aber gegenwärtige Insel, so erschließt Mercier mit seiner datierten Zeitutopie exemplarisch den zukünftigen Raum in der Geschichte des utopischen Denkens. Hierin liegt die zentrale Neuerung oder, wie Raymond Trousson es nennt, die „wahrhaft kopernikanische Wende“[277]. Am ehesten lässt sich diese These einer echten Zäsur wohl damit rechtfertigen, dass nun im Anschluss an Mercier die utopische Fiktion im Grunde ausnahmslos in der Zukunft angesiedelt wird.

Über die Ursachen dieser Wendung ist in der Forschung ein veritabler Streit entbrannt. Die einfachste Erklärung lautete, mit dem 18. Jahrhundert sei zunehmend die Tatsache einer räumlichen Begrenztheit der Welt ins Bewusstsein der Menschen gedrungen. Weil die Landkarte des Globus weitgehend gezeichnet war, hätten sich auch die Utopien ihrer unbegrenzten Möglichkeiten zur fiktiv-geografischen Lokalisierung beraubt gesehen.[278] Doch für die Hegemonie des zeitutopischen Musters im 19. Jahrhundert greift die Erklärung zu kurz. Sie kann nicht plausibel machen, weshalb bereits lange vor Mercier andere Erzählungen ein imaginäres Gemeinwesen auf den Mond, in die Sterne oder unter die Erdoberfläche verlegt haben. Es gab demnach andere Möglichkeiten der Raumprojektion und diese wurden auch genutzt.[279] Der bei Mercier vollzogene Perspektivenwechsel hat eine tiefer liegende Ursache. Um es vorweg zu nehmen: Es war vor allem die zunehmende Bedeutung der Fortschrittsdimension, die dazu führte, dass im 19. Jahrhundert die Zeitprojektion eine derartige Monopolstellung im Utopiediskurs gewann. Bereits mit Beginn der Frühaufklärung entwickelte sich ein Fortschrittsverständnis, das die beiden althergebrachten geschichtsphilosophischen Vorstellungen zunehmend verabschiedete: die Zyklentheorie und die eschatologische Geschichtsauffassung. Hatte sich die Zyklentheorie am Werden und Vergehen natürlicher Lebensabläufe und am immer gleichen Wechsel der Jahreszeiten und Generationen orientiert, so deutete die christliche Eschatologie die Geschichte als eine gleichsam lineare und zielgerichtete Entwicklung, die ihr Ende mit der Wiederkehr Christi und dem Jüngsten

Gericht finden werde. Demgegenüber galt der Fortschritt nunmehr aber, getragen vom Glauben an die unendliche Vervollkommnungsfähigkeit des Menschen, als ein Prozess, der beständig ins Unabgeschlossene vorwärts treibt. Dieses Fortschrittsdenken kannte generell kein letztes Ideal oder eine zu starren Strukturen geronnene Gestalt mehr, die auf ewig in sich ruht. Der historischen Erfahrung einer Dynamisierung des Weltbildes entsprach im Utopiediskurs daher auch eine Relativierung der statischen Konstruktion.[280]

Merciers Zeitutopie oder „Uchronie"[281] entstammt der Feder eines der wohl produktivsten Autoren des 18. Jahrhunderts. Das von Mercier veröffentlichte Œuvre, so bilanziert Richard Saage, „umfasst, einschließlich der ins Deutsche übersetzten Arbeiten, 74 Monografien literaturwissenschaftlichen, philosophischen und historischen Inhalts sowie Romane und Streitschriften, 26 lyrische Werke, 51 Theaterstücke, drei Denkschriften sowie 12 Editionen und Übersetzungen. In seinem Nachlass befinden sich noch unveröffentlichte Manuskripte im Umfang von etwa 10 000 Seiten."[282]

In Paris im Jahr 1740 geboren, genoss Mercier als Sohn einer Händlerfamilie eine langjährige Ausbildung am Collège de Quatre-Nations und beschäftigte sich intensiv mit den Arbeiten Rousseaus. Er wurde zu einem beinahe „kultischen Bewunderer des Genfer Philosophen"[283]. Ab 1763 war Mercier Rhetoriklehrer in Bordeaux, kehrte aber bereits 1765 nach Paris zurück, um sich vollends dem Schreiben zu widmen. Im Jahr 1781 begann das insgesamt zwölfbändige *Tableau de Paris* zu erscheinen, das als eines der bedeutendsten gesellschaftskritischen Werke über das Paris des Ancien Régime gelten kann; es wurde jedoch der Zensur unterworfen und zwang Mercier zur Flucht nach Neuchâtel. Als radikaler Anhänger der Aufklärung feierte er zunächst den Ausbruch der Französischen Revolution und wurde 1792 sogar als Girondist in den Konvent gewählt, schreckte aber schon bald vor dem jakobinischen Terror zurück. Letztlich ersparte ihm wohl nur die Hinrichtung Robespierres das Schicksal der Guillotine. Auch später wandte er sich als Republikaner und unerbittlicher Gegner Napoleons an die europäische Öffentlichkeit, geriet aber zunehmend in Vergessenheit, wurde als „Wirrkopf" und „Trivialschriftsteller" belächelt und starb schließlich ohne große Notiz 1814 in Paris.

Die grobe Handlung von Merciers Zukunftsroman, der sofort nach dem Erscheinen in Frankreich verboten wurde, ist rasch erzählt: Mercier, der Ich-Erzähler, legt sich im Jahr 1768 in Paris schlafen und erwacht dort – im Traum – wieder im Jahr 2440.[284] Bei einer Wanderung durch die von Grund auf neu gestaltete Stadt, bei der ihm ein wohlgesonnener Gelehrter erklärend zur Seite steht, wird Mercier deutlich, wie sehr sich die allein am Primat der Vernunft ausgerichtete Zukunftswelt durch Humanität und Fleiß, durch Sparsamkeit und soziale Harmonie zum Besseren verändert hat. Nicht „fauler Geruch“ und „vergiftete Luft“ liegen über der Stadt, dem vormaligen „Behältnis des größten Reichtums und des äußersten Elends“, vielmehr ist das äußere Erscheinungsbild geprägt von „großen und schönen Straßen, die schnurgerade“ verlaufen.[285] Aus Vernunftgründen ist Streit schlicht untersagt, der Krieg und die Armeen sind abgeschafft, und alles ist strikt nach Nützlichkeitsüberlegungen geordnet und rationalisiert. Wie in Morus' *Utopia* dominieren als philosophische Grundprinzipien Utilitarismus und Eudämonismus.[286] Während die Gesellschaft auf patriarchalischen Familienstrukturen basiert, entspricht die Ökonomie einer agrarisch geprägten und auf Bedarfsdeckung gerichteten Wirtschaftsweise, die jedoch anders als die meisten Vorläufer am (sozialpflichtigen) Privateigentum festhält.[287] In Wissenschaft und Kultur stehen die Naturwissenschaften und ihr praktischer Nutzen für die Menschheit im Vordergrund.[288] Theologie und Jurisprudenz sind so gut wie abgeschafft und sollte es jemals wieder zu einem Krieg kommen, so würden sie die Kanonen anstatt mit Kugeln mit den alten theologischen und juristischen Schriften füllen, weil diese den Feind von innen am effektivsten zerstören.[289] Die alte Metaphysik und die „elenden Syllogismenmacher“[290] gehören der Vergangenheit an und die bildende Kunst erschöpft sich in ihrer Funktion für die moralische Erziehung der Menschen. Die politische Ordnung qualifiziert sich als eine Mischform aus Monarchie und Demokratie, die auf drei zentralen Säulen ruht: Die Ständeversammlung hat die Funktion der gesetzgebenden Gewalt inne; das Staatsoberhaupt führt den Königstitel und wacht über die Ausführung der Gesetze; die Exekutivfunktion kommt dem Senat zu. König und Senat sind gegenüber der alle zwei Jahre zusammentretenden Ständeversammlung verantwortlich.[291] Alles in allem ist Merciers Zukunftswelt des Jahres 2440 ein durchrationalisiertes, bisweilen auch restriktives Gemeinwesen, in dem Zensur und Todesstrafe ebenso an der Tagesordnung sind wie Bücherverbrennungen, die nur vor wenigen Autoren, darunter Rousseau, haltmachen.[292]

Mercier hat zudem derart viele Topoi bei Morus und anderen Utopisten entlehnt, zum Teil sogar wörtlich, dass hier nur die Wiedergabe einer kleinen, aber bezeichnenden Auswahl möglich ist: Bereits die monotheistische Vernunftreligion mit ihrem rituellen Minimalkonsens und den wenigen, ehrenvollen Priestern erinnert auffallend deutlich an Morus' Utopier.[293] Ferner befinden sich analog zur *Utopia* die „Schlachthöfe außerhalb der Stadt", die Jagd ist als niederträchtiges Vergnügen verpönt und das „Fleischerhandwerk" wird aus Sorge um die „natürliche Gabe des Mitleids und Erbarmens" von Ausländern verrichtet.[294] Abermals wird auch das Würfelspiel verschmäht, die Prostitution ist verschwunden und selbst die Berufung auf Platons Ideen bleibt nicht aus.[295] Eine besonders deutliche Parallele zur *Utopia* ist außerdem die Art der Verachtung materiellen Reichtums: Über das Gold heißt es, dass es „aus den Minen Perús wie ein brennender Strom hervorbrach, nach Europa hinüberfloß und überall auf seinem Weg die Wurzeln des Glücks austrocknen ließ". Auch Merciers Zukunftsbürger haben deshalb einen radikalen Weg gefunden, um sich vor den Gefahren der Edelsteine zu schützen: „Die heimtückischen Diamanten, die gefährlichen Perlen und alle diese bunten Steine, die die Herzen so hart machen, wirft man ins Meer."[296]

In Merciers Zeitkritik geraten nicht zuletzt – dem klassischen Kritikmuster seit Morus folgend – Luxus, Privilegien und Prunksucht der Oberschichten ins Visier. Vor allem den absolutistischen Staat mit seinen beiden Helfershelfern, Adel und katholische Kirche, attackiert Mercier mit aller Wucht. Einen Bürger des Zukunftsstaates lässt er sagen: „Betrachten wir dagegen die Reichen in Eurem Jahrhundert, so kann der Unrat, der in den Abflußkanälen treibt, nicht widerlicher sein, als ihre Seelen es waren. Gold in den Händen und Niedertracht im Herzen, hatten sie eine Art Verschwörung gegen die Armen angezettelt."[297] In Merciers Zukunftswelt ist demgegenüber das soziale Schmarotzertum der Oberschichten vollständig ausgerottet; eine geringe Arbeitszeit reicht analog zu Morus oder Campanella, um die notwendigen Dinge und Güter zu erwirtschaften:

„Ihr werdet leicht einsehen, daß, da wir weder Mönche noch Pfaffen, noch zahllose Dienstboten und unnütze Knechte noch Hersteller kindischer Luxusartikel mehr haben, einige wenige Arbeitsstunden bereits weit mehr einbringen, als der öffentliche Bedarf es erfordert."[298] Wenngleich Mercier damit fast wörtlich auf den Schultern seiner utopischen Vorläufer steht, so ist der von ihm eingeläutete Paradigmenwechsel, neben der formalen „Verzeitlichung", doch von fünf wesentlichen und neuen Komponenten bzw. Entwicklungsperspektiven gekennzeichnet.

So geht mit Merciers Schrift zunächst eine eindeutige – durch Schnabels Schilderung individueller Schicksale bereits vorgezeichnete – „Subjektivierung" der Utopie einher. Nicht mehr die Entdeckung einer verborgenen Insel oder eines fernen Ortes ist das Motiv, vielmehr macht sich Mercier als Autor und träumender Ich-Erzähler selbst zum Produzenten der Utopie. In diesen Kontext gehört im Weitesten auch, dass Mercier die Legitimität des fiktiven Gemeinwesens aus der individualistischen Perspektive eines modernen Naturrechtsdenkens begründet. Er bezieht sich unverkennbar auf das Fundament aller vertragstheoretischen Ansätze, nämlich auf das freie, gleiche und mit vorstaatlichen Rechten ausgestattete Individuum, wenn er schreibt: „Ihr seht, kein Mensch ist nach dem Gesetz der Natur einem anderen Menschen notwendig unterworfen; niemand wird als Sklave geboren; auch Könige werden als Menschen geboren". Sein Modell ist daher von der Intention getragen, „die natürliche Gleichheit zu erneuern, die unter den Menschen herrschen soll", gemäß dem historischen Beispiel Amerikas, wo die Menschen „wieder in ihre unverjährten Rechte getreten (sind), denn es waren Rechte der Natur."[299]

Zum Zweiten ist erstmals innerhalb des literarischen Genres auch eine signifikante „Entfiktionalisierung" feststellbar: Weil Mercier die bis dahin übliche Reiseerzählung durch das Traumerlebnis ersetzt, existiert die Vision der zukünftigen Realität nur noch im Bewusstsein des Verfassers. Die exakte Angabe des Jahres 2440 ist zwar genauso frei erfunden wie die Lagebeschreibung der raumutopischen Inseln; dennoch unterscheidet sich der fiktionale Status gründlich, weil sich Mercier vom Merkmal der Quasi-Authentizität vollständig löst. Außerdem nutzt Mercier die ungewöhnliche Methode zusätzlicher Fußnoten, die vollkommen außerhalb der Fiktionsebene stehen und nicht vom Ich-Erzähler stammen, sondern vom anonymen Autor. Sie liefern einerseits Sacherläuterungen, dienen andererseits aber auch dazu, den politischen Standpunkt des Verfassers deutlich zu machen. Der Text erhält so eine zusätzliche und entfiktionalisierte Dimension unmittelbarer Zeitkritik.

Zum Dritten ist mit Merciers Perspektivenwechsel auch die Konsequenz verbunden, ein Transformationsszenario für den Übergang zur utopischen Wirklichkeit zu formulieren. Die frühneuzeitlichen Utopien entgingen dieser Notwendigkeit schlicht dadurch, dass sie das utopische Leben als bereits existente Wirklichkeit schilderten. Erst im 19. Jahrhundert aber setzt sich das von Mercier erschlossene Potenzial durch: Die „Fortschrittsutopien“ (z. B. Saint-Simon, Owen, Bellamy) thematisieren nicht nur den historischen Prozess hin zum utopischen Zustand, sondern verfügen zum Teil über ausgearbeitete Szenarien der Umgestaltung, womit die fiktive Realisierung gleichsam zum integralen Bestandteil der Utopie selbst wird. In Merciers Schrift taucht eine Erwähnung der Transformation dagegen lediglich in versprengten Andeutungen auf, etwa im Rückblick auf die Thronbesteigung besserer Monarchen und deren Reformwerke.

Viertens fällt mit der Wende zur Zukunftsprojektion über kurz oder lang auch die Hegemonie des statischen Gegenbildes. Durch die Ungleichzeitigkeit von gegenwärtiger Wirklichkeit und in der Zukunft liegender Utopie ist das Problem des historischen Wandels bereits virulent. Nachvollziehbar ist deshalb, dass die späteren Zeitutopien generell mehr Dynamik in ihren Entwürfen zulassen. Im 19. Jahrhundert gewinnt die Utopie, so Martin Schwonke, „mehr das Ansehen einer Durchgangsstation in einer Aufwärtsbewegung, die die Möglichkeit oder gar die Notwendigkeit weiterer Veränderungen und Verbesserungen offen läßt.“[300] Für Mercier gilt allerdings auch hier noch eher das Gegenteil: Aus Vernunftgründen sind im Jahr 2440 weite Teile der „Geschichte“ gleichsam abgeschafft worden, insofern sie Ausdruck und Darstellung einer noch unzulänglichen und unvernünftigen Menschheit waren.[301] Merciers Roman gleicht mehr einer klassischen, lediglich in die Zeitdimension verlegten Raumutopie. An zwei Stellen durchbricht Mercier jedoch die Statik seiner Konstruktion. Ein Bürger des Zukunftsstaates entgegnet dem

Ich-Erzähler: „Es gibt noch eine ganze Reihe von Dingen, die wir verbessern müssen. (…) Wir müssen noch mehr tun, als wir bisher geschafft haben. Wir haben nicht viel mehr erreicht als die Hälfte der Leiter."[302] Auch am Ende des 31. Kapitels findet sich eine vergleichbare Stelle: „Der menschliche Geist hatte, ihrer Meinung nach, das Ziel noch nicht erreicht, zu dem er hinstreben sollte"[303]. So eindeutig die Stellen einerseits das Prozesshafte und noch Unvollkommene betonen, so singulär stehen sie andererseits im Text.

Fünftens bleibt schließlich auch der Geltungsanspruch der utopischen Entwürfe nicht unberührt. Die Dominanz der Zeitutopie im 19. Jahrhundert korrespondiert zusehends mit dem Glauben an eine enorm gesteigerte Gestaltungskraft des modernen Menschen. Die Machbarkeitseuphorie leistet dabei – im Angesicht bahnbrechender Entdeckungen und neuer Erfindungen – nicht nur einer wachsenden Hoffnung auf Realisierbarkeit Vorschub, sondern lässt auch eine deutlich gesteigerte Verwirklichungsintention folgen. Hinzu tritt, dass die Entwürfe des 19. Jahrhunderts zum Teil auf geschichtsphilosophisch untermauerten Fortschrittsthesen ruhen, woraus bisweilen selbst das Muster sozialer Prognostik resultiert. Nicht zuletzt im Denken des Frühsozialismus bricht mit den Utopien ein bewusster Wille zur praktischen Realisierung durch, wie er bis dahin nur einmal, von Winstanley, postuliert wurde. Es entwickeln sich Entwürfe, die einerseits noch immer einen dezidiert utopischen Gehalt aufweisen, sich andererseits aber auch als praktische Handlungsanleitungen verstehen. Diese Tatsache macht es, wie Marie Louise Berneri schreibt, „schwer zu entscheiden, welche Darstellungen zum Bereich utopischen Denkens und welche zum Gebiet praktischer Gesellschaftsreform gehören."[304] Eine solche Diagnose setzt freilich das Verständnis voraus, dass zwischen sozialer Reformprogrammatik und politischer Utopie ein prinzipieller Unterschied besteht. Der folgende Überblick wird deshalb versuchen, einerseits eine sinnvolle Trennlinie gegenüber anders gelagerten Denkströmungen zu ziehen, andererseits aber auch die noch innerhalb des utopischen Musters angesiedelten Wandlungen freizulegen.

6. Sozialismus und Utopie im 19. Jahrhundert

6.1 Industriezeitalter und soziale Frage

„Eine Weltkarte, in der das Land Utopia nicht verzeichnet ist, verdient keinen Blick, denn sie läßt die eine Küste aus, wo die Menschheit ewig landen wird. Und wenn die Menschheit da angelangt ist, hält sie Umschau nach einem besseren Land und richtet ihre Segel dahin. Der Fortschritt ist die Verwirklichung von Utopien."[305] Dieses viel zitierte Diktum aus der Feder von Oscar Wilde, niedergeschrieben im ausgehenden 19. Jahrhundert, ist einerseits für den Geist der Utopie dieser Epoche exemplarisch, denn die alternativen Szenarien ruhten nun fast durchweg auf einer euphorischen Fortschritts- und Technikgläubigkeit, wie sie dem Utopiediskurs bis dahin unbekannt waren. Andererseits ist das Diktum untypisch, denn in Oscar Wildes Ausspruch ist der Begriff Utopie in einem Maße positiv konnotiert, wie er sich sonst kaum noch irgendwo finden ließ. Das zunehmend pejorative Utopieverständnis hatte seine Ursache dabei weitgehend in erstgenannter Entwicklung: Gerade weil die alternativen Entwürfe nun zunehmend auf der Zeitachse erreichbar schienen und weil sie als realisierbare Zwischenstufen innerhalb eines historischen Prozesses begriffen wurden, gerade deshalb wollte kein Utopist mehr als ein solcher im ursprünglichen Wortsinn gelten. Auffallend ist zudem, dass die Zuordnung zur Utopie nun fast ausschließlich auf Fremdzuschreibungen ruhte. Nicht mehr der offene bis versteckte Hinweis auf Morus' *Utopia* oder die bewusste Anknüpfung an Traditionsstränge der Utopie, sondern der von außen an die Modelle herangetragene Utopie-Vorwurf bestimmte die Verwendung des Begriffs.

Nicht nur der Sprachgebrauch unterlag im 19. Jahrhundert starken Veränderungen. Gleiches gilt auch für die sozialen Rahmenbedingungen. Neben der rapiden Entwicklung der industriellen Technik und

Massenproduktion war es insbesondere die enge Verbindung mit dem Aufkommen der sozialistischen Bewegung, die kennzeichnend für die Utopie im 19. Jahrhundert war. Die „soziale Frage" erwies sich als elementare Herausforderung, auf die das utopische Denken reagierte. Gemeinsamer Ausgangspunkt aller Entwürfe war die immense Steigerung wirtschaftlicher Produktivkräfte bei einer gleichzeitigen Verelendung breiter Schichten der Bevölkerung: Während das industrielle Wachstum, so der Grundtenor aller Utopisten, einen beispiellosen Reichtum hervorgebracht habe, der längst ausreichend sei, um das gesamte Elend aus der Welt zu schaffen, erreichte die große Masse der arbeitenden Bevölkerung noch nicht einmal die Annehmlichkeiten, die ihnen die Arbeit zu früheren Zeiten verschaffte. Diese Perspektive war einer der Gründe, weshalb sich nunmehr auch die Einstellung zum materiellen Wohlstand fundamental änderte: Lebten die Menschen in den utopischen Entwürfen seit Morus fast asketisch, waren ihre „wahren" Bedürfnisse auf Bildung, immaterielles Glück, soziale Harmonie und friedliche Koexistenz gerichtet, so konzentrierte sich die Utopie nun primär auf eine breit angelegte Steigerung des Lebensstandards. Die Utopisten im 19. Jahrhundert waren, wie Berneri schreibt, „schamlos materialistisch und berechneten das persönliche Glück geradezu mit Faktoren wie Möbelstücken, Kleidungsstücken oder der Anzahl der Gänge bei jeder Mahlzeit."[306]

Ein Weiteres trat hinzu: Galt in den frühen Utopien als ausgemacht, dass der Mensch von der Fron körperlicher Arbeit so weit als möglich zu entlasten sei, so stieg die Arbeit im 19. Jahrhundert zum eigentlich sinnstiftenden Handlungsfeld auf. Die Neuinterpretation menschlicher Arbeit korrespondierte mit einer langen Entwicklung, die den Menschen seit Beginn der Neuzeit zunehmend als Wesen des Erzeugens, Herstellens und Produzierens begriff. Anspruch und Wirklichkeit klafften in der Zeitdiagnose nunmehr aber weiter auseinander denn je: Die neuartigen Formen der Industriearbeit hätten die Menschen zur Gänze entfremdet – vom Werk ihrer Hände, von ihren Mitmenschen, und letztlich von sich selbst. Die wissenschaftlich elaborierteste und radikalste Fassung dieser These lieferte schließlich Karl Marx.[307] Im Utopiediskurs mündete diese Diagnose in die Forderung, die Arbeit als den eigentlichen Bereich menschlicher Selbstverwirklichung wieder völlig neu zu begründen. Und so findet sich in William Morris' utopischer Zukunft von *News from Nowhere* schließlich der bezeichnende Satz: „Die Arbeit ist ein Vergnügen, welches wir zu verlieren fürchten, und nicht eine Plage."[308] Ähnliches war schon bei Schnabel zu lesen[309], doch kann der Ausspruch nunmehr als exemplarisches Signum für den enormen geschichtlichen Wandel gelten, dem der soziale Wert der Arbeit bis auf den heutigen Tag unterworfen ist.

Im utopischen Denken des 19. Jahrhunderts fehlten allerdings häufig Aspekte wie Klassenkampf, Gütergemeinschaft und allgemeine menschliche Gleichheit, die zeitgleich oder später zu zentralen Dogmen des sozialistischen Denkens wurden. Immerhin fünf utopische Klassiker, namentlich Saint-Simon, Fourier, Bulwer Lyttkon, Hertzka und Bellamy, sahen in der „Verfügung über Privateigentum eine unerläßliche Voraussetzung des wissenschaftlich-technischen Fortschritts."[310] Auf das Wirken einer „unsichtbaren Hand"[311], die angesichts egoistischer Akteure zwangsläufig zur Verwirklichung des Gemeinwohls führen werde, vermochte allerdings kaum ein Utopist zu vertrauen.

„Das goldene Zeitalter des Menschengeschlechts", so postuliert Saint-Simon (1760–1825) beispielhaft das neue Paradigma der Utopie, „liegt nicht hinter uns, es liegt vor uns: Es liegt in der Vervollkommnung der gesellschaftlichen Ordnung."[312] Claude-Henri de Saint-Simon, neben Charles Fourier (1772–1837)[313] und Robert Owen (1771–1858) einer der drei Hauptvertreter des „utopischen Frühsozialismus", knüpft damit unverkennbar an das Potenzial der Zeitutopie an, wie es exemplarisch bei Mercier entwickelt wurde. Er propagiert schließlich, basierend auf einen ungebrochenen Fortschrittsoptimismus, den naturgegebenen Verlauf der Geschichte hin zum Sozialismus[314] – ein Gedanke, der bekanntlich später von Marx aufgegriffen und zu einer dialektisch-materialistischen Geschichtsphilosophie transformiert wurde. Wie Charles Fourier und Robert Owen, so tritt bereits Saint-Simon nicht mehr mit dem Selbstverständnis eines literarischen Utopisten auf. Seine Schriften enthalten aber immer noch – wenngleich deutlich diffuser – das fiktive Szenario einer alternativen Gesellschaft, das den Tendenzen der Herkunftsgesellschaft kritisch entgegengestellt wird. Die Ausarbeitung eines geschlossenen, gar literarisch verkleideten soziopolitischen Gegenbildes wird man im verstreuten, zum Teil sogar recht wirren Werk Saint-Simons indes vergeblich suchen. Gleichwohl liefert er in einem überreichen Maße Ideen und Vorstellungen, Vorschläge und Visionen für eine kommende und konfliktfreie Gesellschaft. Orientiert an der klassischen Ökonomie und dem Wirtschaftsliberalismus eines Jean Baptiste Say (1767–1832) kennt sein Zukunftsmodell aber keine außerökonomischen Institutionen oder Instanzen mehr, die das Wirtschaftsgeschehen kontrollieren oder regulieren.[315] Vielmehr ist Saint-Simon davon überzeugt, dass die fortschreitende Mehrung des gesellschaftlichen Reichtums letztlich auch den Konflikt zwischen Arbeit und Kapital obsolet machen werde.[316] Der Ausgangspunkt seiner Überlegungen ist eine Art „Klassenanalyse", die von Engels später in seinem *Anti-Dühring* als „höchst geniale Entdeckung" gefeiert wird.[317] In seinen *Genfer Briefen* diagnostiziert Saint-Simon eine grundsätzliche Konfliktlage zwischen Besitzenden und Besitzlosen, „in einem Kampf, welcher der Natur der Dinge gemäß (...) unvermeidbar ist."[318] Der Gedanke eines notwendig bestehenden Antagonismus der Klassen, der Grundkonflikt zwischen Arbeit und Kapital, ist damit in der Welt.

Insgesamt liegt Saint-Simons Bedeutung unbestreitbar darin, eine Pioniertat in Bezug auf die Antizipation der modernen Industriegesellschaft geleistet zu haben.[319] Mit einiger Berechtigung kann er daher als „Prophet des industriellen Zeitalters"[320] gelten. Daneben genießt er den Ruf, einer der „Gründer der Soziologie"[321] zu sein und mancher hält ihn sogar für den Urheber des wissenschaftlichen Sozialismus.[322] Während Saint-Simons Entwurf allerdings noch beim Hoffen und Glauben an das baldige Kommen einer grundsätzlich neuen Ordnung verbleibt, macht sich der Hauptvertreter des englischen Frühsozialismus diese eher passive Grundhaltung nicht mehr zu eigen: Nirgends wird die Verwirklichungsproblematik, der dezidierte Wille zur Realisierung sozialrevolutionärer Ideen so anschaulich wie im Wirken des britischen Sozialreformers Robert Owen.

6.2 Robert Owen: Utopie und Sozialexperimente

Owen kämpfte zeitlebens einen offenen Kampf für die Sache der armen und arbeitenden Gesellschaftsschichten.[323] In mehreren Experimenten versuchte er, die Realisierung utopischer Gehalte auf den Weg zu bringen und verhalf so, wie Jean Servier formuliert, „dem noch ganz in der Theorie befangenen Sozialismus zu erster Praxis."[324] Owen drängte zudem die politisch Verantwortlichen zu sozialen Reformen und konnte dabei zumindest ansatzweise Erfolge verbuchen, etwa eine verbesserte Arbeitsschutzgesetzgebung. Doch fand er letztlich bei den Regierungen nur wenig Gehör. Owen liefert zudem ein treffendes Beispiel, dass die englische Ausprägung des Frühsozialismus weit weniger theoretisch ausgerichtet war als die französische.

Geboren wurde Owen im Jahr 1771 als Sohn eines Sattlers, Eisenwarenhändlers und Postangestellten in Newtown (Wales). Nach Schulbesuch und Kaufmannslehre arbeitete er zunächst in einem Londoner Kaufhaus, ehe er zusammen mit seinem Freund John Jones in Manchester eine Maschinenfabrik errichtete. Kurz darauf, im Alter von 20 Jahren, stieg er bereits zum Direktor der Baumwollspinnerei Drinkwater auf und gründete 1795/96 die große Charleston Twist Company. Zudem beteiligte er sich mit Vorträgen lebhaft in verschiedenen Wissenschaftsbereichen bei der Philosophischen Gesellschaft der Stadt Manchester. Im Jahr 1800 unternahm Owen sein erstes soziales Projekt: Er erwarb die schottische Baumwollspinnerei New Lanark seines späteren Schwiegervaters David Dale und formte in nur wenigen Jahren aus dem herunter gewirtschafteten Unternehmen einen sozialen Musterbetrieb. Owen kümmerte sich um die Gesundheitsvorsorge seiner Arbeiter und deren Familien, um Kindererziehung und angemessene Wohnverhältnisse; er verbesserte die Hygienebedingungen, etablierte Arbeitsschutzmaßnahmen, sorgte für geregelte Arbeitszeiten und zahlte überdurchschnittliche Löhne. Die Arbeiter dankten es mit Loyalität und hoher Motivation. Der sozialpolitischen Intention korrespondierte anfangs ein erstaunlicher ökonomischer Erfolg: Aus New Lanark wurde in kürzester Zeit ein wirtschaftlich prosperierendes Unternehmen, das bald „als sauberstes Dorf Schottlands" galt und „zum Wallfahrtsort mit zeitweise 20 000

Besuchern jährlich" wurde.[325] Engels schrieb: „Er war der populärste Mann in Europa."[326] Allerdings scheiterte die Umwandlung New Lanarks in eine genossenschaftliche Eigentümerstruktur bereits nach kurzer Zeit. Streitigkeiten mit seinen Teilhabern über Erziehungsfragen entfremdeten ihm die Kolonie zusätzlich.

Im Jahr 1824 kehrte er der britischen Insel den Rücken, um im US-Bundesstaat Indiana die Kolonie „New Harmony" zu gründen, in die Owen 80 Prozent seines Vermögens investierte. In Neuengland empfing man ihn wie einen hohen Staatsgast. Von Präsident James Monroe wurde er ebenso zu Gesprächen geladen wie vom Repräsentantenhaus, wo er zwei Reden hielt. Seine Kolonie ereilte letztlich aber das gleiche Schicksal wie New Lanark. Im Jahr 1828 musste sie aufgegeben werden, unter anderem, weil es keine Steuerung des Zustroms auf die Kommune gab. Die allzu heterogenen Gruppierungen verurteilten alle Rettungsversuche zum Scheitern. So gesehen verzichtete Owen sogar in seinem praktischen Experiment auf ein Merkmal, das selbst in den literarischen Utopien als unverzichtbar für das Funktionieren des fiktiven Gemeinwesens galt: die weitgehende Isolation und die strikte Auswahl der Bewohner. Nach Owens Rückkehr nach England im Jahr 1829 scheiterte auch sein dritter Versuch, die Idee einer Arbeiterbörse (1832–1834), bei der Arbeit gegen Arbeit und Produkt gegen Produkt getauscht werden sollte, ohne dabei den Umweg über Handel, Geld und Spekulation zu gehen. Nicht besser erging es Owens viertem und letztem Sozialprojekt, der Kommune in Queenswood (1839–1845). In den späten Lebensjahren bekannte sich der bis dahin weitgehend säkulare Sozialreformer zum Spiritualismus und verlor den Einfluss auf große Teile seiner Anhängerschaft. Er starb 1858 in armen Verhältnissen und ohne großes öffentliches Aufsehen in seinem Geburtsort Newtown.

Entworfen, reflektiert und ausgewertet hat Owen seine Ideen und Erfahrungen in zahllosen Veröffentlichungen: In der Essaysammlung *A New View of Society* (1813–1816) und der Schrift *The Social System* (1820, erst 1826 publiziert) skizziert Owen zentrale Prinzipien seiner sozialutopischen Vorstellungen.[327] Ergänzt werden diese schließlich in wichtigen Punkten durch die zwischen 1836 und 1844 in lockerer Folge erscheinende und insgesamt sieben Teile umfassende Abhandlung *Book of the New*

Moral World.[328] Wie bei allen Utopisten, so wurzelt auch Owens Impetus in einer Auseinandersetzung mit den Missständen der Zeit. Sein Muster der Sozialkritik lässt dabei – verglichen mit Morus' *Utopia* – kaum strukturelle Unterschiede erkennen. Owens Zeitdiagnose scheint abermals zu bestätigen, dass der *Utopia* ein Kritikschema inhärent ist, das über die Verhältnisse der englischen Tudorzeit weit hinausreicht und von vielen Utopisten zum Teil in nur geringfügig modifizierter Form adaptiert werden konnte. So identifiziert auch Owen – der Argumentation von Morus' Raphael-Figur folgend – gleichsam eine Verschwörung der Reichen und Mächtigen, die „eine wunderbar ausgedachte Ordnung" installiert und damit „ein Höchstmaß an Täuschung, Streit, Ungerechtigkeit, Laster, Verbrechen und Elend" verursacht hätten.[329] Erneut gelten Bettler und Diebe als sozial gezüchtete Wesen, die man bis an den Galgen treibt: „Soll wieder ein Jahr vergehen, in dem Kinder auf die Bahn des Verbrechens gezwungen werden, um in zehn, zwanzig oder dreißig Jahren dafür, daß sie so zum Verbrechen angeleitet wurden, mit dem Tod bestraft zu werden?"[330] Die Pädagogik im weitesten Sinne wird für Owen daher auch zum Kerninstrument seiner Transformationsstrategie und unbestritten ist, dass die Maßnahmen, die Owen in New Lanark einführt, ein nachgerade revolutionäres Bildungsangebot verkörpern.[331] Owen hat folglich längst auch seinen Platz unter den Klassikern der Pädagogik gefunden.[332]

Mit der propagierten Abschaffung von Geld und Privateigentum verknüpft Owen jedoch keineswegs die Option für eine kollektivistische Planwirtschaft oder eine zentralisierte Gesellschaftsordnung, die die Gesamtheit einer Nation umfasst. Ähnlich wie Charles Fourier plädiert er für eine Wirtschaftsform, in der sich die Individuen zu einer Vielzahl von lokalen und genossenschaftlichen Verbänden zusammenschließen und durch den Tausch von Diensten und Produkten miteinander verbunden bleiben.[333] Diese sogenannten „Arrangements" oder „Communities" mit einer Größe von etwa 500 bis 2 000 Personen sollen politisch weitgehend autonom agieren. Kapitalistischer Wettbewerb ist weder für die Beziehung zwischen den Individuen noch für die einzelnen Genossenschaften vorgesehen. Das politische System im engeren Sinn tritt in den Hintergrund, denn als eigentliches Fundament der neuen Gesellschaft gelten auch Owen: Industrie, Naturwissenschaft und Technik. Die erwartete

Steigerung der Arbeitsproduktivität werde letztlich zu einer Reduzierung der Arbeitszeit auf nur wenige Stunden angenehmer Beschäftigung führen. Darüber hinaus ist Owen der festen Überzeugung, dass die bestehenden Antagonismen – insbesondere die Widersprüche zwischen dem faktischen Elend breiter Bevölkerungsschichten und den immensen Potenzialen der Ökonomie – zwangsläufig zu einem Zusammenbruch des alten Systems führen werden.[334] So sehr sein Entwurf dabei einerseits als kritischer Spiegel der irrationalen Verhältnisse fungiert, so sehr macht Owen andererseits einen Anspruch auf unbedingte Realisierbarkeit seines Modells geltend.

Von der klassischen Utopie trennt Robert Owen damit, was sich ebenso für Saint-Simon und Charles Fourier festhalten lässt: das Fehlen einer literarisch aufbereiteten Fiktion, der Glaube an die Realisierbarkeit des Modells, ja die Überzeugung einer historischen Evidenz der Verwirklichung. Innerhalb des Utopiediskurses (und gegen die marxistische Theorie) stehen alle Frühsozialisten jedoch gemeinsam für die Ausmalung eines alternativen Zukunftsbildes, für einen friedlichen Transformationswillen und für das Vertrauen in die Kräfte der menschlichen Vernunft. Darüber hinaus lassen sich ihre Entwürfe allesamt dem zeitutopischen Muster sowie einer dezentral-genossenschaftlichen Utopievariante zuordnen.

Die Verbindung von zeithistorischer Sozialkritik und universalem Gegenentwurf kann generell als entscheidende Brücke und größte Schnittmenge zwischen klassischer Utopie und Frühsozialismus gelten. Unübersehbar ist jedoch, dass sich die vormarxistischen Entwürfe zugleich auf zentralen Feldern von der tradierten Utopie unterscheiden. Das gilt nicht zuletzt für den genannten Verwirklichungsanspruch. Wenn die Utopie bis zum Beginn des 19. Jahrhunderts weitgehend als Entwurf alternativer Wirklichkeit ohne Anspruch, gewiss aber ohne den praktischen Versuch unmittelbarer Realisierung aufzufinden war, dann sind die frühsozialistischen Schriften nur noch schwer als ein Utopisieren in diesem Sinne zu verstehen. Kaum überraschen kann daher, dass sie sich allesamt mit Vehemenz gegen die Einschätzung verwahren, ihre Entwürfe seien lediglich „Utopien". Sie verstehen ihre Zukunftsvisionen vielmehr als Zwischenstufe oder als eine Art Telos der geschichtlichen Fortschrittsentwicklung. Diese Tendenz widerspricht fraglos der etymologischen

Wurzel des Utopiebegriffs. Dennoch ist es nicht zwingend, die Selbsteinschätzung oder den Verwirklichungswillen zum Ausschlusskriterium zu erheben. Die meisten Entwürfe des Frühsozialismus sprengen das entscheidende Element des überlieferten Utopiemusters nicht, insofern sie noch immer über das konkret ausgemalte Bild einer alternativen Wirklichkeit verfügen. Auf einer textimmanenten Ebene erfüllen die Modelle damit nach wie vor die diskursive Funktion, im Lichte des alternativen Gegenbildes zur Reflexion über die kritikwürdigen Sozialstrukturen der Gegenwart anzuleiten.

Geeigneter scheint es deshalb, die Überschneidungen der Utopie mit neuen, aus anderen Wurzeln sich speisenden Denkströmungen, wie etwa die Fortschrittsphilosophie, als historisches Konvergenzphänomen zu interpretieren. Für diese Lesart spricht vor allem die Tatsache, dass die prognostischen, geschichtsphilosophischen und realisierungsgläubigen Elemente später wieder verschwinden und zum Teil einem völlig gegenteiligen Verständnis Platz machen. Bereits der Begriff „utopischer Frühsozialismus“ kann deshalb als Hinweis auf eine solche Konvergenz gelesen werden, weil er verdeutlicht, dass man es nicht mehr mit einer Utopie klassischen Zuschnitts zu tun hat, sondern mit einer Denkform, die sich aufgrund einer bestimmten, das Bestehende bewusst transzendierenden Grundhaltung als „utopisch“ kennzeichnen lässt. So gesehen nimmt der „utopische Frühsozialismus“ vor allem eine Zwischenstellung zwischen Utopie und dem späteren, sogenannten „wissenschaftlichen Sozialismus“ ein. Gleichwohl ist selbst der Marxismus häufig genug in die Utopietradition gestellt, ja mitunter sogar zu ihrer Normgestalt erklärt worden. Die Fragestellung ist von zentraler Bedeutung, weil das vorherrschende Muster der totalitären Utopiekritik im 20. Jahrhundert seinen Utopiebegriff fast ausschließlich aus den Wendungen des 19. Jahrhunderts generiert – und zwar entweder auf direktem Weg: aus den Lehren der marxistischen Theorie; oder indirekt: indem die eigentlich utopiefremden Konvergenzen zu ihren Kernelementen erklärt werden.[335] Im Anschluss sollen deshalb kurz Schnittmengen, nicht zuletzt aber entscheidende Differenzen zwischen Marxismus und Utopie aufgezeigt werden.

6.3 Marxismus und Utopie

Auf inhaltlicher Ebene und in der intentionalen Frontstellung gegen den Antagonismus von Arm und Reich haben klassisch-literarische Utopie, utopischer Frühsozialismus und Marxismus vieles gemeinsam. Kaum eine Gruppe war indes so sehr bemüht, sich vom Etikett „Utopie“ zu distanzieren, wie die Sachwalter der marxistischen Theorie. Von der Utopie ist trotz der Anerkennung manch sozialtheoretischer Denkleistung fast ausschließlich in einem abwertenden Sinn die Rede. Marx postuliert, dass „der deutsche Kommunismus der entschiedenste Gegner“ allen Utopismus sei[336] und Engels betont, dass „der deutsche, theoretische Sozialismus nie vergessen wird, daß er auf den Schultern Saint-Simons, Fouriers und Owens steht“, doch gerade die bildhafte, sprich unwissenschaftliche Ausgestaltung einer alternativen Gesellschaftsordnung ist es, die Engels mit „Phantasterei“ und „Utopismus“ gleichsetzt.[337] „Diese neuen sozialen Systeme waren von vornherein zur Utopie verdammt; je weiter sie in ihren Einzelheiten ausgearbeitet wurden, desto mehr mußten sie in reine Phantasterei verlaufen.“[338] Von Marx und Engels werden die Modelle der Frühsozialisten daher lediglich als historisch überholte Produkte einer Zeit gewertet, in der „das Proletariat noch höchst unentwickelt“ war.[339] Kurz: Dem noch unreifen Stand der kapitalistischen Produktionsweise korrespondierte der noch unreife Stand der Utopien. Die marxistischen Vertreter versichern demgegenüber, nur rein wissenschaftlich die Bewegungsgesetze des Kapitalismus und die Zwangsläufigkeit seines Zusammenbruchs erörtern zu wollen, ohne dabei zugleich die Vorstellung von der kommunistischen Welt der Zukunft auszumalen. Der Marxismus verfügt ein regelrechtes „Bilderverbot“[340], weil er den Status einer revolutionären Theorie beansprucht und nicht als utopisches Gedankenexperiment oder bloßes Ideal verstanden werden will. Mit dem Rekurs auf die materialistisch-dialektische Methode beruft er sich letztlich auf ein als wahr erkanntes Geschichtsgesetz, das es in der Realität zu exekutieren gilt. Marx geht es nicht um eine bloße Erfahrung der Geschichte als blindes Schicksal des Menschen, sondern darum, die Geschichte durchsichtig und erkennbar zu machen, um sie so dem praktischen Zugriff unterwerfen zu können.

Demzufolge richtet sich ein weiterer Fokus der marxistischen Utopiekritik auf den gewaltfreien Transformationswillen, denn die Vorstellungen der Frühsozialisten sind – insbesondere als Reaktion auf die Schrecken der Französischen Revolution – allesamt einer dezidiert gewaltfreien Veränderungspraxis verpflichtet. Für Marx und Engels aber wird der gewaltsame Umsturz zur Handlungsmaßgabe, zum einzig tauglichen Mittel, um die neue Gesellschaft heraufzuführen. Die utopischen Frühsozialisten werden deshalb als grenzenlos naiv und ihr Vorgehen sogar als kontraproduktiv abgeurteilt, weil ihre Vorschläge dazu geeignet scheinen, die Klassengegensätze nur wieder abzustumpfen.[341]

Diesem utopiekritischen Selbstverständnis sind im Grunde alle großen marxistischen Vertreter gefolgt: Lenin gibt 1899 in *Unser Programm* die Losung aus: „wir stehen völlig auf dem Boden der Marxschen Theorie: erst sie hat den Sozialismus aus einer Utopie zur Wissenschaft gemacht."[342] In *Staat und Revolution* schreibt er außerdem: „Wir sind keine Utopisten. Wir ‚träumen' nicht"[343]. In analoger Weise ist auch Karl Kautsky der Auffassung, dass der wissenschaftliche Sozialismus gerade kein Utopismus sei, weil er den gesetzmäßigen Gang zum Zukunftsstaat aufzeige. Diese Einschätzung gilt selbst noch für Ernst Bloch: Für ihn ist der Sozialismus „die Praxis der konkreten Utopie" und auch er meint, erst der Marxismus markiere die „Entwicklung des Sozialismus von der Utopie zur Wissenschaft."[344] Wenngleich die marxistischen Vertreter sich (mit Ausnahme Blochs) auf diese Weise entschieden vom Utopiebegriff distanzieren, so bleibt gleichwohl die Frage, ob nicht doch – der erklärten Absicht widersprechend – Konkretisierungen eines kommunistischen Zukunftsbildes anzutreffen sind. Immerhin unterstellt Rolf Schwendter, dass sich bei Marx „mindestens 50 realutopische Anmerkungen"[345] finden und Hans Freyer kommt über die kommunistischen Repräsentanten zu dem generellen Schluss, sie hätten ihr „Wort nie gehalten, sondern immer ein Paradies vorgegaukelt."[346]

Vor allem drei Elemente einer Präzisierung des kommunistischen Zukunftsreichs lassen sich in der Tat benennen. So offenbaren sich zum einen bildhafte Andeutungen über einen gänzlich neuen Stellenwert der Arbeit, der den Charakter der Selbstentfremdung überwunden hat, wenn Marx und Engels die kommunistische Gesellschaft als eine Ordnung beschreiben, die es jedem möglich mache, „heute dies, morgen jenes zu tun, morgens zu jagen, nachmittags zu fischen, abends Viehzucht zu treiben, nach dem Essen zu kritisieren, wie ich gerade Lust habe, ohne je Jäger, Fischer, Hirt oder Kritiker zu werden.“[347] Zum Zweiten lassen sich in Marx' *Kritik des Gothaer Programms* Konkretisierungen über die Etablierung eines neuen Rechtsmodells in Form einer „austeilenden Gerechtigkeit“ (justitia distributiva) finden: „In einer höheren Phase der kommunistischen Gesellschaft (...) kann der enge bürgerliche Rechtshorizont ganz überschritten werden und die Gesellschaft auf ihre Fahne schreiben: Jeder nach seinen Fähigkeiten, jedem nach seinen Bedürfnissen!“[348] Zum Dritten wird von Engels mit der These vom „Absterben des Staates“ ein weiteres Element der kommunistischen Gesellschaft benannt. Allerdings geht auch er mit seiner Beschreibung der proletarischen Revolution kaum über das Szenario einer Wegbeschreibung hinaus: „In dem Maß, wie die Anarchie der gesellschaftlichen Produktion schwindet, schläft auch die politische Autorität des Staats ein. Die Menschen, endlich Herren ihrer eignen Art der Vergesellschaftung, werden damit zugleich Herren der Natur, Herren ihrer selbst – frei.“[349]

Abgesehen von diesen wenigen, eher theoretisch denn bildhaft ausgerichteten Konkretisierungen, schweigen sich Marx und Engels über die inhaltliche Bestimmung des „Reiches der Freiheit“ fast völlig aus. Auch ist klar, dass es sich der Theorie zufolge, um weitgehend unzulässige Beschreibungen handelt. Von einer universellen Ausgestaltung eines alternativen Gesellschaftsgefüges kann mitnichten die Rede sein. Die partielle Durchbrechung des Bilderverbots ist kaum mehr, als die Folge theoretischer Inkonsequenz. Was übrig bleibt, ist – auch mit Marx' revolutionärer „Diktatur des Proletariats“[350] – eine systematisierte, mit wissenschaftlichem Anspruch auftretende Schilderung des Weges hin zur kommunistischen Gesellschaft. Daneben besteht zwischen Utopie und Kommunismus sogar eine strikte begriffstheoretische Differenz, die ihren Ort in einem fundamentalen Theorie-Praxis-Gegensatz hat. So haben Marx und Engels eher beiläufig definiert: „Der Kommunismus ist für uns nicht ein *Zustand,* der hergestellt werden soll, ein *Ideal,* wonach die Wirklichkeit sich zu richten haben [wird]. Wir nennen Kommunismus die *wirkliche* Bewegung, welche den jetzigen Zustand aufhebt.“[351]

Festhalten lässt sich daher zusammengefasst: Der sogenannte „wissenschaftliche Sozialismus“ nimmt sich nicht nur völlig aus der Tradition der Utopie heraus, sondern bezieht sein Selbstverständnis sogar zu großen Teilen aus der bewussten Gegnerschaft und Unterscheidbarkeit zur Utopie. Die Absetzungsbewegung beinhaltet ein nahezu geschlossenes Paket der Utopiekritik, das nicht zuletzt zentrale Charakteristika der Utopie, etwa den friedlichen Transformationswillen oder den universellen Vernunftanspruch attackiert. Allem voran aber markiert das marxistische Bilderverbot eine unüberbrückbare Differenz. Ohne die konkret-bildhafte Ausgestaltung eines alternativen Gesellschaftsgefüges, das als eigentliche Kritikfolie und als Horizont der diskursiven Auseinandersetzung fungiert, kann es keine Utopie geben. Die marxistische Theorie ist mithin auch kein Konvergenzphänomen, sondern steht seinem Selbstverständnis nach, wie auch faktisch, auf einem gänzlich anderen Fundament.

6.4 William Morris und „News from Nowhere“

Schlicht ignoriert hat das marxistische Utopieverbot indes ein berühmter Sozialist am Ende des 19. Jahrhunderts: Mit seinem Roman *News from Nowhere* stellte sich William Morris bereits mit der Wahl des Titels erkennbar in die Tradition des utopischen Denkens seit Morus.[352] Im sozialistischen Lager stand er damit keineswegs mehr allein. Die sozialistisch inspirierte Utopieliteratur erreichte im Westen Europas mit den Werken von Cabet[353], Bellamy[354], Hertzka[355] oder Wells[356] annähernd Bestseller-Niveau. Aber auch der bolschewistische Diskurs ließ sich im Vorfeld der russischen Oktoberrevolution nur wenig von den Vorgaben der marxistischen Doktrin beeindrucken und hat stattdessen versucht, die industrielle wie menschliche Überlegenheit der kommunistischen Gesellschaft in allen literarischen Einzelheiten auszumalen. Berühmt geworden ist das Diktum von Leo Trotzki: „Der durchschnittliche Menschentyp wird sich bis zum Niveau des Aristoteles, Goethe oder Marx erheben. Und über dieser Gebirgskette werden neue Gipfel aufragen.“[357] Exemplarisch zeigt sich das ausgestaltete Porträt kommunistischer Gesellschaft an den beiden utopischen Romanen von Alexander Bogdanow *Der rote*

Planet (1907) und *Ingenieur Menni* (1912), denn hinter dem Pseudonym „Bogdanow" verbirgt sich mit Alexander Malinowski in Wahrheit einer der wichtigsten Führer der Bolschewisten nach Lenin.[358]

William Morris wurde 1834 im englischen Walthamstow geboren. Aufgewachsen im großbürgerlichen Milieu, gründete er nach seiner Oxforder Studentenzeit im Jahr 1861 mit einigen Partnern eine Kunstgewerbefirma. Es dauerte bis in die 1870er-Jahre, ehe der frühere Liberale zu einem radikalen Anhänger des Sozialismus wurde. Vor allem in den 1880er-Jahren griff Morris dann verstärkt in die politische Diskussion ein. Er schloss sich 1883 der „Democratic Federation" an, die sich kurz später in „Social Democratic Federation" umbenannte, 1884 gründete er selbst die radikalere „Socialist League", trat dort allerdings 1890 wieder aus und blieb auch sonst ein stets eigenwilliger Streiter für seine Ideen. Wie Marx war Morris von der Notwendigkeit einer revolutionären Umwälzung der Gesellschaft überzeugt und brachte kaum Bereitschaft auf, Kompromisse mit bestehenden Herrschaftsstrukturen einzugehen. Er starb 1896 im Londoner Hammersmith.

Den unmittelbaren Anstoß für Morris' utopischen Roman lieferte die Schrift eines sozialistischen Zeitgenossen: Edward Bellamy hatte 1888 die literarische Utopie *Looking Backward: 2000–1887* publiziert.[359] Der Entwurf ist eine in den USA angesiedelte sozialistische Version des Amerikanischen Traums: In einem vollständig von Vernunft und Gemeinsinn geprägten Staat zu Beginn des 21. Jahrhunderts scheint das Ideal einer klassenlosen Gesellschaft Realität geworden. Morris aber empfand in erster Linie die Technik- und Fortschrittseuphorie und den dirigistischen Bürokratismus von Bellamys Utopie als abstoßend. Auch von der evolutionären Veränderungsperspektive hielt er wenig.

Wie Bellamy greift indes auch Morris auf das bereits von Mercier bekannte Traummotiv zurück: Während Bellamys Romanheld Julian West infolge einer Hypnosebehandlung erst nach 113 Jahren in der modernen Zukunftsgesellschaft Amerikas erwacht, dauert der Schlaf von Morris' Protagonisten nur eine einzige Nacht: Der Ich-Erzähler Morris kehrt abends von einer Veranstaltung der „Socialist League" zurück und legt sich zu Bett. In seinem utopischen Traum trifft Morris auf mehrere Gesprächspartner, die ihm bestimmte Aspekte der Zukunftswelt näher bringen. Vor allem der „alte Hammond“ übernimmt für den Ich-Erzähler die Rolle eines Mentors. Als William beginnt, sich in der idealen Welt des 21. Jahrhunderts einzurichten, wird das Traumbild schwächer und er findet sich bald im alten Hammersmith wieder.

Aus der Retrospektive der vollendeten kommunistischen Gesellschaft werden sodann die sozialen Entwurzelungstendenzen des bürgerlich-kapitalistischen Industriezeitalters diskutiert. Morris' Zeitkritik lässt dabei nichts an Radikalität und Deutlichkeit vermissen. Die Londoner Slums werden beschrieben als „Orte der Qual für unschuldige Männer und Frauen“, als „Brutstätten der Unzucht“.[360] Die Zerstörung menschlicher Lebenschancen sei dabei ebenso ein Signum des ausgehenden 19. Jahrhunderts wie die Zerstörung der Naturschönheiten. Als Quelle allen Übels gilt die kapitalistische Verfügung über das Privateigentum. Insbesondere die Anbindung an den Weltmarkt sei Ursache für die „Last unnötiger Warenerzeugung“ und das „Herabdrücken der Produktionskosten“. Dieser Entwicklung werde letztlich alles geopfert: „die Freude des Arbeiters an seiner Arbeit – und mehr als das, seine bescheidensten Bedürfnisse, seine Gesundheit, seine Nahrung und Kleidung, seine Wohnung, seine Muße, sein Vergnügen, seine Erziehung – kurz: *sein Leben*“.[361]

In Morris' Zukunftsvision gehören diese Dinge der Vergangenheit an. Alle lebensnotwendigen Güter sind in ausreichender Zahl vorhanden und können je nach Bedarf bezogen werden. Anders als in Bellamys *Looking Backward* zeichnet sich der Entwurf allerdings nicht durch eine urbane und industrialisierte Gesellschaft aus. Vielmehr ist die kapitalistische Großindustrie und ihre arbeitsteilige, rationelle Serienproduktion durch eine primär agrarische, handwerkliche und autonome Wirtschaftsordnung ersetzt. Die Entfremdung des Subjekts durch entfremdete Arbeit ist überwunden. Arbeit gilt nicht mehr als notwendiges Mittel der Güterherstellung, sondern als Vergnügen.[362] Mit Abschaffung des Privateigentums hat sich auch die Existenz von Gesetzen, Gerichten und Gefängnissen überlebt.[363] Morris' Utopie beschreibt ein weitgehend anarchistisches Szenario. Der Staat und seine Institutionen sind abgestorben. Und es scheint, als sei auch Arkadien zu neuem Leben erwacht: Allerorts sind grün strahlende Alleen, Parks und Rosengärten zu sehen.[364] Morris' Zukunftsvision vermittelt weitgehend das Bild einer friedlichen Dorfgemeinschaft: Jeder kennt jeden und man nennt sich beim Vornamen. Auch existieren keine großen, kolossalen Fabriken oder Städte mehr. Obwohl vieles dabei an die Welt des Mittelalters erinnert, sprechen Merkmale wie das Ende feudaler Abhängigkeitsverhältnisse, das Verschwinden klerikaler und adeliger Privilegien sowie die völlige Säkularisierung des utopischen Gemeinwesens eine gegenteilige Sprache.[365] Die Strukturen des Mittelalters werden, ebenso wie jene der Industriegesellschaft, weder als Vorbild noch als bloße Negation herangezogen; sie können vielmehr in einem dialektischen Sinn als „aufgehoben" gelten.

Von besonderer Signifikanz für die Utopietradition ist Morris' Roman nicht zuletzt, weil nunmehr auch innerhalb des literarischen Genres das Element einer Transformationsbeschreibung Einzug hält: Im 17. und mit Abstand längsten Kapitel, das den Titel trägt „Wie der Umschwung kam", wird beschrieben, auf welche Weise das Ideal seinen Weg in die Realität gefunden hat. So sehr sich Morris dabei den Details der ausbrechenden Revolution widmet, so wenig Worte verliert er über die militärischen Vorkommnisse, die letztlich zum Sieg des Kommunismus geführt haben. Auch über das Entstehen der neuen Gesellschaftsordnung und den Wiederaufbau des Landes schweigt sich Morris weitgehend aus.

Insgesamt kumulieren in Morris' Utopie gleichwohl viele Aspekte, die charakteristisch für die Veränderungen des Utopieprofils im 19. Jahrhundert sind. Die Elemente finden sich häufig in vergleichbarer Weise auch in den Utopien eines Cabet, Bellamy, Hertzka oder Wells.[366] So handelt es sich zum einen bei Morris' Fiktion um eine „klassische Zeitutopie"[367]. Mit dem Kunstgriff des Traumerlebnisses wird erneut der erzähltechnische Rahmen für das Porträt einer kommenden und besseren Gesellschaft geschaffen. Zweitens behält die Utopie ihre fundamentalkritische Stoßrichtung bei, die sich insbesondere gegen die sozialen Verwerfungen des Industriezeitalters richtet. Drittens integriert Morris auch das zeitgenössische Paradigma einer geschichtsphilosophischen These.[368] Neu ist dabei vor allem, dass Morris radikal mit dem Glauben seiner Vorgänger bricht, die Veränderung der Verhältnisse sei friedlich und graduell zu erreichen. Seine Aussage lässt sich auf die These verkürzen: Die Veränderung kommt, wenn sie kommt, gewaltsam und revolutionär. Die künftige Gesellschaftsordnung, die Morris in seinem fiktiven Gegenbild präsentiert, ist letztlich das Ergebnis einer dialektischen Überwindung des Staates und der industriellen Massenproduktion.

Bereits Morris' indirekte Auseinandersetzung mit Bellamys *Looking Backward* markiert innerhalb des Utopiediskurses einen entscheidenden Einschnitt, der das Unbehagen an der verordneten Unbeweglichkeit des Individuums und den dirigistischen Befehlshierarchien der utopischen Modelle zunehmend in den Mittelpunkt rückt. Mit der russischen Oktoberrevolution tritt der revolutionäre Sozialismus dann schließlich selbst in die politische Wirklichkeit. Das utopische Denken reagiert darauf erneut mit einer fundamentalen Wendung: Fortan steht nicht mehr die positive Zukunftserwartung im Zentrum, auch nicht der Aufruf, das fiktive Szenario in die Wirklichkeit zu überführen oder gar die Überzeugung einer zwangsläufigen Verwirklichung, sondern das exakte Gegenteil: die Warnung vor einer politisch-ideologischen Umsetzung. Jewgenij Samjatin (*Wir*, 1920)[369], Aldous Huxley (*Schöne neue Welt*, 1932)[370] und George Orwell (*1984*, 1949) entwerfen in ihren „schwarzen" Utopien Schreckensszenarien einer totalitär verwalteten Welt und spiegeln somit die positiven Zukunftsbilder ihrer Vorläufer ins glatte Gegenteil. Man kann ihre düsteren Konstrukte durchaus als „Selbstkorrektur des utopischen Denkens" interpretieren, insofern viele Strukturmerkmale der etatistischen Tradition jetzt selbst ins Fadenkreuz geraten.[371] Exemplarisch sei diese Selbstkritik der Utopie im Folgenden an George Orwells Roman *1984* verdeutlicht.

7. Von der Dystopie zur Utopie der Postmoderne

7.1 George Orwell und die Schreckensvision von „1984"

Das 20. Jahrhundert kennt wohl nur wenige Schriften, die eine derart bewegte Rezeptionsgeschichte zu verzeichnen haben, wie Orwells *1984*.[372] Der im Jahr 1949 erschienene dystopische Roman ist einerseits als Satire interpretiert worden, weil er durch eine völlig groteske Überzeichnung kommender Schrecken die Fehlentwicklungen der Gegenwart zu attackieren versuche; man hat die Schrift andererseits auch als Vorwegnahme einer unvermeidbaren Zukunft, mithin prognostisch gedeutet; und schließlich ist der Roman gelesen worden als eine persönliche und philosophische Verzweiflung Orwells am Wesen der Macht. Vor allem aber wurde die Schrift in hohem Maße von unterschiedlichen Lagern ideologisch vereinnahmt. Orwell teilt hiermit gewissermaßen ein ähnliches Schicksal wie Morus. Während das konservative Spektrum in Zeiten des Kalten Krieges den Roman als Vorlage für den Frontalangriff gegen den Sozialismus instrumentalisierte, versuchten linke Autoren der Kritik Orwells an der stalinistischen Sowjetunion die Spitze zu nehmen, indem sie einem bereits todkranken Verfasser (Orwell starb kurz nach der Veröffentlichung an TBC) unterstellten, den Zustand der eigenen Psyche auf den Zustand der Welt übertragen zu haben. Spricht gegen die Beschlagnahme Orwells durch konservative Autoren, dass sich Orwell seit Ende des Spanischen Bürgerkrieges (an dem er 1936/37 selbst teilnahm) als demokratischer Sozialist bekannte, so lässt sich die Schrift ebenso wenig als Dokument des psycho-physischen Zustands ihres Autors interpretieren, weil der Roman auf dem Höhepunkt von Orwells Schaffen geradezu als „Summe seiner Lebenserfahrung und seines schriftstellerischen Wirkens" gelten muss.[373]

George Orwell – 1903 im indischen Motihari als Eric Blair geboren und 1950 in London gestorben – präsentiert in seinem düster-utopischen

Szenario *1984* eine Welt des globalen Schreckens, der totalen Überwachung und Manipulation, der Kulturzerstörung und einer bis ins Intimste reichenden Staatskontrolle. Orwells Fiktion spielt in einer Zeit, die nach dem dritten Weltkrieg nur noch drei Supermächte kennt: Ozeanien, Eurasien und Ostasien. Obwohl sich die drei Reiche in ihrer totalitären Herrschaftsstruktur zum Verwechseln gleichen, führen sie beständig gegeneinander Krieg. Geschildert wird die trostlose Welt aus der Perspektive der Hauptfigur Winston Smith. Er lebt in London, dem Zentrum von Ozeanien und ist Mitarbeiter im „Wahrheitsministerium". Dessen Aufgabe ist die Verfälschung oder Vernichtung von Informationen und Nachrichten aller Art und ihre Anpassung an die jeweils aktuellen Verhältnisse.

Winston, der zunehmend angewidert ist von den brutalen Herrschaftspraktiken des Regimes, klammert seine Hoffnung an eine angebliche Untergrundorganisation, die sogenannte „Brüderschaft" um den Führer Emmanuel Goldstein. Doch die Hoffnung erweist sich als trügerisch. Die Widerstandsgruppe entpuppt sich als Erfindung der Parteidiktatur. Die Handlung des gesamten Romans porträtiert letztlich das Scheitern von Winstons individueller Rebellion gegen das System.[374] Er lernt Julia kennen, mit der er eine kurze Phase des Glücks erlebt. Ihre Liebe empfindet er zugleich als einen Akt der Auflehnung, weil der einzig anerkannte Zweck einer Partnerbindung in Ozeanien darin besteht, „Kinder zum Dienst für die Partei zur Welt zu bringen."[375] Am Ende werden beide Figuren enttarnt und brutaler Folter und Gehirnwäsche unterzogen, bis sie sich schließlich gegenseitig denunzieren und „geläutert" in die totalitäre Welt zurückkehren. Die Perfidität der Entwicklung liegt darin, dass Julia und Winston mit ihrer Liebe zugleich den einzigen, für sie noch bestehenden Wert verraten. Überführt werden sie vom vermeintlichen Systemgegner O'Brien, der sich als hohes Mitglied der Parteidiktatur herausstellt. O'Brien gibt sich überdies als Mitverfasser von Goldsteins Untergrundbuch zu erkennen. Diese Bibel aller Systemgegner wurde lediglich als Mittel zur Überführung Verdächtiger geschrieben. In der Folterkammer erklärt O'Brien gegenüber Winston: „Wenn Sie sich ein Bild von der Zukunft ausmalen wollen, dann stellen Sie sich einen Stiefel vor, der in ein Menschenantlitz tritt – immer und immer wieder."[376] Dieses Bild kann gleichsam als das zentrale Symbol des gesamten totalitären Staates gelten.[377]

Die Gesellschaftsordnung entspricht einem ständegliedrigen Dreikastensystem, das als „oligarchischer Kollektivismus" bezeichnet wird.[378] Die Macht des Staates liegt vollständig in der Hand einer kleinen Parteielite, einer „Intelligenzija", bestehend aus den Angehörigen der *Inner Party*, die nur zwei Prozent der Gesamtbevölkerung stellen, aber alle Schaltzentralen der Macht besetzen. Sie kontrollieren von Lebensmitteln bis Meinungsäußerungen alle Bedürfnisse und Regungen der Gesellschaft. Die Mitglieder der *Outer Party*, 13 Prozent der Bevölkerung, sind Staatsdiener und Funktionäre und führen ihre Aufgaben im Auftrag der *Inner Party* aus. Der Rest der Gesellschaft, 85 Prozent, sind die Belogenen und Ausgebeuteten des Systems, die sogenannten *Proles*, die bis zur physischen Erschöpfung arbeiten. Eine Gefahr für die Partei geht von ihnen allerdings nicht mehr aus. Nicht einmal der sexuelle Puritanismus der Parteielite wird ihnen aufgezwungen: „Proles und Tiere sind frei", heißt ein zynischer Leitspruch der Partei.[379]

Repräsentiert wird die Macht der Staatspartei durch den allgegenwärtigen, aber ungreifbaren „Großen Bruder". Mit „dickem schwarzem Schnauzbart"[380] ist er zwar eine kaum verhüllte Anspielung auf Stalin, doch die Kritik an Parteidiktatur, Personenkult, Denunziantentum, Scheinjustiz, Folter und Terror trifft nicht nur den bolschewistischen, sondern auch den faschistischen Herrschaftstypus. Bereits Kinder werden zu Komplizen des Systems geschult, um gegebenenfalls ihre Eltern bei der „Gedankenpolizei" zu denunzieren; verdächtig ist, wer den Kollektivveranstaltungen mehrfach fern bleibt; Gemeinschaftssport ist Pflicht. Und nicht zuletzt die Sprache deformiert zu einem alleinigen Instrument der Herrschaftssicherung. Im Friedensministerium werden „die Kriegsangelegenheiten behandelt", im Ministerium für Überfluss „die Rationierungen bearbeitet" und das Ministerium für Liebe sorgt für die Aufrechterhaltung von „Gesetz und Ordnung".[381] Ein Ausdruck der sogenannten „Neusprache" ist überdies „vaporisieren"; es meint eine übliche Praxis in Ozeanien, die gleichbedeutend mit der Tötung und völligen Auslöschung eines Bürgers ist: Nach der behördlichen Prozedur bleibt nicht mal eine Karteikarte zurück.[382]

Das Kritikmuster von Orwells Utopie ist nun – verglichen mit der klassischen Tradition – in entscheidender Weise neu justiert. Orwells Perspektive zielt auf zweierlei: Die Kritik artikuliert sich zum einen in Form einer schonungslosen Abrechnung mit den totalitären Systemen bolschewistischer oder faschistischer Prägung; zum anderen trifft sie aber auch die klassisch-etatistische Utopietradition selbst. Der Angriff auf die modernen Totalitarismen ist dabei vergleichsweise einfach zu greifen: Mittels zahlreicher Anspielungen versucht Orwell, ihre wahren Machtstrukturen und -interessen zu entlarven und ihnen die letzte Maske des Humanen herunterzureißen. Die Kritik an den machtstaatlichen Utopien, die häufig das Glück des Kollektivs mittels einer gänzlichen Annullierung des Individuums zu bewerkstelligen suchten, ist demgegenüber komplexer und ambivalenter. So werden entweder gewisse autoritär-kollektivistische Elemente in ihrem *normativen Gehalt* ins Gegenteil gewendet; oder aber sogleich zur Antithese gestaltet. Im erstgenannten Sinn besteht eine deutliche Parallele zwischen *1984* und der klassischen Sozialutopie in der Schlichtheit der Lebensverhältnisse: Luxusverzicht und materielle Bescheidenheit sind in *1984* jedoch nicht Ausdruck von wahren, sprich natürlichen oder geistigen Bedürfnissen, sondern lediglich Instrumente der Unterdrückung. Auch die „Abschaffung des Privateigentums" dient nicht der möglichst gerechten Verteilung des vorhandenen Reichtums, sondern ausschließlich der effizienten Privilegiensicherung der kleinen Parteielite. Ferner gleichen sich in klassischer Utopietradition und *1984* viele Strukturen des Staatsaufbaus. Doch die damit ursprünglich symbolisierte Wohlgeordnetheit und kollektive Vernunft des Gemeinwesens ist durch eine Sozialhierarchie ersetzt, die lediglich der Machtgier der Parteikaste zunutze ist.

Zugleich verkehrt Orwell aber auch Elemente der traditionellen Utopien ins glatte Gegenteil. Ein deutliches Beispiel ist die Schilderung der Bewohner: Der allseitig moralisch, körperlich und geistig gebildete Mensch aus der klassischen Utopie degradiert in Orwells Staat zu einem völlig widerspruchslos funktionierenden Wesen, dessen Schwäche schon im Körperbau zum Ausdruck kommt. Orwell beschreibt „kleine, untersetzte Menschen, die schon in jungen Jahren korpulent wurden, mit kurzen Beinen, raschen zappeligen Bewegungen und gedunsenen undurchdringlichen Gesichtern mit sehr kleinen Augen. Dieser Typ schien unter der Herrschaft der Partei am besten zu gedeihen."[383] Ins exakte Gegenteil gewendet sind auch die utopischen Forderungen nach Freiheit und Gleichheit der Menschen: Die drei totalitären Ideologien in Ozeanien, Eurasien und Ostasien haben sich allesamt ausdrücklich zum Ziel gesetzt, „*Un*freiheit und *Un*gleichheit zu einem Dauerzustand zu machen."[384]

Die Passagen lassen sich – hält man sich die Entwicklung der Utopie im 19. Jahrhundert vor Augen – zugleich als klare innerutopische Warnung werten. Der im Zentrum des politischen Systems stehende Parteiapparat wird von O'Brien mit den Worten beschrieben: „Die Partei strebt die Macht lediglich in ihrem eigenen Interesse an. Uns ist nichts am Wohl anderer gelegen; uns interessiert einzig und allein die Macht als solche. Nicht Reichtum oder Luxus oder langes Leben oder Glück: nur Macht, reine Macht. (…) Die Macht ist kein Mittel, sie ist ein Endzweck. (…) Der Zweck der Macht ist die Macht."[385] Der Wille zur Macht dient folglich nicht mehr ursprünglich-humanen Zielsetzungen, sondern ist zum reinen Selbstzweck degradiert und hat sich aller normativen Einbettungen entledigt. Zur Errichtung des Schreckensstaates bedarf es offenbar lediglich der völligen Verselbstständigung und Absolutsetzung der ursprünglich zur Zwangsbeglückung der Menschen gedachten Mittel.

Mit Blick auf die Utopiediskussion lassen sich aus den Beobachtungen zu Orwells Entwurf abschließend einige wichtige Konsequenzen ziehen. Von unmittelbarer Relevanz für den Utopiebegriff ist zunächst, dass der am häufigsten gebrauchte Terminus „Anti-Utopie" ausgesprochen unglücklich gewählt ist. Er suggeriert eine prinzipiell utopiefeindliche Stoßrichtung, obwohl die sogenannten „anti-utopischen" Entwürfe des 20. Jahrhunderts keineswegs gegen die Utopie schlechthin gerichtet sind. Mit der klassischen Tradition verbindet sie noch immer die in kritischer Absicht entworfenen, rational nachvollziehbaren Gesellschaftsmodelle. Legt man Arnhelm Neusüss' Bestimmung der utopischen Intention zugrunde, als „Negation dessen, was sie nicht will", dann lässt sich kaum eine positive Utopie finden, die utopischer wäre als die Dystopien.[386] Die Szenarien von Samjatin, Huxley und Orwell stehen zweifellos innerhalb der Utopietradition. Mit dem Porträt totalitärer

Herrschaftsstrukturen ist allerdings ein eindeutiger Funktionswandel verbunden. An die Stelle des optimistischen Fortschrittsglaubens tritt ein negatives Warnszenario. Die Hoffnung auf Vervollkommnung des Menschen und Besserung seiner Lebensverhältnisse wird mit der Alternative konfrontiert, dass alles auch viel schlimmer kommen kann. Dabei ist allerdings O'Briens Prophezeiung – der Stiefel, der unaufhörlich in ein menschliches Antlitz tritt – nicht Orwells Prognose der Zukunft. Das düstere Szenario spiegelt nicht unvermeidbare soziopolitische Tendenzen wider und Orwell versucht nicht eine scheinbare Selbsttätigkeit der politischen Entwicklung vor Augen zu führen, um den Menschen als ohnmächtiges Objekt im Angesicht seines unabwendbaren Schicksals zu präsentieren. Vielmehr appelliert er an das Gegenteil: an die Veränderbarkeit politischer Verhältnisse. Die utopische Intention Orwells ist insofern auch frei von jeglichem Zynismus.[387] Zudem dient die dystopische Gegenwelt mitnichten einer pauschalen Apologie des Status quo, schließlich sind es gerade die Entwicklungstendenzen der Gegenwart, auf die sich die kritische Analyse konzentriert. Rein formal knüpft Orwell dabei an das Muster der Zeitutopien an. Ferner finden sich gewisse Transformationsbeschreibungen, die zumindest partiell den Weg zum totalitären Staat nachzeichnen. Gleichwohl ist gerade die Statik von Orwells Entwurf ein ausgesprochen auffallendes Merkmal; selbst die Handlungsstränge des Romans sind dürftig angelegt. Insofern steht auch Orwells *1984* weitgehend in der frühutopischen Tradition starrer und idealtypischer Spiegelbildkonstruktionen.

Orwells Dystopie wirft darüber hinaus die prinzipielle Frage nach dem Verhältnis von Utopie und Totalitarismus auf. Unbestreitbar ist, dass einer Vielzahl klassischer Utopien der Vorwurf eines „totalitären Beigeschmack(s)“ nicht erspart bleiben kann, weil ihre „Symmetrie zwischen Einzelperson und Gesellschaft“ die Idee individueller Bedürfnisse und Ansprüche gar nicht erst aufkommen lässt.[388] Gleichwohl ist eine pauschale Gleichsetzung von Utopie und Totalitarismus, wie sie später insbesondere der totalitarismustheoretische Begriffsansatz unterstellt, kaum hilfreich. Abgesehen davon, dass mit einer vordergründigen Analogiebildung nur wenig zu gewinnen ist, haben sich auch inhaltlich viele utopische Modelle bereits vor dem historischen Auftreten totalitärer Systeme gegen die völlige Kontrolle und Manipulation des Menschen gewandt: die gesamte Tradition des herrschaftsfreien Utopiediskurses nur als ein, wenngleich sehr deutliches Beispiel. Dass sich überdies die seit Platon beliebte Form des Dialogs in den literarischen Utopien häufig finden lässt, mag als weiteres Indiz für die eher diskursive und damit bereits anti-totalitäre Kultur der Utopie gelten. Hinzu tritt, dass die Dystopien keineswegs den Anfang einer binnenutopischen Kritik markieren. Die Selbstkritik der Utopie ist im Grunde so alt wie ihre kritische Zeitdiagnose, denn mit Morus' ironischer Distanzierung von Raphaels Schilderung wird das dystopische Moment strukturell bereits mitgeliefert. Auch haben gerade „die großen Utopien", wie Seeber schreibt, die „analytische und diagnostische Arbeit nicht nur auf die Realität gerichtet, sondern auch auf die utopische Konstruktion selber."[389] Neu ist indessen der Grad der Radikalität, mit dem in den Dystopien nun die Warnung als zentrale Funktion in den Mittelpunkt rückt.

Verglichen mit den Charakterisierungen des Genres als „Anti-" oder „Gegenutopie" erscheinen daher die Bezeichnungen „Warnutopie", „Dystopie" oder „Mätopie" („Ort, der nicht sein möge"), aber auch „negative" oder „schwarze Utopie" als deutlich unproblematischer. In den Bezeichnungen schwingt keine Fundamentalopposition zur Utopie oder eine Gleichsetzung von Utopie und Totalitarismus mit, die im Übrigen auch von Orwell nicht intendiert wurde. Zudem sei auf eine weitere begriffliche Schwierigkeit hingewiesen: So richtig die Verortung der Dystopien in der Utopietradition ist, so problematisch ist ihre Kennzeichnung als „Unterart der Utopie", wenn gleichzeitig für die Utopie festgehalten wird: „Die Utopie (…) gestaltet eine paradiesische Welt".[390] Die Normierung ist augenscheinlich unlogisch, weil diese Utopiebestimmung alle Dystopien bereits ausschließt. Ein ähnlicher Widerspruch offenbart sich, wenn Utopien definiert werden als „Fiktionen innerweltlicher Gesellschaften, die sich zu einem Wunsch- oder Furchtbild verdichten" – und dann gleichzeitig Utopie und Dystopie in einer einfachen Gegenüberstellung (als Wunsch- bzw. Schreckensprojektion) miteinander konfrontiert werden.[391] Man muss sich entscheiden, ob Utopie nur die positive oder zugleich die positive *und* die negative Spielart enthalten soll. Aus dem Gesagten ergibt sich als sinnvollste Lösung, die „Utopie" als Oberbegriff zu fassen und hinsichtlich der beiden Versionen „Eutopie“ (für die positive) und „Dystopie“ (für die negative) zu unterscheiden.

Nach dem Ende des Zweiten Weltkrieges blieben ganzheitlich-positive Systementwürfe für rund zwei Jahrzehnte so gut wie völlig aus. Allzu sehr haftete ihnen nach 1945 ein genereller Totalitarismusverdacht an. Zwar entwarf Burrhus F. Skinner in *Walden Two* mit seiner „Vision einer aggressionsfreien Gesellschaft“ (so der Untertitel) bereits zeitgleich mit Orwell ein positives Utopiemodell, dessen Optimismus seinen deutlichsten Ausdruck in dem Satz fand: Der „richtige Weg liegt vor uns, jetzt und hier! (…) In diesem Augenblick verfügen wir über die Techniken, materiell wie psychologisch, um ein erfülltes, beglückendes Leben für jedermann zu schaffen!“[392] Doch dieses unerschütterliche Zutrauen in die vorhandenen Kräfte der Menschheit blieb eine ziemlich isolierte Äußerung. Bezeichnenderweise dauerte es zwölf Jahre bis Skinners Utopie überhaupt zu einem Beststeller wurde. Der Glaube an eine bessere Zukunft, „für dessen Gelingen die Methoden und Voraussetzungen real vorhanden sind“[393], widersprach ganz offenkundig noch dem Zeitgeist der frühen Nachkriegsperiode. Erst eine knappe Generation später, in den 1960er-Jahren, erwachten utopische Energien, die sich dem kulturellen Selbstverständnis westlicher Demokratien widersetzten. Im Jahr 1962 veröffentlichte Aldous Huxley seinen utopischen Roman *Island*, 1974 folgte Ursula K. Le Guin mit *The Dispossessed*[394] und 1975 publizierte Ernest Callenbach erstmals seine *Ecotopia*. Den Krisensymptomen der Gegenwart wurden damit abermals dezidiert positive Entwürfe gegenüber gestellt. Auffallend ist zudem, dass die Modelle in ihrem Geltungsanspruch erkennbar zu den ursprünglichen Wurzeln zurückkehrten. Waren geschichtsphilosophische Fortschrittseuphorie und Technikgläubigkeit des 19. Jahrhunderts bereits in den dystopischen Romanen einer großen Ernüchterung gewichen, so ist das Erstarken linker, ökologischer und feministischer Alternativkonzepte vor allem ein Phänomen des späten 20. Jahrhunderts. Den Vertretern der neuen utopischen Generation galten nun insbesondere die Momente des Solidarischen in der herrschenden Wirtschaftsordnung für banalisiert, die Geschlechtergrenzen nach wie vor als eines der größten sozialen Diskriminierungsmerkmale und die fortschreitende Konsumsteigerung als das Ticken einer ökologischen Zeitbombe.

Nicht zuletzt die umweltpolitischen Herausforderungen waren Ende der 1960er-Jahre unübersehbar. Im Jahr 1972 veröffentlichte der *Club of Rome* seine pessimistischen Prognosen zur Zukunft der globalen Rohstoffressourcen und den ökologischen Gefahren exponentiellen Wachstums.[395] Der dramatische Zuwachs der Erdbevölkerung, die Ausrottung unzähliger Tierarten, die Verseuchung von Wasser, Luft und Boden – all das galt nicht länger als eine vorübergehende Störung des ökonomischen und ökologischen Gleichgewichts (vergleichbar einer konjunkturellen Schwankung), sondern als tiefe strukturelle Sinnkrise einer grundlegend falsch gerichteten Form menschlicher Wirtschafts- und Gesellschaftsentwicklung. Die Herausbildung eines ökologischen Bewusstseins, dessen Denken auf einen gänzlich veränderten Naturbegriff rekurriert, gewann erstmals in den USA, und dort zunächst an der Westküste, entscheidend an Bedeutung. Exakt diesem Umfeld entstammt der Autor der ersten großen ökologischen Utopie.

7.2 Ernest Callenbach und die „Ecotopia"

Geboren wurde Ernest William Callenbach 1928 im amerikanischen Williamsport. Nach einem abgeschlossenen Studium an der Universität von Chicago siedelte er 1954 nach Kalifornien über, wo er von 1955 bis 1991 für die University of California Press arbeitete und sich insbesondere als Filmkritiker einen Namen machte, unter anderem als Gründer und Herausgeber der Zeitschrift *Film Quarterly*. Sein ökologisches Bewusstsein wurde – Callenbachs eigenen Angaben zufolge – nicht zuletzt durch indianische Kulturen stark geprägt. Mitte der 1970er-Jahre formulierte er mit seiner *Ökotopia* den Entwurf einer dezidiert positiven, sozioökonomischen Alternative auf der Basis ökologischer (und zugleich partiell feministisch-sozialistischer) Strukturen.[396] Seine Utopie versteht sich dabei gleichsam als Antithese zur biblischen Aufforderung aus Genesis 1,28: „Gehet hin, vermehret euch, und macht euch die Erde untertan". Dieser anthropozentrische Herrschaftsanspruch jüdisch-christlicher Tradition gilt Callenbach nachgerade als struktureller Frevel seiner Zeit schlechthin.[397]

Wenngleich Callenbachs *Ökotopia* kein Werk von überragender literarischer Qualität ist – selbst der Autor gab sich darüber keinen Illusionen hin –, so ist unbestreitbar, dass er mit seinem Entwurf den Geist der Zeit voll erfasste. Zunächst im Eigenverlag publiziert, weil die angeschriebenen Verlage das Manuskript unisono ablehnten, avancierte das Werk rasch zu einem Kultbuch der Ökologiebewegung. Allein in den USA wurde der Roman in den ersten zehn Jahren 250 000-mal verkauft und in zahlreiche Sprachen, darunter ins Dänische und Japanische, übersetzt. Anders als die erzählerische Originalität wurden Callenbachs zeithistorische Reflexionen, die Praktikabilität vieler Ideen und ihre publikumswirksame Verbreitung fast einhellig gewürdigt. Ein Utopieforscher diagnostizierte darüber hinaus – in Anlehnung an Merciers Wechsel zur Zeitutopie – abermals „eine kopernikanische Wende", diesmal jedoch für die „Beziehung des Menschen zur Natur".[398]

Eingebettet ist Callenbachs utopisches Modell abermals in eine literarische Rahmenhandlung, zudem wird auf das Motiv der Reiseerzählung zurückgegriffen. Doch nicht von einer fernen Insel ist die Rede, vielmehr verlegt der Autor den Schauplatz in eines der Zentren der westlichen Zivilisation.[399] Der Staat Ökotopia ist im Jahr 1980 als Abspaltung von den USA aus den nordwestamerikanischen Bundesstaaten Washington, Oregon und Nordkalifornien hervorgegangen. Knapp zwanzig Jahre später (1999) bereist der New Yorker Reporter William Weston im Auftrag der Time-Post und des Weißen Hauses die neue Republik. Er soll über die dortigen Entwicklungen Bericht erstatten und zugleich Chancen für eine Normalisierung der Beziehungen zu den USA ausloten. Zwar legt diese Erzählsituation eine Zuordnung zum Muster der Zeitutopie nahe, doch bei genauerem Hinsehen kehrt Callenbachs Entwurf erkennbar zu den Wurzeln des raumutopischen Paradigmas zurück. Allein aufgrund der kurzen Zeitspanne zwischen Erstveröffentlichung und projizierter Zeit unterscheidet sich Callenbachs Modell deutlich von den Zeitutopien eines Mercier, Bellamy oder Morris, die ihre Zukunftsmodelle auf eine zwischen 70 und 660 Jahre später liegende Zeit terminierten. Die ökotopianischen Sezessionsbestrebungen beginnen im Jahr 1979 und damit im Grunde bereits in der Gegenwart von Autor und Leser. Zudem existiert der Staat Ökotopia parallel zum amerikanischen System. Am augenscheinlichsten dokumentiert sich die Rückkehr zum raumutopischen Muster deshalb durch die Wiederaufnahme der Isolationsthematik: Der internationale Flugverkehr ist über dem Territorium Ökotopias aus Gründen der Lärmbelästigung und Luftverschmutzung strikt untersagt. Die gesamte Ökonomie ist nach außen hin völlig abgeschirmt und bereits im Jahr der Staatsgründung wird der normale Reiseverkehr sowie alle übrigen Verbindungen abgebrochen. Bei Westons Reise handelt es sich sogar um den ersten offiziellen Besuch eines Amerikaners seit der Unabhängigkeit und infolgedessen bemerkt auch der Protagonist die „unheimliche Isolation, auf der die Ökotopianer seit 20 Jahren bestehen!“[400]

Callenbach nutzt für seine Darstellung zwei unterschiedliche Erzählperspektiven. In insgesamt 66 Abschnitten schreibt Weston seine Eindrücke nieder: zum Teil als persönliche Tagebucheinträge, zum Teil in Form von Zeitungsartikeln, die für die amerikanische Öffentlichkeit bestimmt sind. Findet der Perspektiventausch zu Beginn des Romans noch in einem steten Wechsel statt, so gewinnen schließlich die persönlichen Berichte mehr und mehr an Gewicht. Mit dieser formalen Struktur korrespondiert der innere Wandel des Journalisten. Gegen Ende des Romans fasst Weston den Entschluss, nicht mehr in die USA zurückzukehren. Ausschlaggebend ist zum einen eine Romanze, die er mit der Ökotopianerin Marissa erlebt, zum anderen die Überzeugung, mit Ökotopia ein eindeutig besseres Gesellschaftsmodell kennengelernt zu haben. Als Fazit seiner Reise formuliert Weston: „Sie hat mich nach Hause geführt.“[401] Seiner Wandlung liegt eine erzähltechnisch angelegte Überredungsstruktur zugrunde. Während alle ökotopianischen Figuren ihren Charakter im Erzählverlauf nicht verändern, wandelt sich einzig Weston vom chauvinistischen New Yorker zum naturverbundenen Ökotopianer. Und es ist keine gewagte Spekulation zu folgern: Exakt diese Entwicklung wird auch beim Leser intendiert.

Auf dem Wege der Persönlichkeitsveränderung gewinnt zugleich die Kritik an der amerikanischen Herkunftsgesellschaft deutlich an Schärfe: Noch zu Anfang gilt Weston das Credo des herrschenden Zeitgeistes „Ständiger Fortschritt! Die Früchte der Industrialisierung für alle! Steigendes Bruttosozialprodukt!“ keineswegs als Ausgeburt einer verbohrten

Ideologie. Vielmehr kommentiert er in seinem ersten Artikel die Tatsache, dass in den USA die Zahl der jährlichen Todesopfer infolge der Umweltverschmutzung von 75 000 auf 30 000 gesunken sei, mit den Worten: „immer noch ein tragischer Tribut an den Fortschritt, aber ein Hinweis darauf, daß Maßnahmen von der Härte, wie sie in Ökotopia ergriffen wurden, wohl kaum notwendig sind."[402] Erst allmählich begreift der Protagonist die bestehenden Aggressionen der amerikanischen Gesellschaft sowie die Gewalt, die die Menschen dort untereinander und gegen die Natur üben. Und so fragt er schließlich zynisch, ob man in New York oder Tokio vorhabe, „eine Mutantenrasse zu züchten, die Kohlenmonoxyd atmen kann?"[403]

Der Alternativentwurf Ökotopias propagiert demgegenüber das „Konzept dess stabilen Gleichgewichts" (stable state).[404] Vom Konsumverhalten bis zur industriellen Produktion orientiert sich alles am Vorbild des biologischen Haushalts. Dem Prinzip eines permanenten, sich selbst reproduzierenden Systems wird in der ökotopianischen Republik das gesamte Leben untergeordnet. Die zentralen Termini lauten „biologisch abbaubar" und „verwesungsfähig".[405] Die Ökotopianer haben ein ausgeklügeltes Recyclingsystem entwickelt und stehen kurz davor, den Nahrungsmittelkreislauf zu schließen. Verglichen mit dem meist auf bloße Nutzbarmachung der Natur gerichteten Verständnis der frühen Utopien ergibt sich daraus ein durchaus signifikanter Bruch: Die Natur wird nicht mehr einem menschlich-planerischen Zugriff unterworfen, vielmehr herrscht Konsens darüber, dass man „einen bescheidenen Platz im geschlossenen, ausgewogenen Gewebe des organischen Lebens einzunehmen" habe.[406] Nicht instrumentelle Naturverwertung, sondern Aufforstungsprogramme, nicht Herrschaft über die Natur, sondern Integration in ihr Werden und Vergehen, sind das Signum von Callenbachs Utopie.

Eine strukturelle Analogie zur klassischen Utopie besteht allerdings darin, dass sich auch in Callenbachs fiktivem Gemeinwesen sämtliche Einrichtungen und Handlungen an einem alles dominierenden Grundprinzip orientieren, das den Kardinalfehler der existierenden Gesellschaft auszumerzen versucht. Dabei ist den Ökotopianern aufgrund des fortgeschrittenen Entwicklungsstandes der Menschheit sehr wohl bewusst, dass sich das „System des stabilen Gleichgewichts" nicht einfach von heute auf morgen herbeiführen lässt. Es geht lediglich um eine größtmögliche Annäherung an das Ideal; und daran gemessen, ist selbst die utopische Realität noch defizitär. Auch Callenbach präsentiert insofern keinen vollkommenen Idealstaat. Für die ökologische Harmonie ist beispielsweise der Preis eines deutlichen Absinkens des Lebensstandards zu zahlen; auch „zeitweilige Arbeitslosigkeit" ist keine Erscheinung der Vergangenheit geblieben.[407] Daneben ist ein auffallendes Kulturdefizit zu verzeichnen und selbst eine Art Rassentrennung auf freiwilliger Basis existiert, insofern unterschiedliche ethnische Gruppen eigene Stadtviertel erhalten, ja eigene „Stadtstaaten" innerhalb des ökotopianischen Territoriums bilden.[408]

Darüber hinaus ist Callenbachs Utopie – im Gegensatz zur Statik von Morus' *Utopia* – ein dynamisches Szenario. Nach Erlangung der Unabhängigkeit führen die Ökotopianer mit erstaunlichem Geschick, ohne Zwang und mit Unterstützung der meisten Bürger, Reformen durch, die zu einer steten ökologischen Verbesserung beitragen. Die Ökotopianer, so notiert Weston, scheinen „Meister darin zu sein, mit maßvollen und schrittweisen Umstellungen extreme Zielsetzungen zu verwirklichen. Wir mögen diese Ziele ablehnen, der Art und Weise jedoch, wie sie erreicht werden, kann man meines Erachtens die Anerkennung nicht versagen."[409] Auch mit der Schilderung konkreter Transformationsprozesse adaptiert Callenbach ein Merkmal des utopischen Profils aus dem 19. Jahrhundert. Zugleich verzichtet er jedoch auf jede Form von geschichtsphilosophischen Geltungsansprüchen. Nicht von Notwendigkeiten des historischen Verlaufs ist die Rede, sondern von kontingenten Einflussfaktoren. Wenngleich der Transformationsprozess noch keineswegs erschöpfend geschildert wird, so hat Callenbach später sämtliche Einzelheiten dieser Veränderungen detailliert ergänzt: In einer weiteren Utopie (*Ein Weg nach Ökotopia,* 1981) widmet er sich ausschließlich der Entstehungsgeschichte der alternativen Gesellschaft. Allein diese Tatsache zeigt, wie sehr Callenbach seinen Akzent auf die Wege und Formen der Veränderung und weniger auf ein irgendwie geartetes historisches Endziel gelegt hat.

Überdies wird auch die Einheitlichkeit des Staatswesens zugunsten der Heterogenität aufgegeben. Die extrem dezentrale und regional autonome

Gliederungsstruktur ist dabei Ausfluss der Überzeugung, dass „eine kleine, räumlich begrenzte Gesellschaft ihren Platz im Biosystem der Welt mit mehr Einfühlungsvermögen, mehr Gewinn, mehr Effektivität (und natürlich auch mit weniger zerstörerischer Wirkung) nutzen kann“[410]. Nicht Uniformität wird angestrebt oder geometrisch-funktionale Stadtarchitekturen, sondern – analog zur biologischen Mannigfaltigkeit – eine möglichst große Vielfalt des Lebens.

Zentrales Merkmal des ökotopianischen Wirtschaftssystems ist, dass keine Privatleute mehr existieren, „die sich persönlich bereichern können, weil sie über Produktionsmittel verfügen und die Arbeitskraft anderer Menschen kaufen.“[411] Die Produktionsstruktur wird in erster Linie von selbstständigen Handwerkern und kleinen Unternehmen getragen, wobei die Arbeiter zumeist selbst Eigentümer der Betriebe sind. Wenngleich Privatbesitz nicht sonderlich hoch geschätzt wird – den Arbeitern sind die Verhältnisse am Arbeitsplatz meist wichtiger als Löhne und Gewinne –, so unterscheidet sich die Arbeitsweise der Unternehmen kaum von kapitalistischen: „sie konkurrieren untereinander, versuchen ihre Verkaufsziffern zu erhöhen und die Profite zu steigern“[412]. Warentausch und Güterdistribution erfolgen auf Basis des Geldverkehrs. Gewinnmaximierung und Effizienzsteigerung sind jedoch starken Restriktionen unterworfen. Der unternehmerische Bewegungsspielraum wird durch zahlreiche Öko-Gesetze und eine hohe Körperschaftssteuer eingeschränkt; und welch hoher Stellenwert der Sozialpflichtigkeit von Grundeigentum zukommt, zeigt sich unter anderem am Instrument staatlicher Enteignung, das zur Schaffung der „Wasserparks“ entlang der Küstenstreifen zum Einsatz kam.[413] Mit dem Verzicht auf unbedingtes Effizienzstreben wird ein Zurückfallen gegenüber den kapitalistischen Systemen des Auslands bereitwillig akzeptiert. Dennoch lässt sich dem ökotopianischen Modell keine prinzipielle Technikfeindlichkeit nachsagen. Die Bürger besitzen Bildtelefone, Videogeräte und Kabelfernsehen – und nicht zuletzt der Eisenbahnverkehr ist ein technologisches Meisterwerk: Er bedient sich einer speziellen Magnetschwebetechnik und erreicht Geschwindigkeiten von 360 km/h.[414]

Zudem erfährt die Rolle der Arbeit – wie bereits in Morris' *Nirgendwo* – eine umfassende Neubewertung. Sie wird ausdrücklich als „Abkehr von der protestantischen Arbeitsmoral“ gekennzeichnet.[415] In den Fabriken, Betrieben und Büros herrscht ein Klima, das die Unterscheidung zwischen „Arbeit“ und „Spaß“ kaum mehr möglich macht. Gleich unmittelbar nach Erlangung der staatlichen Unabhängigkeit wurde „die Zwanzig-Stunden-Woche“[416] eingeführt und analog zu den utopischen Bürgern bei Morus, Campanella oder Owen nutzen die Ökotopianer die frei werdende Zeit zur individuellen Weiterbildung oder üben gemeinnützige Tätigkeiten aus. Eine strikte Arbeitspflicht, wie sie in vielen frühneuzeitlichen Utopien dominiert, ist nicht vorgesehen; den Müßiggang abzuschaffen, wird gar nicht erst versucht, und so gibt es „Bummler, Gaffer und Faulenzer – Leute ohne eine erkennbare Beschäftigung, für die die Straße einfach ein einziges großes Wohnzimmer ist.“[417] Nicht verzichtet hat Callenbach hingegen auf den Verweis zur Nutzlosigkeit vieler wirtschaftlicher Tätigkeiten, etwa wenn über das Bruttosozialprodukt gesagt wird, dass es „ohnehin zu großen Teilen aus überflüssiger Arbeit“ resultiert.[418]

Den Frauen in Ökotopia kommt – verglichen mit annähernd dem gesamten Utopiediskurs – eine bemerkenswert prominente Rolle zu. Callenbachs Entwurf ist freilich keine genuin feministische Utopie; zu sehr dominieren bisweilen geschlechterspezifische Klischees. Doch der Entwurf ist sichtlich bemüht, jede Form sozialer Geschlechterdiskriminierung als Erscheinung der Vergangenheit auszuweisen. So steht an der Spitze der regierenden *Survivalist Party,* die mehrheitlich von Frauen beherrscht wird, die charismatische Staatspräsidentin Vera Allwen. Das politische System im Allgemeinen unterscheidet sich kaum vom Verfassungstyp westlicher Demokratien. Es lässt sich als präsidentiell verfasste, repräsentative Demokratie mit stark dezentralen Strukturen beschreiben. Die Opposition, die die Veränderungen in Ökotopia durchaus mit einer gewissen Skepsis verfolgt und primär Werte wie Individualismus und Leistungsdenken auf ihre Fahne geschrieben hat, ist in der *Progressive Party* organisiert. Hieran mag indes auch Callenbachs bescheidene literarische Originalität deutlich werden. Denn verglichen mit Morus’ höchst feinsinnigen Anspielungen, wie sie sich zum Beispiel hinter der Namensgebung von „Hythlodaeus“ verbergen, ist die Bezeichnung *Progressive Party* für das politisch rückständige Lager in der Tat eine „Ironie mit dem Holzhammer“[419].

Insgesamt betrachtet, liefert Callenbachs *Ökotopia* eindeutig das Bild einer entschiedenen Rückkehr zum klassischen Paradigma der Utopie. Die genannten inhaltlichen Abweichungen sind kaum mehr als den Zeitumständen geschuldete Veränderungen des utopischen Musters. Bereits die Selbsteinschätzung des Autors stellt den Entwurf eindeutig in die Utopietradition. Ferner ist die *Ökotopia* eine imaginäre Erprobung soziopolitischer Reformideen und erfüllt damit in geradezu idealtypischer Weise die Kernfunktion klassischer Utopien: Ausgestattet mit dem literarischen Privileg, die sozialen Kosten einer Realisierung nicht unmittelbar begleichen zu müssen, präsentiert der Entwurf eine Fülle bedenkenswerter Ideen und Vorschläge, die sich zu einem weitgehend kohärenten Gesamtmodell fügen und mitunter selbst von wirtschaftswissenschaftlicher Seite Anerkennung gefunden haben. Callenbachs *Ökotopia* ist also abermals ein positiver und universaler Systementwurf, der die Beschreibung aller Aspekte und Facetten des privaten wie öffentlichen Lebens umfasst und sich dabei als eine dezidiert innerweltliche Reformkonstruktion präsentiert. Beschrieben wird ein gänzlich säkularisiertes Gemeinwesen, in dem bestenfalls die Versöhnung mit der Natur als eine Art Ersatzreligion fungiert. Überdies lässt sich eine Rückkehr zum raumutopischen Muster festhalten, womit zugleich die Isolationsthematik wieder verstärkt in den Mittelpunkt rückt. Eng verbunden ist damit der Verzicht auf eine geschichtsphilosophisch fundierte Verwirklichungsperspektive: Das Prinzip des ökologischen Gleichgewichts wird mitnichten zum Endpunkt eines historischen Prozesses erklärt, sondern dient als normativer Maßstab, als regulatives Prinzip, an dem sich nicht nur die historische, sondern auch die fiktive Wirklichkeit zu messen hat. Verglichen mit den Entwicklungen des utopischen Musters im 19. Jahrhundert hat Callenbach lediglich an zwei Charakteristika festgehalten: *Ökotopia* verfügt über das Merkmal einer integrierten Transformationsstrategie und qualifiziert sich nicht als statisches Konstrukt, sondern als dynamisches Szenario, das eine anhaltende Prozesshaftigkeit betont.

7.3 Marge Piercy und „Woman on the Edge of Time“

Was Callenbachs Utopie nur ansatzweise zu porträtieren vermag, nämlich das Bild einer völligen Gleichberechtigung von Mann und Frau, das wird an anderer Stelle fast zeitgleich zu einem neuen und bedeutenden Impuls für das Profil des utopischen Denkens. Bis hinein in das späte 20. Jahrhundert ist der gesamte Utopiediskurs eine fast ausschließlich männlich dominierte Angelegenheit. Von wenigen Ausnahmen abgesehen, zu denen vor allem die Frühsozialisten Owen und Fourier, aber auch Foigny und Morris gehören, ist kaum eine Utopie zu finden, die die Gleichberechtigungsthematik in den Mittelpunkt eines utopischen Entwurfs gestellt hätte.[420] Fast folgerichtig werden „Frauen“ in einem Aufsatz von 1974 neben „Neger und Proleten“ zu den „Stiefkindern“ der Utopie gezählt.[421] Männer sind bis dahin nahezu allein zuständig für das Verfassen von Utopien. Und ebenso sucht man Frauen als zentrale Figuren in der klassischen Utopie seit Morus fast vergebens. Mögen sie in den utopischen Konstrukten auch häufig besser gestellt erscheinen, als es in den realen Verhältnissen der Fall ist, so verbleibt das Gleichberechtigungsthema im Status eines Randphänomens. Kaum ein Entwurf vermag sich – bewusst oder unbewusst – vom patriarchalischen Paradigma zu lösen. Biesterfeld formuliert den möglichen Hintergrund ein wenig süffisant mit den Worten: „Das Problem, die Frau als das für den Mann nicht Berechenbare in die große Rechenaufgabe des utopischen Entwurfs einzusetzen, wird meist so gelöst, daß die Frau ihre bereits etablierten Funktionen weiter ausübt.“[422] Als typisches Beispiel mag die Beschreibung Andreaes aus seiner *Christianopolis* gelten: „Die Frauen (...) lernen also spinnen, nähen, sticken, weben und sich auf verschiedene Weise in ihren Bestimmungen hervorzutun. Teppichwirken ist ihr Kunstwerk, Kleiderherstellung ihr Handwerk, Waschen ihr Pflichtwerk. Im übrigen müssen sie auch Haus und Küche versorgen und sauberhalten. (...) Nichts ist gefährlicher, als wenn die Frauen insgeheim regieren und die Männer offensichtlich gehorchen; nichts ist dagegen mehr geraten, als wenn jedes Geschlecht das Seine tut.“[423] Aus der biologischen Disposition folgt die soziale – und selbstredend ist es der männliche Autor, der bestimmt, was das je „Seine“ des jeweiligen Geschlechtes ist.

Mit diesem Paradigma bricht nun radikal die Feministin Marge Piercy in ihrem utopischen Roman *Frau am Abgrund der Zeit.*[424] Wenngleich als erste klassische Frauenutopie der ab 1915 als Fortsetzungsgeschichte erschienene Roman *Herland* von Charlotte Perkins Gilman gelten kann[425], so soll im Folgenden ein Entwurf im Mittelpunkt stehen, der noch aus anderen Gründen Aufschlussreiches zum Utopiediskurs beitragen kann: Piercys Erzählung repräsentiert nicht nur einen neuen Strang innerhalb des utopischen Denkens, sondern steht zugleich für ein Modell, das fast alle bis dahin unterscheidbaren Spielarten des utopischen Musters aufgreift und in sich schließt: Sowohl die Differenzierungen nach Raum- und Zeitutopie, nach Eutopie und Dystopie sowie nach anarchistischer wie archistischer Utopievariante lassen sich auf die Schrift nicht mehr konsequent anwenden. Zudem hat der 1976 erstmals publizierte Roman ein zutiefst gespaltenes Echo erfahren, das exemplarisch für einen Grundsatzstreit der gesamten Utopiediskussion ist: Während Richard Saage den Entwurf als „einen Höhepunkt der Utopieliteratur der siebziger Jahre des vergangenen Jahrhunderts" wertet und Dagmar Barnouw zu dem Ergebnis kommt, der Roman sei „ein gut erzählter und auch darum nützlicher, erhellender Kommentar auf wichtige Probleme unserer Gegenwart", kennzeichnet Friedemann Richert den Text als „hochterroristisch" und glaubt, man könne ihm „den Totalitarismusvorwurf nicht ersparen".[426] Diese signifikant unterschiedlichen Perzeptionen von Piercys Roman haben ihre Ursache letztlich in einem vorab zugrunde gelegten Verständnis des utopischen Denkens überhaupt. Auf diese Frage wird im Anschluss an die Rekonstruktion von Piercys Utopie daher nochmals zurückzukehren sein.

Die Thematik des Romans verweist auf den sozialen Kontext der Autorin: Die Konzeption ihrer Hauptfigur Consuelo (Connie) Ramos trägt über weite Strecken autobiografische Züge. Im Jahr 1936 in Detroit geboren, und dort in einem Arbeiterviertel aufgewachsen, gehörte Gewalt zwischen Nachbarn, zwischen Weißen und Schwarzen, zu Piercys täglichem Erleben. Wie die Autorin, so ist auch Connie im Jahr 1936 geboren, studiert als erstes Familienmitglied auf einem College, muss sich nach Ehescheidung mit Gelegenheitsjobs durchschlagen und erlebt als mexikanische Einwanderin den alltäglichen Rassismus und Sexismus der US-Gesellschaft.

Eingebunden ist Piercys Utopie in eine ausgesprochen komplexe und auf verschiedenen Realitätsebenen agierende Rahmenhandlung. Die Protagonistin, Ende dreißig, einsam, verarmt und gesellschaftlich ausgegrenzt, verfällt allzu leicht den ihr zugänglichen Fluchtmöglichkeiten Drogen und Alkohol. Bereits vor dem Einsetzen der eigentlichen Haupthandlung war Connies Kind – nach Connies erster Einlieferung in die Nervenheilanstalt – zur Adoption freigegeben worden. Als Connie nun zwei Jahre später den Zuhälter ihrer geliebten und schwangeren Nichte Dolly in Notwehr mit einer Flasche im Gesicht verletzt und daraufhin bewusstlos geprügelt wird, erwacht sie erneut in der Psychiatrie. Ihr abweichendes Verhalten wird als paranoide Schizophrenie diagnostiziert; den Ärzten gilt sie als „menschlicher Abfall auf dem Weg zur Müllhalde."[427] Während Piercy ihre Hauptfigur in vielen Kapiteln eindeutig als Opfer der sozialen Umwelt schildert, geht aus einem angehängten Krankenbericht hervor, dass Connies Lebensgeschichte und soziale Herkunft bei der Beurteilung ihres desolaten Zustands zu keiner Zeit Berücksichtung gefunden haben.[428] Emotional gestört, aber keineswegs verrückt, ist sie fortan den skrupellosen Experimenten des Klinikpersonals ausgeliefert, die ihr mit Medikamenten, Elektroschocks und Elektrodenimplantaten schließlich den Rest ihres Verstandes und die Chance zur sozialen Reintegration rauben.

Erzähltechnisch wird die räumlich-zeitliche Distanz zwischen Gegenwart und alternativer Lebensform durch Connies Vermittlerrolle überbrückt. Aufgrund ihrer telepathischen Fähigkeiten – nicht auszuschließen ist allerdings, dass es sich lediglich um Halluzinationen, um mentale Fluchtreaktionen handelt – dringt die utopische Welt in ihre deprimierende Gegenwart. In der Psychiatrie tritt Luciente, eine Gesandte aus der Zukunft des Jahres 2137, mit ihr in Kontakt. Connie gewinnt auf diese Weise Zugang zur ökofeministischen Zukunftsgesellschaft „Mattapoisett". Die Handlungsebenen wechseln fortan hauptsächlich zwischen Gegenwartsanalyse und utopischer Projektion. Luciente ist weiblich, wegen ihrer androgynen Erscheinung wird sie von Connie aber anfangs für einen Mann gehalten. Konzipiert sind beide Frauen weitgehend als zwei Versionen derselben Figur. Im Unterschied zu Luciente wurde Connie aber nicht im positiven Umfeld der utopischen Welt, sondern von einer gewalterfüllten Umwelt geprägt.

Vor allem auf sechs zentrale Topoi ist das Kritikmuster von Piercys Utopie gerichtet. Im Zentrum steht die Rolle der sexuell unterdrückten Frau. Connie beschreibt sich selbst als „Dienerin aller Diener, stumm wie ein Lehmklumpen. Die Frau, die leidet. Die gebiert. Die duldet.“[429] Hinzu kommt die latente bis offene Rassendiskriminierung, die fast zwangsläufig in das Schicksal der sozialen Verelendung mündet: „Wer konnte je das Leid aufwiegen“, klagt Connie, „das ein Mensch empfindet, der Tag für Tag, Jahr für Jahr in einem düsteren Zimmer voller Kakerlaken aufsteht und auf eine Straße hinausblickt, die der Kloake eines langsamen Todes gleicht?“[430] Die soziale Ausgrenzung findet ihr Sinnbild in der „Häßlichkeit“ der sie umgebenden Welt.[431] Infolgedessen ist die Zeitdiagnose auch von einer ökologischen Stoßrichtung getragen, die die Zerstörung der natürlichen Lebensgrundlagen heftig attackiert. Aus Sicht Mattapoisetts wird den Vorfahren das Zubetonieren der Erde, die Verseuchung des Wassers und das Aufbrauchen fossiler Brennstoffe scharf angekreidet.[432] Der ökologische Impetus gipfelt schließlich in einer grundsätzlichen Kapitalismuskritik. Die Städte mit ihren „glänzenden, gläsernen Bürogebäuden“ sind vom „Rascheln des Geldzählens“ erfüllt und die Abfälle der Raffinerien „erstickten die Luft, den Fluß, ja, selbst das Meer. Erstickten auch sie.“[433] An letzter Stelle steht der Angriff auf ein wissenschaftlich-medizinisches Kartell, das im Verbund mit dem staatlichen Interesse zur Kostenreduzierung im Fall von psychisch Kranken oder nur „sozial Unangepaßte(n)“ für einen operativen Eingriff ins Gehirn optiert, anstatt sich mit der Situation der verwahrlosten Personen auseinanderzusetzen.[434]

Die Konfrontation mit der Zukunft des Jahres 2137 übernimmt auch in Piercys Roman die Funktion eines kritischen Spiegelbildes. Mit der Dorfkommune Mattapoisett wird die Vision einer hochtechnisierten, wenngleich ländlichen und dezentralisierten Gesellschaft entworfen. In zahllosen Dialogen schildern ihre Bewohner die Einrichtungen in Politik, Wirtschaft, Justiz, Erziehung, Religion, Wissenschaft und Technik. Die Utopie ist getragen von ökologisch-ganzheitlichem Denken, diskursiver Konsensfindung und der Einebnung jeglicher Hierarchien; ferner von der Aufhebung geschlechterspezifischer Rollenmuster, ethnischer Diskriminierung und einer radikalen Gleichstellung aller Gesellschaftsmitglieder.

Gleichwohl kehren auch viele in den Warnutopien bereits parodierten Züge wie künstliche Befruchtung oder Geburtenkontrolle zurück.

Ganz in der von Morus gestifteten Tradition stehen die ökonomischen Prämissen von Piercys Utopie, etwa der weitgehende Luxusverzicht oder die Verkürzung der Arbeit auf wenige Stunden angenehmer Beschäftigung, die sich auch in Mattapoisett mit modernen Produktionsverfahren und der Mobilisierung aller Arbeitskraftressourcen begründet. An die Stelle zentraler Behörden und Magazine sind allerdings kleine und weitgehend autarke Selbstversorgungseinheiten getreten. Noch in einem weiteren Punkt verabschiedet sich der Roman von einem etatistischen Regierungsmodell und folgt der anarchistischen Utopietradition: Politische Entscheidungshierarchien werden in Mattapoisett durch eine fortgesetzte Diskurskultur ersetzt, die analog zu Morris' *Nowhere* Polizeigewalt, Gerichte und Gefängnisse völlig verzichtbar machen.

Kern von Piercys Utopie ist freilich die feministische Diskussion. Das Kritikmuster ist ganz auf die „Urdichotomie"[435] der Geschlechteridentitäten fokussiert. Das „Böse" ist fast durchweg mit Attributen wie weiß, männlich, heterosexuell und dominant gleichgesetzt. Aus dem Leidensdruck einer nicht-weißen Einwanderin, die den untersten, sozialen Schichten der US-Gesellschaft entstammt, leitet sich dabei die These einer transkulturell und transepochal bestehenden Geschlechterdiskriminierung ab, die den allein zeitkritischen Ansatz der Utopie in gewisser Weise sprengt, weil dort zu keinem Zeitpunkt die Biologie zum neuralgischen Punkt erklärt wurde. Letztlich schlussfolgert Piercys Utopie, dass die Frau aufgrund der Unterschiede bei der biologischen Reproduktionsfunktion nur sexuelle Unterdrückung, Ausbeutung und Demütigung zu erwarten habe. Die utopische Lösung des Problems setzt demzufolge nicht mehr auf der sozialen, sondern auf der biologischen Ebene an. In Mattapoisett werden sämtliche Nachkommen mit gentechnischen Mitteln in einem „Brüter" gezüchtet und die Elternschaft wird radikal auf die Gesamtgesellschaft übertragen.[436] Bis zum Pubertätsritual, ab dem jeder als Vollmündiger sein Leben selbst bestimmt, übernehmen drei „Comütter" die Elternrolle, um die Fixierung auf die Kleinfamilie zu unterbinden.[437] Weil die Bewohner Mattapoisetts mehrheitlich androgyn veranlagt sind, können selbst Männer Babys stillen. Die Parallelen zu

Foignys Entwurf sind kaum zu übersehen: Auch Piercy porträtiert mit einer bis in die Biologie des Menschen hinein verlängerten Geschlechtergleichstellung eine strikte Antithese zur Diskriminierung ihrer Herkunftsgesellschaft, wenngleich sie es deutlich mehr an satirischer und ironischer Distanz fehlen lässt.

Ein Novum von Piercys Roman ist die signifikante Verknüpfung der beiden Spielarten Eutopie und Dystopie: An die Seite der positiven Version von Mattapoisett tritt im 15. Kapitel eine zusätzliche, zweite Gegenwelt, die Connie ebenfalls aufgrund ihrer telepathischen Fähigkeiten erlebt. Geschildert wird das unter einer Glaskuppel liegende New York des Jahres 2137, ein düsteres Konstrukt eines faschistischen und dekadenten Stadtstaates mit zerstörter Ökologie, totaler Überwachung, Manipulation, Sexismus, Rassismus und allen denkbaren Klassen- und Gesellschaftshierarchien.[438] Piercys Roman beinhaltet damit neben dem Modell einer positiven Alternative zugleich ein dystopisches Szenario der Warnung. Der mögliche Sieg der utopischen Energien wird auf diese Weise mit dem ebenso möglichen Schreckensszenario konfrontiert. Daneben verbindet Piercy selbst noch das vordergründige zeitutopische Paradigma mit jenem der Raumutopie. Piercys Handlungsgeschehen hält zum einen strikt an der Erzählzeitperspektive der Gegenwart fest, blickt also nicht retrospektiv aus der utopischen Zukunft auf das Elend zurück; zum anderen verknüpft Piercy beide Utopieprofile, weil die zwei fiktiven Welten parallel zueinander existieren. Einsichtig wird damit vor allem, dass die Zukunft mitnichten determiniert und die positive wie negative Version nur jeweils eine mögliche Entwicklung der Zukunft unter vielen ist. Eine derart offene Antwort des Geltungsanspruchs findet sich im Rahmen der zeitutopischen Variante bis dato nirgends: Nicht der unverwüstliche Glaube an die baldige Möglichkeit der Realisierung, sondern gerade die Möglichkeit des Scheiterns bestimmt die utopische Perspektive. Piercys Zukunftsprojektion ist überdies kein letztes und vollkommenes Ideal: Eifersucht, Gewalt und Mord im Inneren sowie Krieg nach außen, sind bisweilen selbst in Mattapoisett an der Tagesordnung, ebenso die Notwendigkeit zu weiterer, vor allem ökologischer Verbesserung.

Piercys Utopie kennzeichnet das Leben – das gegenwärtige wie das utopische – als andauernden Kampf. Nicht nur die gewaltgeschädigte

Connie befindet sich im „Krieg“, auch Mattapoisett muss gewaltsam für seine Existenz streiten. „Wir müssen kämpfen, um wirklich zu werden, um wirklich zu bleiben, um die Zukunft zu sein, die sich wirklich ereignet“, wird Connie eröffnet. „Deshalb haben wir zu dir Kontakt aufgenommen.“[439] Die beiden negativen Welten, das reale Bild der Gegenwart und das dystopische New York der Zukunft, veranlassen die Protagonistin schließlich zum Eingreifen. Sie fasst den Entschluss, mit einem Giftanschlag auf die Klinikärzte ihren ganz persönlichen Krieg zu führen: Für vier Personen endet der Morgenkaffee tödlich. Bis zuletzt empfindet Connie keine Reue. Ihre Entscheidung für den Mordanschlag ist nicht das einzige Beispiel, dass Piercy zuweilen Dinge durch die Hintertür wieder einführt, die zunächst als schwerwiegende Krisensymptome der Gegenwart identifiziert wurden. So kehrt auch die von Connie erlebte und mit medizinisch-technischen Mitteln erzwungene Konformität als gentechnische Schaffung eines „neuen Menschen“ in Mattapoisett zurück. Zudem führte Connies Weg bekanntlich in die Irrenanstalt, weil sie den Normen des sozialen Lebens in New York nicht entsprach. In Mattapoisett sehen sich Personen, die nicht an den politischen Versammlungen teilnehmen, mit dem Vorschlag konfrontiert, sich an eine „Heilperson“ zu wenden.[440] Sozial unangepasstes Verhalten wird damit auch in der utopischen Welt als krankhaft stigmatisiert. Selbst die Zuordnung zum anarchistischen Utopiediskurs ist daher keineswegs eindeutig, weil das Individuum in letzter Instanz doch nur wieder dem Kollektivinteresse unterworfen und nach dessen Bedürfnissen konditioniert wird. Selbst physischer Gewalt wird als Mittel der Problemlösung – trotz aller Skepsis gegenüber einer revolutionären Veränderungspraxis – relativ unbefangen und auf vergleichsweise naive Art begegnet: „Macht ist Gewalt und noch nie auf friedliche Weise beseitigt worden.“[441] Bei Gewaltdelikten werden Wiederholungstäter – weil man sie weder überwachen noch einsperren will – schlichtweg exekutiert. Auf diese Weise enden manche Einrichtungen von Piercys Utopie in augenfälligen Aporien, die nicht zuletzt an den Umgang mit der Todesstrafe in Morus' *Utopia* erinnern lassen. Was dort aber in Form von Ironie und satirischer Funktion ganz bewusst als Aufforderung zur Selbstreflexion intendiert ist, lässt sich bei Piercy nicht ohne Weiteres unterstellen.

Was Piercys Roman folglich den Totalitarismusvorwurf einbrachte, ist die These einer „zwei Stufen-Ethik“[442], eines politisch-ideologischen Kampfes, der, weil a priori auf Seiten einer höheren Moralität stehend, die Anwendung von Mitteln legitimiere, die der Roman zunächst auf das Schärfste kritisiert hatte. Gleichwohl lässt sich die Interpretationsthese vom ideologisch-gewaltbereiten Umsturzaufruf nicht halten. Letztlich porträtiert selbst Connies Entscheidung für das gewaltsame Mittel nur das Scheitern ihrer individuellen Revolte. Das Ende des Romans beschreibt den desillusionierenden Sieg des „Systems“ über die Auflehnung des Individuums.[443] Gleichwohl verfällt der Roman nicht in einen tristen Fatalismus. Er ist voller Hinweise, die zumindest eine prinzipielle Veränderbarkeit der Verhältnisse propagieren. Insofern verzichtet Piercys Utopie sowohl auf eine klare Aussage über die Mittel und Wege als auch über die Erfolgsaussichten aktiver Veränderungspraxis. In der Tat ist letztlich nicht endgültig zu klären, ob Connies Gewalttat als Handlungsaufforderung zu verstehen ist, oder ob nicht gerade die Aussichtslosigkeit und fatalen Konsequenzen von Connies sozialer Entwicklung abgebildet werden sollten. Als literarische und somit stets interpretationsbedürftige Utopie unterscheidet sich Piercys Roman notgedrungen von einem politischen Flugzettel mit klarem Handlungsaufruf. Bei all dem beinhaltet der Text aber zweifellos die utopische Funktion, eine Auseinandersetzung mit der existierenden Gegenwart zu provozieren.

Man ist bei Piercy gewiss skeptischer, verglichen etwa mit Morus, ob mit den geschilderten Aporien stets ein bewusstes Zeichen gesetzt und der Leser zum kritischen Nachfragen motiviert werden sollte, doch kommt man nicht umhin, ihre Utopie in die „Tradition kritischer Selbstreflexion“[444] zu stellen. Der Roman verzichtet auf eine geschichtsphilosophische Fortschrittsthese und ein Transformationsmodell ebenso, wie auf die Schilderung eines vollkommenen Idealstaates. Piercys Utopie erklärt die Zukunft für offen und das utopische Konstrukt selbst zur Projektion einer rational denkbaren, aber kaum wahrscheinlichen Alternative. Niemand wird Piercys Lösungsvorschläge dabei uneingeschränkt für vorbildlich halten; doch wer ihren Roman als bildhafte Alternative versteht, die von der Wirklichkeit niemals eingeholt werden kann und soll, der wird Seebers Fazit mühelos teilen: „Bei nüchterner Betrachtung lassen manche Aspekte einer solchen Alternative den Betrachter (...) erschauern. Als Herausforderung des Denkens möchte man solche Fiktionen dennoch nicht missen.“[445]

8. Schlussbemerkung

Ein auffallendes Ergebnis des historischen Überblicks ist zweifellos die erstaunliche Übereinstimmung zwischen Morus' *Utopia* und vielen späteren Entwürfen. Die Gemeinsamkeiten waren für Jean Servier sogar Anlass zur zugespitzten Bemerkung: „Die verschiedenen Utopien kommen einem beim Lesen wie Märchen ein und desselben Volkes vor“[446]. In der Tat lassen sich eine Vielzahl von Aspekten und Motiven wiederfinden, die bereits Morus beschrieben hat.[447] Als besonders signifikant können gelten: die Fiktion der Reiseerzählung, die Verwendung der Inselmetapher, der Rekurs auf die Vernunft, die Identifizierung von Geld und Privateigentum als Wurzel allen Übels, das Motiv der sozial gezüchteten Verbrecher, die Geringschätzung für Gold und Silber, die geometrischen Ordnungsmuster, die Mobilisierung aller Arbeitskraftressourcen, die Kürze des Arbeitstages oder der Verzicht auf die Produktion unnützer Güter. Aber nicht nur hinsichtlich inhaltlicher Topoi oder bestimmter Argumentationsmuster, auch mit Blick auf formale Kunstgriffe, literarische Gestaltungsmerkmale oder den diskursiven Geltungsanspruch sind die Gemeinsamkeiten frappant. Diese keineswegs vollständige Liste ist zweifellos Ausdruck einer Art Wahlverwandtschaft und rechtfertigt insofern auch die These eines Gattungsbewusstseins der Utopie. Zudem bleibt festzuhalten, dass Morus nicht nur ein neues Wort kreiert und ein literarisches Genre begründet hat, sondern dass sich aus seinem Werk auch die meisten Kriterien eines generalisierbaren Begriffs ermitteln lassen. Morus' *Utopia* mag daher zu Recht als Prototyp der Gattung und als zentraler Fixpunkt der Begriffsbildung gelten.

Bei aller Anknüpfung an das utopische Urmuster verbleiben die skizzierten Entwürfe freilich nicht im Status bloßer Nachahmung oder Variation. Wenn aus der Geschichte des utopischen Denkens nämlich ein Weiteres deutlich wird, dann ist es die Tatsache, dass die Konstrukte allesamt einem kritischen Reflex auf ihren zeithistorischen Kontext entspringen und sich somit als realgeschichtliche Resonanzphänomene interpretieren lassen, die unmittelbar auf ihre Herkunftsgesellschaft bezogen sind. Es ist folglich nur konsequent, wenn sich Höhepunkte utopischer Produktion auch historisch erklären lassen, wenn also ausgesprochene Krisenzeiten und Perioden des großen sozialen Umbruchs zu Hochphasen utopischen Denkens avancieren. Nipperdey kann daher mit Recht verallgemeinern: „Utopien entzünden sich an Krisen“[448]. In der Utopie enthalten ist neben der alternativen Welt des Entwurfs immer auch – explizit oder implizit – die schlechte und kritikwürdige Welt der Gegenwart. Beschrieben worden ist dieser „Antwort-Charakter“[449] mit Formeln wie „Negation des Negativen“, „Negation als Spiegel“ oder „Zeitkritik auf dem Wege des Gegenbildes“.[450]

„Utopisches“ manifestiert sich gleichwohl nicht allein in literarisch-konstruktiven Fiktionen. Es findet sich in einer ungleich größeren Zahl von Formen und Intentionen. Eine begriffliche Trennung von „Utopie“ im Sinne der klassischen Tradition alternativer Gesellschaftsentwürfe und der „utopischen“ Dimension von Wünschen, Hoffnungen, Assoziationen etc. bleibt daher in jedem Fall sinnvoll und geboten.[451] Verbunden sind beide Perspektiven indes stets durch ihren sozialkritischen Impetus, der danach drängt, das Bestehende nicht nur infrage zu stellen, sondern auch, es zum Besseren zu wenden.

Dabei kennt die Utopiegeschichte, wie Fred Polak treffend formuliert hat, „gute und schlechte, geistreiche und langweilige, tief bedeutende und äußerst triviale“ Beispiele, solche, „deren Einfluß groß war, und solche, die fast überhaupt nicht gewirkt haben.“[452] Angesichts ihrer historischen Dimension ist es aber gewiss ein Kuriosum, wie sehr der Blick auf die Utopie für lange Zeit fast vollständig von den totalitären Erfahrungen des 20. Jahrhunderts überlagert war. Dem utopischen Denken wird man indes nicht gerecht, wenn man es als realitätsblindes oder gefährliches Produkt politischer Narren oder als Ausfluss eines immanent totalitären Denkens identifiziert. Damit soll keinesfalls einer prinzipiellen Apologie der Utopie das Wort geredet oder ihre Irrungen, Wirrungen und unbestreitbar verführerischen Potenziale verharmlost werden. Zweifellos sind Utopien zum Anstoß für Reformen und zur Triebfeder technischer oder sozialer Neuerungen geworden – zum Wohle wie zum Schaden der Menschheit. Die Wirkungsfolgen von Utopien zu diskutieren, ist und bleibt ein unerlässliches Element jeder Utopiedebatte. Doch der Utopiebegriff selbst wird völlig indifferent, wenn man ihn von möglichen Umsetzungsfolgen her bestimmen will oder den Begriff gar mit erfolgten Realisierungsvorhaben gleichzusetzen versucht.

Die überzeugendste Existenzberechtigung haben Utopien gewiss dann, wenn sie als Spiegelbilder der Kritik in selbstreflexiver Weise zugleich die Instrumente der Kritik auch am skizzierten Gesellschaftsentwurf mitliefern; wenn sie Unmögliches denken, um Mögliches erkennbar zu machen, wenn sie also als geistige Laboratorien fungieren, aber die Kritik an den sozialen und politischen Missständen wichtiger nehmen, als das Porträt einer erträumten Idealwelt.

Richtet man abschließend – 500 Jahre nach Morus' *Utopia* – den Blick auf die Gegenwart der Utopie, so zeigen sich einige charakteristische Tendenzen. Auffallend ist zunächst eine ungebrochene Präsenz der Dystopie. In jüngerer Zeit haben insbesondere Juli Zeh und Dave Eggers exemplarisch vor Augen geführt, wie sich reale Entwicklungstendenzen zu klassisch-dystopischen Szenarien verdichten lassen. So wird Eggers' viel beachteter Roman *The Circle* (2013) durch das Monopol eines globalen IT-Giganten geprägt, dessen Aktivitäten recht unverschleiert die Geschäftsbereiche von Google, Facebook, Amazon, Apple und Twitter vereinen.[453] Im Zentrum der Kritik steht die Dynamik völliger Transparenzgewinnung über Firmenmitarbeiter und Kunden. Die Menschen tragen Kameras, deren Bilder unmittelbar ins Internet übertragen werden; sämtliche Informationen, auch die sensibelsten Persönlichkeitsdaten werden zu umfassenden Profilen zusammengeführt. Kommunikation ist Pflicht. Wer sich der Beobachtung entzieht, ist verdächtig. Privatsphäre ist Diebstahl. Exemplarisch wird die Kolonialisierung der Lebenswelt anhand der Hauptfigur Mae Holland vorgeführt, die sich schließlich zur verhängnisvollsten Handlangerin der global-totalitären Überwachungsideologie entwickelt. Seine Brisanz gewinnt das Szenario fraglos durch die enge Anbindung an reale Entwicklungen im Geschäftsgebaren und der Firmenkultur einschlägiger Internetkonzerne. Der Roman ist insofern ein verdienstvoller und lautstarker Mahnruf im Zeitalter der digitalisierten Welt.

In Juli Zehs nur wenige Jahre zuvor erschienenem Roman *Corpus Delicti* (2009) wird demgegenüber die Kulisse durch eine Gesundheitsdiktatur beherrscht, einen Staat namens „Methode". Das Bedrohungsszenario einer vollständigen Überwachungsgesellschaft ist jenem von Eggers nicht ganz unähnlich. Während Eggers' Roman literarisch aber nur bedingt überzeugen kann, ist Zehs dystopischer Entwurf in dieser Hinsicht sicherlich einer der gelungensten seiner Gattung überhaupt.

Das Regime in Zehs Dystopie erhebt Anspruch auf Unfehlbarkeit und Perfektion. Repräsentiert wird es von Heinrich Kramer, einem intellektuellen Journalisten und zugleich Chefideologen der „Methode", dessen Namen nicht zufällig mit einem Dominikanermönch aus dem 15. Jahrhundert übereinstimmt: Heinrich Institoris (Heinrich Kramer) war der Verfasser des berüchtigten *Hexenhammers* (1487), jenem Handbuch der Hexenverfolgung, das einer ganzen blutigen Epoche die Grundlage lieferte. Eine Hexenjagd anderer Art dominiert in Zehs Roman: Für die Bürger der Zukunftsgesellschaft gehören Sportprogramme ebenso zum Alltag wie Ernährungsberichte an die Regierung. „Ein Mensch, der nicht nach Gesundheit strebt, wird nicht krank, sondern ist es schon", lautet eine programmatische Formel zum Prinzip staatlicher Legitimation.[454] Die Handlung kreist um die Hauptfigur Mia Holl, die sich zu einer passiven Gegnerin des Systems entwickelt. Mia ist die Schwester von Moritz Holl, der sich das Leben genommen hat, weil er mit Hilfe eines DNA-Tests als Vergewaltiger und Mörder überführt wurde, obwohl er bis zuletzt seine Unschuld beteuerte. Erst im Verlauf der Geschichte stellt sich heraus, dass Moritz als Kind infolge einer Leukämieerkrankung eine Knochenmarkspende, und damit auch eine neue DNA erhalten hat. Die Unfehlbarkeit und Rationalität eines Systems, in dem Individualität auf die Messbarkeit von Blutwerten reduziert wird, scheint damit offenkundig als Ideologie entlarvt. Zehs Roman kann bereits jetzt als dystopischer Klassiker gelten. In naher Zukunft angesiedelt, prangert er einerseits Tendenzen eines kollektiven Gesundheitswahns an und warnt andererseits vor Entwicklungen, bei denen das Bedürfnis nach Sicherheit oder Vorsorge als Vorwand missbraucht wird, um Freiheitsrechte zu opfern und die Bürger einer lückenlosen Kontrolle zu unterstellen.

Auch für das Medium Film liefert die Gegenwart zweifelsohne umfangreiches Material, das sich für dystopische Bedrohungsszenarien erschließen lässt. Generell waren derartige Handlungskulissen für filmische Realisationen schon immer eine gern genommene Vorlage: Wird der Kampf eines rebellierenden Protagonisten gegen ein Unrechtssystem erzählt, dann scheint die spannende Dramaturgie fast von vornherein gesichert. Kaum überraschen kann daher, dass die dystopischen Klassiker (Huxley, Orwell) fast allesamt verfilmt wurden, während es die positiven Klassiker (Morus, Campanella, Bacon, Andreae) bislang nie auf die große Leinwand geschafft haben. Ihnen mangelt es an einem handlungstreibenden Konflikt und in aller Regel an der Entwicklungsgeschichte ihrer Hauptfiguren.[455]

Exemplarisch für diese Diagnose sind auch zwei jüngere Filmprojekte, die sich jeweils eigenständiger Stoffe bedienen: So der 1997 herausgekommene Science-Fiction-Film *Gattaca* von Andrew Nicol, der den Gen-Determinismus attackiert, und das Actiondrama *Snowpiercer* (2013) des Südkoreaners Bong Joon-ho, das die Ökokatastrophe einer globalen Eiszeit – als Folge einer misslungenen Korrektur der globalen Erwärmung – an die Wand malt.

So präsent die Dystopie im 20. Jahrhundert stets geblieben ist, so sehr ist seit einigen Jahren auch wieder von einer Renaissance der positiven Utopie die Rede.[456] Diese Entwicklung ist schon deshalb bemerkenswert, weil die Utopie noch vor knapp drei Jahrzehnten für weitgehend tot erklärt wurde. Die einstige Utopiekritik tritt heute deutlich defensiver auf, sie scheint selbst in die Krise geraten, während der Wunsch nach einem neuen Möglichkeitssinn spürbar virulenter geworden ist. Zudem ist zweifellos auch eine Wiederbelebung der Utopieforschung nicht zu übersehen. Die neuerwachte Dynamik hat ihre Ursache dabei unverkennbar auch im großen *Utopia*-Jubiläum des Jahres 2016.[457]

Große universale und positive Entwürfe, die ansatzweise eine ähnliche Resonanz wie die dystopischen Projektionen finden, sind dagegen weithin Mangelware: Stattdessen finden sich eher partielle, utopisch inspirierte Ideen, etwa das Konzept eines Allgemeinen Grundeinkommens oder die Überwindung des fossilen Zeitalters, oder aber kleinräumige, häufig etwas unglücklich als „gelebte Utopien" bezeichnete Alternativentwürfe. Der treffendste Begriff dafür dürfte sich im von

Michel Foucault geprägten Ausdruck „Heterotopien" finden.[458] Wörtlich gemeint sind damit „andere Orte", die im Gegensatz zu Utopien „wirklich" existieren. Bei Foucault werden damit insbesondere Gemeinschaften bezeichnet, die nach anderen, alternativen Regeln und Normen als die Mehrheitsgesellschaften funktionieren. Und diesem Typus lassen sich viele Projekte, etwa Ökodörfer, zuordnen, die zumindest von einem utopischen Geist inspiriert erscheinen.

Wer darüber hinaus seinen Blick auf die Auslage der utopischen Angebote richtet, wird eine gewisse Ernüchterung kaum unterdrücken können. Zwei Stichworte prägen im Augenblick maßgeblich die Utopiediskussion: Transhumanismus und Enhancement.[459] Im Zentrum stehen demzufolge Szenarien, die mit Hilfe von Innovationen aus der Neuro-, Nano-, Informations- und Biotechnologie eine technische Optimierung des Menschen propagieren. Meist als Therapieformen für pathologische Phänomene entwickelt, versprechen diese neuen Praktiken oder Technologien nunmehr auch eine immense Steigerung geistiger und körperlicher Fähigkeiten von gesunden Menschen – angefangen bei der Einnahmen von sogenannten Neurotransmittern über gentechnische Eingriffsoptionen bis hin zu Brain-Computer-Interfaces. Bei Lichte besehen dominieren somit erkennbar individualistische Fantasien, die einerseits nahe an Mensch-Maschine-Kombinationen sind und die schon in den Dystopien Gegenstand nachhaltiger Warnszenarien waren. Andererseits haben sich diese Visionen von den Wurzeln der Utopie deutlich entfernt, ging es in den klassischen Utopien doch stets darum, die Grundfehler der Gesellschaft anzuprangern. Diese lagen nach Ansicht der Autoren in Unterdrückung und Gewalt, in fehlender Bildung und Erziehung, letztlich in den sozialen Bedingungen von Elend und Verbrechen. Mit dieser Perspektive haben Enhancement-Visionen nicht mehr viel gemeinsam. Ihnen fehlt weitgehend die soziale Dimension, und damit ein Kernelement der Utopie: die Sozialkritik.

Zwar lässt sich nicht ausschließen, dass die Idee von ewiger Schönheit und Gesundheit, von Intelligenz und Unsterblichkeit als letzte große utopische Perspektive des 21. Jahrhunderts verbleibt. Wahrscheinlich ist dieses Szenario jedoch keineswegs. Denn diese Vision verspricht weder die Lösung eines einzigen globalen Problems noch erfüllt sie die Sehnsucht nach einer solidarisch verfassten Gesellschaft. Allenfalls verspricht sie, diese selbst verzichtbar zu machen.

Zumindest vor diesem Hintergrund scheint das utopische Denken gut beraten, sich auf die Kernfunktionen ihrer frühneuzeitlichen Vorläufer zu besinnen. Wenn man Utopien als Instrumentarien der Sozialkritik begreift, die in einem ausgemalten Bild oder Szenario spiegelhaft die Unzulänglichkeiten und Ungerechtigkeiten der Gegenwart – bitterernst oder spielerisch – zu Bewusstsein bringen; wenn man ihr Potenzial in Rechnung stellt, etwa über die literarische Formgebung, auch ein anderes und breiteres Publikum als wissenschaftliche Literatur zu erreichen; und wenn man das gedanklich-experimentelle Durchspielen sozialer Möglichkeiten vor allem als Chance für das Ausloten eines gerechteren Dasein, aber auch zur Verhinderung bedrohlicher Entwicklungen versteht, dann kommt man kaum umhin, der Utopie weiterhin eine unverzichtbare Rolle im gesellschaftlichen Prozess zuzugestehen.[460]

Dabei stellen Utopien nicht die letzten, sehr wohl aber die vorletzten Fragen. Weil sie dem Innerweltlichen verhaftetet sind, versuchen sie nicht zu klären, wo der Mensch herkommt, wo er hingeht, was er im Diesseits glauben oder für das Jenseits hoffen darf. Aber Utopien fragen unablässig nach den institutionellen Bedingungen des menschlichen Daseins und Glücks, nach den Gerechtigkeitsprinzipien seiner Ordnung und nach der Rationalität ihrer Umsetzung. Utopien sind, so gesehen, Herausforderung des Denkens und Provokation der Gegenwart. Sie wecken Bewusstsein, fordern Antworten und suchen Lösungen. Diese Funktionen müssen nicht notwendig von Utopien übernommen werden. Geeignet scheint das Medium dafür aber allemal.

Anmerkungen

1. Einleitung: Utopiebegriff – aber welcher?

1 Es gibt, verstärkt seit den 1990er-Jahren und primär im angelsächsischen Sprachraum, eine Debatte, in der deutliche Zweifel an der Urheberschaft von Morus artikuliert werden. Siehe dazu kritisch: Schölderle, *Thomas Morus und die Herausgeber – Wer schuf den Utopiebegriff?*

2 Vgl. Morus, *Utopia* (CW 4), S. 20. – Zitiert wird die *Utopia* im Folgenden grundsätzlich nach der von Klaus J. Heinisch besorgten deutschen Ausgabe in: *Der utopische Staat* (Reinbek bei Hamburg 1996), S. 7–110. – Ergänzend wird auf die lateinisch-englische Ausgabe im Rahmen der großen Yale-Edition (Complete Works Bd. 4, hrsg. v. Jack H. Hexter und Edward Surtz) zurückgegriffen, abgekürzt als „*Utopia* (CW 4)", die auch sämtliche Begleittexte und -briefe der Humanisten enthält.

3 Vgl. Budaeus' *Brief an Lupset*, in: Morus, *Utopia* (CW 4), S. 11.

4 Zuweilen wird allerdings auch schon Michel de Pures *Épigone, Histoire du Siècle Futur* (1659) als Beginn des Wandels genannt. Siehe dazu Herbert Jaumann, *Louis-Sébastien Merciers L'An 2440 (1771)*. – Erschienen ist *Épigone* unter dem Namen „Jacques Guttin"; zur Textausgabe siehe: Guttin, *Épigone, Histoire du Siècle Futur,* hrsg. v. Lise Leibacher-Ouvrard u. Daniel Maher, Québec 2005.

5 Vgl. Saage, *Politische Utopien der Neuzeit*, S. 1.

6 Nipperdey, *Die Funktion der Utopie im politischen Denken der Neuzeit*, S. 359.

7 Hierüber hat selbst die Forschung weitgehend Konsens erzielt. Vgl. Heubrock, *Art. „Utopie (I. Utopie und utopisches Bewusstsein)"*, S. 678.

8 Vgl. Hölscher, *Der Begriff der Utopie als historische Kategorie*, S. 408.

9 Vgl. insbesondere Engels, *Die Entwicklung des Sozialismus von der Utopie zur Wissenschaft* (MEW 19), hier S. 194.

10 Mohl, *Die Staatsromane*, S. 170.

11 Vgl. Neusüss, *Schwierigkeiten einer Soziologie des utopischen Denkens*; Schmidt, *Kritik der reinen Utopie.*

12 Folglich postuliert Bloch (*Das Prinzip Hoffnung*, S. 14) sogar: „Utopisches auf die Thomas-Morus-Weise zu beschränken oder auch nur schlechthin zu orientieren, das wäre, als wollte man die Elektrizität auf den Bernstein

reduzieren, von dem sie ihren griechischen Namen hat und an dem sie zuerst bemerkt worden ist."

13 Vgl. insbesondere Popper, *Die offene Gesellschaft und ihre Feinde Bd. 1*; ders., *Utopie und Gewalt*.

14 Vgl. exemplarisch Fest, *Der zerstörte Traum*; Winter, *Ende eines Traums*.

15 Vgl. z. B. Kamlah, *Utopie, Eschatologie, Geschichtsphilosophie*, S. 16; Lüsse, *Formen der humanistischen Utopie*, S. 18–34; Nipperdey, *Die Funktion der Utopie im politischen Denken der Neuzeit*; Saage, *Utopische Profile Bd. 1*, S. 71–93.

16 Vgl. exemplarisch Bloch, *Das Prinzip Hoffnung*.

17 Vgl. Mannheim, *Ideologie und Utopie*, S. 184–213.

18 Vgl. Mannheim, *Ideologie und Utopie*, S. 178.

19 Vgl. exemplarisch für den totalitären Utopiebegriff neben Popper (*Die offene Gesellschaft und ihre Feinde*), Fest (*Der zerstörte Traum*) und Winter (*Ende eines Traums*) auch: Bossle, *Zur Soziologie utopischen Denkens in Europa*; Löffler, *Macht und Konsens in den klassischen Staatsutopien*; Richert, *Der endlose Weg der Utopie*; Jenkis, *Sozialutopien – barbarische Glücksverheißungen?*.

20 Zu ähnlichen und weiteren Abgrenzungsversuchen siehe z. B. Saage, *Politische Utopien der Neuzeit*, S. 3 f.; Schölderle, *Utopia und Utopie*, S. 481–484.

2. Thomas Morus und seine Utopia

21 Einen guten Überblick liefern Baumann / Heinrich, *Thomas Morus: Humanistische Schriften*, S. 128–187; ausführlicher zur Rezeptionsgeschichte vgl. Kreyssig, *Die Utopia des Thomas Morus*; zudem Schölderle, *Utopia und Utopie*, S. 58–71.

22 Vgl. dazu Berglar, *Die Stunde des Thomas Morus*, S. 246–280.

23 Vgl. Roper, *Das Leben des Thomas Morus*, S. 87; Chambers, *Thomas Morus*, S. 419–422; Berglar, *Die Stunde des Thomas Morus*, S. 350 f.

24 Vgl. Baumstark, *Thomas Morus*, S. 106 f.; Bloch, *Das Prinzip Hoffnung*, S. 602; Oncken, *Einleitung*, in: Morus, Utopia (Übersetzt von Gerhard Ritter, Darmstadt 1990), S. 41*–43*; Voegelin, *Die spielerische Grausamkeit der Humanisten*, S. 106.

25 Vgl. Erasmus, *Brief an Ulrich von Hutten*, S. 45.

26 Vgl. Roper, *Das Leben des Thomas Morus*, S. 45 f.

27 Vgl. Nipperdey, *Reformation, Revolution, Utopie*, S. 121.

28 Baumstark, *Thomas Morus*, S. 106.

29 Vgl. z. B. Berglar, *Die Stunde des Thomas Morus*; Möbus, *Politik und Menschlichkeit im Leben des Thomas Morus*; Brie, *Thomas Morus, der Heitere*; ders., *Machtpolitik und Krieg in der Utopia des Th. Morus*.

30 Vgl. z. B. Kautsky, *Thomas More und seine Utopie*; Morton, *Die englische Utopia*, S. 42–75; Bloch, *Das Prinzip Hoffnung*, S. 598–607; Quabbe, *Das letzte Reich*, S. 20–24.
31 Vgl. Jäckel, *Experimentum rationis*, S. 11.
32 Vgl. exemplarisch für die „humanistische" Interpretationsperspektive: Surtz, *The Praise of Wisdom*; ders., *The Praise of Pleasure*; Hexter, *More's Utopia*; Süssmuth, *Studien zur Utopie des Thomas Morus*; Schulte Herbrüggen, *Utopie und Anti-Utopie*, S. 16–49; Erzgräber, *Utopie und Anti-Utopie*, S. 23–58.
33 Morus, *Utopia*, S. 13–15.
34 Vgl. Morus, *Utopia*, S. 29.
35 Vgl. Morus, *Utopia*, S. 36–38.
36 Vgl. Machiavelli, *Der Fürst*. – Zu einem vergleichenden Blick siehe: Schölderle, *Utopie und Realismus*; zu Machiavellis Technik der Macht siehe auch mein Machiavelli-Kapitel: Schölderle, *Das Prinzip der Macht*, S. 79–120.
37 So die Interpretationsperspektive der umfangreichsten Morus-Biografie: Marius, *Thomas Morus*.
38 Erzgräber, *Utopie und Anti-Utopie*, S. 35.
39 Morus, *Utopia*, S. 110.
40 Siehe dazu Gast, *Gesetz und Justiz in den Utopien*, S. 41.
41 Morus, *Utopia*, S. 18.
42 Vgl. Morus, *Utopia*, S. 108.
43 Vgl. Morus, *Utopia*, S. 53.
44 Morus, *Utopia*, S. 77.
45 Vgl. Morus, *Utopia*, S. 106–109.
46 Morus, *Utopia*, S. 29 f.
47 Vgl. Morus, *Utopia*, S. 32, 83.
48 Morus, *Utopia*, S. 28.
49 Vgl. Morus, *Utopia*, S. 40 f. – Siehe dazu auch Morus, *Die Geschichte König Richards III.* (TMW 3), S. 73–82; sowie seine *Epigramme* (TMW 2), Nr. 91–97, 102, 103, 182, 185, 222, 227.
50 Zu Morus' persönlicher Haltung gegenüber kommunistischem Gemeineigentum siehe unten Anmerkung 72.
51 Morus, *Utopia*, S. 109.
52 Vgl. Elliott, *Die Gestalt Utopias*, S. 122.
53 Vgl. Schulte Herbrüggen, *Utopie und Anti-Utopie*, S. 30 f.
54 Erzgräber, *Utopie und Anti-Utopie*, S. 26.
55 Vgl. Erasmus, *Das Lob der Torheit* (Übers. u. hrsg. v. Anton J. Gail, Stuttgart 1985).
56 Vgl. Morus, *Utopia*, S. 48.
57 Vgl. Morus, *Utopia*, S. 78.
58 Zitatstellen: Morus, *Utopia*, S. 52, 49, 49.

59 Morus, *Utopia*, S. 78.
60 Morus, *Utopia*, S. 58.
61 Morus, *Utopia*, S. 28.
62 Beide Zitate: Morus, *Utopia*, S. 70.
63 Morus, *Utopia*, S. 73.
64 Morus, *Utopia*, S. 65.
65 Morus, *Utopia*, S. 68.
66 Vgl. Morus, *Utopia*, S. 66.
67 Vgl. Morus, *Utopia*, S. 81.
68 Morus, *Utopia*, S. 56.
69 Vgl. Morus, *Utopia*, S. 50.
70 Morus, *Utopia*, S. 52.
71 Vgl. Morus, *Utopia*, S. 44.
72 Vgl. Morus, *The Confutation of Tyndale's Answer* (CW 8,2), S. 664. – Bereits in seinen *Epigrammen* hat Morus (z. B. anlässlich der Thronbesteigung Heinrichs VIII.) rechtmäßiges Eigentum verteidigt (TMW 2, S. 69): „Nicht mehr ist es ein Verbrechen (– es pflegte ein großes zu sein –) Reichtum zu besitzen, der ohne Betrug erworben." – Siehe außerdem Morus, *Trostgespräche im Leid* (TMW 6), S. 292 f.: „Wenn alles Geld, das in diesem Lande ist, morgen zusammengebracht würde, und auf einen Haufen gelegt und dann verteilt würde, so daß jeder das gleiche bekäme, dann würde am folgenden Morgen alles schlimmer sein als vorher. (…) Denn das Vermögen des Reichen ist die Quelle des Lebensunterhalts für die Armen."
73 Vgl. Morus, *Utopia*, S. 109.
74 Morus, *Utopia*, S. 45.
75 Morus, *Utopia*, S. 82.
76 Vgl. Morus, *Utopia*, S. 59.
77 Vgl. Morus, *Utopia*, S. 85.
78 Beide Zitate: Morus, *Utopia*, S. 83.
79 Vgl. Morus, *Utopia*, S. 88 f.
80 Vgl. Morus, *Utopia*, S. 91.
81 Morus, *Utopia*, S. 92.
82 So heißt es etwa über die Ablehnung der Bündnispolitik durch die Utopier: „Wozu denn auch ein Bündnis? sagen sie; verbindet nicht die Natur Mensch und Mensch zu Genüge? Glaubst du etwa, der werde sich um Worte kümmern, der die Natur verachtet?" Morus, *Utopia*, S. 86.
83 Morus, *Utopia*, S. 98.
84 Morus, *Utopia*, S. 96.
85 Morus, *Utopia*, S. 77.
86 Thomas von Aquin, *Summe der Theologie* (I, 1, 1b), Bd. 1, S. 3.
87 Morus, *Utopia*, S. 96.

88 Morus, *Utopia*, S. 98.
89 Thomas von Aquin, *Summe der Theologie* (I, 2, 2 ad 1), Bd. 1, S. 21 f.
90 Morus, *Utopia*, S. 101.
91 Vgl. Oncken, *Die Utopia des Thomas Morus und das Machtproblem in der Staatslehre*, S. 16–20; Ritter, *Die Dämonie der Macht*, S. 75–90; Freyer, *Die politische Insel*, S. 100–102; Voegelin, *Die spielerische Grausamkeit der Humanisten*, S. 116–121; Quabbe, *Das letzte Reich*, S. 28 f.
92 Vgl. z. B. Kautsky, *Thomas More und seine Utopie*; Morton, *Die englische Utopia*, S. 42–75; Bloch, *Das Prinzip Hoffnung*, S. 598–607; Quabbe, *Das letzte Reich*, S. 20 f.
93 Siehe dazu oben Anmerkung 72.
94 Vgl. auch Süssmuth, *Studien zur Utopie des Thomas Morus*, S. 167.
95 Vgl. z. B. Schmidt, *Kritik der reinen Utopie*, S. 2; Gnüg, *Utopie und utopischer Roman*, S. 9.

3. Antike und Mittelalter

96 Vgl. dazu Günther / Müller, *Das Goldene Zeitalter*; Manuel / Manuel, *Utopian Thought in the Western World*, S. 64–92.
97 Vgl. Ovid, *Metamorphosen* (Übers. v. Erich Rösch, München 1997).
98 Vgl. z. B. Guggenberger, *Die Utopie vom Paradies*.
99 Vgl. Hesiod, *Werke und Tage* (Sämtliche Werke), Z. 108–203 (S. 78–84), Zitat: Z. 176 f. (S. 82).
100 Zum Begriff „Mythos" siehe allgemein: Koppe, *Art. „Mythologie" und „Mythos"*; Elsas, *Art. „Mythos, Mythologie"*; zur begrifflichen Unterscheidung von „Mythos" und „Utopie" vgl. Lenk, *Utopie und Mythos*.
101 Zu Iambulos' *Sonnenstaat* vgl. Winiarczyk, *Das Werk des Jambulos*.
102 Vgl. Süssmuth, *Studien zur Utopie des Thomas Morus*, S. 61–67.
103 Plutarch, *Lykurgos* (Große Griechen und Römer, Bd. 1, eingel. u. übers. v. Konrad Ziegler, Zürich / Stuttgart 1954), S. 12.
104 Vgl. Berneri, *Reise durch Utopia*, S. 39.
105 Biesterfeld, *Die literarische Utopie*, S. 14; Schulte-Middelich, *Möglichkeiten utopischen Denkens*, S. 52.
106 Freyer, *Die politische Insel*, S. 89. – Zitiert wird Platons *Politeia* im Folgenden nach der Stephanus-Pagnierung. Der Wortlaut folgt der von Otto Apelt besorgten siebenbändigen Werkausgabe (Sämtliche Dialoge, hier Bd. 5: Der Staat). – Zu Platons „Utopie" vgl. allgemein Otto, *Das utopische Staatsideal von Platons Politeia aus der Sicht von Orwells Nineteen Eighty-Four*; Nitschke, *Wie utopisch ist Platons Staat?*; Spieker, *Platons Politeia (ca. 370 v. Chr.)*; Jenkis,

Sozialutopien – barbarische Glücksverheißungen?, S. 75–97; Manuel / Manuel, *Utopian Thought in the Western World*, S. 104–112.

107 Vgl. Platon, *Timaios* 21e ff. und *Kritias* 108d ff. (Sämtliche Dialoge Bd. 6, S. 36 ff. bzw. S. 192 ff.).

108 Vgl. Platon, *Politeia* 378c–e (Sämtliche Dialoge Bd. 5, S. 78 f.).

109 Vgl. Platon, *Politeia* 389b (Sämtliche Dialoge Bd. 5, S. 91).

110 Vgl. Platon, *Politeia* 414d–415c (Sämtliche Dialoge Bd. 5, S. 129 f.).

111 Vgl. Platon, *Politeia* 370c (Sämtliche Dialoge Bd. 5, S. 65).

112 Beide Zitate: Platon, *Politeia* 592a–b (Sämtliche Dialoge Bd. 5, S. 387).

113 Vgl. Platon, *Politeia* 543a ff. (Sämtliche Dialoge Bd. 5, S. 310 ff.).

114 Freyer, *Die politische Insel*, S. 38.

115 Vgl. Platon, *Politeia* 420a–b (Sämtliche Dialoge Bd. 5, S. 134).

116 Maßgeblich propagiert wurde die Totalitarismus-These von Popper, *Die offene Gesellschaft und ihre Feinde Bd. 1*. – Zur Kritik vgl. Schölderle, *Poppers Totalitarismusvorwurf gegenüber Platon und die (Un-)Redlichkeit wissenschaftlicher Auseinandersetzung*; außerdem Otto, *Das utopische Staatsideal von Platons Politeia aus der Sicht von Orwells Nineteen Eighty-Four*.

117 Vgl. Augustinus, *Vom Gottesstaat*, übers. v. Wilhelm Thimme, München 1997 (XX, 9), Bd. 2, S. 608–613.

118 Schulte Herbrüggen, *Utopie und Anti-Utopie*, S. 115.

119 Vgl. z. B. Seibt, *Utopie im Mittelalter*.

120 Vgl. Kamlah, *Utopie, Eschatologie, Geschichtsphilosophie*, S. 31 f.

121 Freyer, *Die politische Insel*, S. 82.

122 So heißt es bei Augustinus, *Vom Gottesstaat* (XVII, 13), Bd. 2, S. 396, über die Verheißungen des Friedensreiches: „Wer solch großes Gut in dieser Weltzeit und auf dieser Erde erhofft, ist ein Narr. (…) Jene Stätte also friedvollen und gesicherten Wohnens, die hier verheißen wird, ist ewig und wird Ewigen nach Verdienst gewährt“. Vgl. außerdem Augustinus, *Vom Gottesstaat* (XX), Bd. 2, S. 584–673.

123 Bloch, *Das Prinzip Hoffnung*, S. 590.

124 Zu Joachim von Fiore vgl. Riedl, *Joachim von Fiore*; Rosenberg, *Einleitung* (in: Joachim von Fiore, *Das Zeitalter des Heiligen Geistes*, hrsg. von Alfons Rosenberg, Bietigheim 1977); Ottmann, *Geschichte des politischen Denkens Bd. 2/2*, S. 118–128. – Einen Platz in den Darstellungen zur Utopiegeschichte gefunden hat Joachim z. B. bei Seibt, *Utopica*, S. 24–47; Bloch, *Das Prinzip Hoffnung*, S. 590–598; Ruyer, *L'Utopie et les Utopistes*, S. 154–156; Manuel / Manuel, *Utopian Thought in the Western World*, S. 56–59.

125 Rosenberg, *Einleitung*, S. 17.

126 Vgl. Joachim, *Das Zeitalter des Heiligen Geistes*, S. 86, 101–103.

127 Vgl. Joachim, *Das Zeitalter des Heiligen Geistes*, S. 133 ff.

128 Ottmann, *Geschichte des politischen Denkens Bd. 2/2*, S. 118.

129 Bloch, *Das Prinzip Hoffnung*, S. 592.
130 Freyer, *Die politische Insel*, S. 82 f.
131 Vgl. Seibt, *Utopica*, S. 15 f.
132 Vgl. Nitschke, *Staatsräson contra Utopie?*, S. 82; Nipperdey, *Reformation, Revolution, Utopie*, S. 125.
133 Vgl. Mannheim, *Ideologie und Utopie*, S. 184 ff.
134 Die Texte Müntzers werden fortan nach der von Gerhard Wehr besorgten und modernisierten Ausgabe (*Schriften und Briefe*, Frankfurt/M. 1973) zitiert. – Zu Müntzer vgl. allgemein: Nipperdey, *Reformation, Revolution, Utopie*, S. 34–84; Nitschke, *Staatsräson contra Utopie?*, S. 102–123; Seibt, *Utopica*, S. 160–166; Schölderle, *Utopia und Utopie*, S. 180–185; Manuel / Manuel, *Utopian Thought in the Western World*, S. 183–202; Jenkis, *Sozialutopien – barbarische Glücksverheißungen?*, S. 212–240; Winter, *Ende eines Traums*, S. 20–47; zur Lebensgeschichte Müntzers siehe insbesondere die beiden neueren Biografien: Bräuer / Vogler, *Thomas Müntzer* und Goertz, *Thomas Müntzer*.
135 Vgl. Müntzer, *Fürstenpredigt* (Schriften und Briefe), S. 82.
136 Müntzer, *Prager Manifest* (Schriften und Briefe), S. 47.
137 Müntzer, *Hochverursachte Schutzrede* (Schriften und Briefe), S. 131.
138 Zitatstellen: Müntzer, *Prager Manifest* (Schriften und Briefe), S. 48, 43, 48, 43.
139 Vgl. Müntzer, *Hochverursachte Schutzrede* (Schriften und Briefe), S. 142.
140 Müntzer, *An die Allstedter* (Schriften und Briefe), S. 181.
141 Müntzer, *An die Allstedter* (Schriften und Briefe), S. 181.
142 Müntzer, *Prager Manifest* (Schriften und Briefe), S. 49.
143 Müntzer, *Brief an die Eisenacher* (Schriften und Briefe), S. 182.
144 Seibt, *Utopica*, S. 166.
145 Müntzer, *Fürstenpredigt* (Schriften und Briefe), S. 98.
146 Vgl. zu den beiden Interpretationsperspektiven die kommentierte Literaturübersicht bei Nipperdey, *Reformation, Revolution, Utopie*, S. 79–84.

4. Renaissance und Frühe Neuzeit

147 Vgl. die zweisprachige Ausgabe: Stiblin, *Commentariolus de Eudaemonensium Republica* (hrsg. v. Isabel-Dorothea Jahn, Regensburg 1994).
148 Vgl. Rabelais, *Gargantua und Pantagruel* (hrsg. v. Horst und Edith Heintze, Frankfurt/M. 1974), Bd. 1, S. 170–184. – Siehe dazu auch Gnüg, *Utopie und utopischer Roman*, S. 49–66; Saage, *Utopische Profile Bd. 1*, S. 212–216; Berneri, *Reise durch Utopia*, S. 130–134.
149 Eberlins *Wolfaria*-Fiktion findet sich in den sogenannten „Bundsgenossen" X und XI; vgl. Eberlin, *Ausgewählte Schriften Bd. 1* (hrsg. von Ludwig Enders, Halle 1896), S. 107–131; siehe außerdem Seibt, *Utopica*, S. 70–81 sowie Saage,

Utopische Profile Bd. 1, S. 186–189. – Zu Donis *Mondo Savio* vgl. Saage, *Utopische Profile Bd. 1*, S. 194–199.

150 Mohl, *Die Staatsromane*, S. 186.

151 Gustafsson, *Tommaso Campanella: Der Sonnenstaat*, S. 44.

152 Zitiert wird die *Civitas Solis* im Folgenden nach der von Klaus J. Heinisch besorgten Textausgabe in: Der utopische Staat, S. 111–169. – Zu Campanella und seinen *Sonnenstaat* vgl. allgemein: Kuon, *Utopischer Entwurf und fiktionale Vermittlung*, S. 135–198; Kuon, *Tommaso Campanellas Città del Sole (1602)*; Gustafsson, *Tommaso Campanella: Der Sonnenstaat*; Manuel / Manuel, *Utopian Thought in the Western World*, S. 261–288; Gnüg, *Utopie und utopischer Roman*, S. 67–78; Seibt, *Utopica*, S. 120–130; Saage, *Utopische Profile Bd. 1*, S. 95–118; Seeber, *Wandlungen der Form in der literarischen Utopie*, S. 99–103; Jenkis, *Sozialutopien – barbarische Glücksverheißungen?*, S. 123–143; Lüsse, *Formen der humanistischen Utopie*, S. 95–119; Schölderle, *Utopia und Utopie*, S. 187–193; Waschkuhn, *Politische Utopien*, S. 56–63; Prÿs, *Der Staatsroman des 16. und 17. Jahrhunderts und sein Erziehungsideal*, S. 77–104; Mumford, *The Story of Utopias*, S. 101–106; Ruyer, *L'Utopie et les Utopistes*, S. 166–169; Freyer, *Die politische Insel*, S. 102–109.

153 Vgl. Campanella, *Sonnenstaat*, S. 118–123.

154 Vgl. Campanella, *Sonnenstaat*, S. 157.

155 Campanella, *Sonnenstaat*, S. 136.

156 Beide Zitate: Campanella, *Sonnenstaat*, S. 136.

157 Campanella, *Sonnenstaat*, S. 152.

158 Vgl. Campanella, *Sonnenstaat*, S. 136.

159 Vgl. Campanella, *Sonnenstaat*, S. 154.

160 Beide Zitate: Campanella, *Sonnenstaat*, S. 153.

161 Campanella, *Sonnenstaat*, S. 123.

162 Campanella, *Sonnenstaat*, S. 125.

163 Vgl. Campanella, *Sonnenstaat*, S. 126.

164 So etwa bei Schmitt, *Der Idealstaat*, S. 57; Voigt, *Die sozialen Utopien*, S. 74; und Freyer, *Die politische Insel*, S. 107.

165 Campanella, *Sonnenstaat*, S. 123.

166 Vgl. z. B. Kuon, *Utopischer Entwurf und fiktionale Vermittlung*, S. 458 f. (Anm. 6); Saage, *Utopische Profile Bd. 1*, S. 126.

167 Zitiert wird die *Christianopolis* im Folgenden nach der von Wolfgang Biesterfeld herausgegebenen Ausgabe (Stuttgart 1975). – Zu Andreae und seiner *Christianopolis* vgl. allgemein: Brecht, *Johann Valentin Andreae 1586–1634*; Dülmen, *Die Utopie einer christlichen Gesellschaft*; Kuon, *Utopischer Entwurf und fiktionale Vermittlung*, S. 199–257; Seng, *Johann Valentin Andreaes Christianopolis (1619)*; Manuel / Manuel, *Utopian Thought in the Western World*, S. 289–308; Saage, *Utopische Profile Bd. 1*, S. 119–142; Mumford, *The Story of Utopias*, S. 81–99;

Prÿs, *Der Staatsroman des 16. und 17. Jahrhunderts und sein Erziehungsideal*, S. 101–115; Nitschke, *Staatsräson contra Utopie?*, S. 178–195; Berneri, *Reise durch Utopia*, S. 101–120; Schölderle, *Utopia und Utopie*, S. 193–199; Jenkis, *Sozialutopien – barbarische Glücksverheißungen?*, S. 143–169.

168 Kleinwächter, *Die Staatsromane*, S. 55.

169 Minkowski, *Die Neu-Atlantis des Francis Bacon*, S. 10 f.

170 Voigt, *Die sozialen Utopien*, S. 75.

171 Vgl. Andreae, *Christianopolis*, S. 53–62.

172 Vgl. Andreae, *Christianopolis*, S. 21–25.

173 Andreae, *Christianopolis*, S. 108.

174 Andreae, *Christianopolis*, S. 8.

175 Andreae, *Christianopolis*, S. 9.

176 Vgl. Andreae, *Christianopolis*, S. 22.

177 Andreae, *Christianopolis*, S. 39.

178 Andreae, *Christianopolis*, S. 39.

179 Prÿs, *Der Staatsroman des 16. und 17. Jahrhunderts und sein Erziehungsideal*, S. 103.

180 Vgl. Andreae, *Christianopolis*, S. 60 f.

181 Vgl. Andreae, *Christianopolis*, S. 78–80.

182 Zitatstellen: Andreae, *Christianopolis*, S. 20, 25, 25.

183 Andreae, *Christianopolis*, S. 89.

184 Andreae, *Christianopolis*, S. 20, 29.

185 Andreae, *Christianopolis*, S. 26.

186 Andreae, *Christianopolis*, S. 135.

187 Andreae, *Christianopolis*, S. 45.

188 Andreae, *Christianopolis*, S. 68.

189 Andreae, *Christianopolis*, S. 35 f.

190 Andreae, *Christianopolis*, S. 42 f.

191 Andreae, *Christianopolis*, S. 14.

192 Andreae, *Christianopolis*, S. 21.

193 Kuon, *Utopischer Entwurf und fiktionale Vermittlung*, S. 251.

194 Andreae, *Christianopolis*, S. 14.

195 Vgl. Platon, *Timaios* 21e ff. und *Kritias* 108d ff. (Sämtliche Dialoge Bd. 6, S. 36 ff. bzw. S. 192 ff.).

196 Prÿs, *Der Staatsroman des 16. und 17. Jahrhunderts und sein Erziehungsideal*, S. 115.

197 Zitiert wird die *Nova Atlantis* im Folgenden nach der von Klaus J. Heinisch besorgten Textausgabe in: Der utopische Staat, S. 171–215. – Zu Bacon und seiner *Nova Atlantis* vgl. Krohn, *Francis Bacon*; Weiß, *Francis Bacons Nova Atlantis (1627)*; Minkowski, *Die Neu-Atlantis des Francis Bacon*; Pfeiffer, *Wahrheit und Herrschaft: Zum systematischen Problem in Bacons New Atlantis*; Saage,

Utopische Profile Bd. 1, S. 143–163; Manuel/Manuel, *Utopian Thought in the Western World*, S. 243–260; Jenkis, *Sozialutopien – barbarische Glücksverheißungen?*, S. 169–200; Gnüg, *Utopie und utopischer Roman*, S. 79–87; Seeber, *Wandlungen der Form in der literarischen Utopie*, S. 103–111; Lüsse, *Formen der humanistischen Utopie*, S. 150–183; Schölderle, *Utopia und Utopie*, S. 199–205; Waschkuhn, *Politische Utopien*, S. 64–70; Ruyer, *L'Utopie et les Utopistes*, S. 169–173; Berneri, *Reise durch Utopia*, S. 120–130; Mumford, *The Story of Utopias*, S. 106–109.

198 Vgl. Krohn, *Francis Bacon*, S. 59.

199 Vgl. Bacon, *Neues Organon* (2 Bde., hrsg. v. Wolfgang Krohn, Hamburg 1990).

200 Vgl. Heinisch, *Zum Verständnis der Werke* (Der utopische Staat), S. 227.

201 Vgl. z. B. Aristoteles, *Protreptikos* (Hauptwerke), S. 13 f.: „Darauf ausgehen, daß aus jedem Wissen etwas anderes werde, indem es sich nützlich verwerten lasse, das kann nur, wer ganz und gar keine Ahnung davon hat, wie groß der Unterschied zwischen dem Guten und dem Notwendigen ist (...). Es ist daher lächerlich, nun um jeden Preis von allem einen Nutzen zu suchen, der außerhalb der Sache selbst liegt (...). Es ist also nicht schlimm, wenn sie [die Vernunft, T. S.] nicht brauchbar oder nützlich erscheint; denn wir behaupten nicht, daß sie nützlich sei, sondern gut, und nicht um eines andern Zweckes ziemt es sich, sich ihr hinzugeben, sondern um ihrer selbst willen."

202 Bacon, *Neues Organon der Wissenschaften* (I, 81), Bd. 1, S. 173.

203 Bacon, *Neues Organon der Wissenschaften* (I, 129), Bd. 1, S. 273.

204 Vgl. Bacon, *Neu-Atlantis*, S. 194.

205 Bacon, *Neu-Atlantis*, S. 192.

206 Bacon, *Neu-Atlantis*, S. 181.

207 Bacon, *Neu-Atlantis*, S. 201.

208 Bacon, *Neu-Atlantis*, S. 203.

209 Bacon, *Essays* (hrsg. v. Levin L. Schücking, Leipzig 1979), S. 60.

210 Bacon, *Neu-Atlantis*, S. 205.

211 Vgl. Nitschke, *Staatsräson contra Utopie?*, S. 90.

5. Absolutismus und Aufklärung

212 Vgl. Hobbes, *De Corpore*, hrsg. v. Karl Schuhmann, Hamburg 1997 (I, 1, 8), S. 23.

213 Vgl. Hobbes, *De Corpore* (I, 1, 5), S. 19.

214 Vgl. zu Hobbes' Paradigmenwechsel in der praktischen Philosophie auch mein Hobbes-Kapitel: Schölderle, *Das Prinzip der Macht*, S. 31–78.

215 Hobbes, *Leviathan*, S. 5.

216 Elias, *Thomas Morus' Staatskritik*, S. 144 f.

217 Vgl. dazu Schölderle, *Fehlperzeptionen der staatsphilosophischen Vertragstheorie*; zu den klassischen wie neoklassischen Modellen des Kontraktualismus siehe allgemein auch: Kersting, *Die politische Philosophie des Gesellschaftsvertrages*.

218 Vgl. Kant, *Erläuterungen Kants zu A. G. Baumgartens Initia philosophiae practicae primae (*Akademie-Ausgabe) XIX, 99 [http://korpora.org/kant/aa19/099.html – letzter Zugriff: 02. 02. 2017].

219 Hobbes, *De Cive* (hrsg. v. Günter Gawlick, Hamburg 1994), Vorrede, S. 69.

220 Zitiert werden Winstanleys Texte im Folgenden nach der von Hermann Klenner herausgegebenen Sammlung: Winstanley, *Gleichheit im Reiche der Freiheit* (Frankfurt/M. 1988), hier: Winstanley, *Wofür das Banner der Wahren Levellers weht*, S. 32 f.

221 Zu Winstanley vgl. allgemein: Gebhardt, *Gerrard Winstanley*; Klenner, *Rückblick aus dem Jahr 1992 auf das Jahr 1652*; Pfister, *Gottesreich und Endzeit*; Saage, *Utopische Profile Bd. 1*, S. 165 – 179; Lüsse, *Formen der humanistischen Utopie*, S. 184 – 189; Schölderle, *Utopia und Utopie*, S. 210 – 218; Manuel / Manuel, *Utopian Thought in the Western World*, S. 349 – 355; Voigt, *Die sozialen Utopien*, S. 83 – 88; Berneri, *Reise durch Utopia*, S. 137 – 162.

222 Winstanley, *Das Gesetz der Freiheit,* S. 225.

223 Berneri, *Reise nach Utopia*, S. 137.

224 Klenner, *Rückblick aus dem Jahr 1992 auf das Jahr 1652*, S. 47.

225 Winstanley, *Das neue Gesetz der Gerechtigkeit*, S. 11.

226 Alle Zitate: Winstanley, *Das neue Gesetz der Gerechtigkeit*, S. 7.

227 Beide Zitate: Winstanley, *Das neue Gesetz der Gerechtigkeit*, S. 12.

228 Vgl. Winstanley, *Das Gesetz der Freiheit*, S. 239.

229 Winstanley, *Das Gesetz der Freiheit*, S. 181.

230 Winstanley, *Das Gesetz der Freiheit*, S. 256 f.

231 Vgl. Winstanley, *Das Gesetz der Freiheit*, S. 251, 268 f.

232 Winstanley, *Das Gesetz der Freiheit*, S. 186.

233 Vgl. Winstanley, *Das Gesetz der Freiheit*, S. 270 f.

234 Winstanley, *Das Gesetz der Freiheit*, S. 256.

235 Winstanley, *Das Gesetz der Freiheit*, S. 271.

236 Beide Zitate: Winstanley, *Das Gesetz der Freiheit*, S. 271 f.

237 Saage, *Utopische Profile Bd. 1*, S. 170.

238 Zitiert wird Foignys Text im Folgenden nach der Anthologie bei Berneri, *Reise durch Utopia* (Berlin 1982) unter dem Kurztitel „Terra Australe". Die Ausgabe bietet als einzige den Text in moderner Übersetzung, wenngleich nur sehr auszugsweise. Zum vollständigen Originaltext siehe die Edition: Paris 1705. – Zu Foigny vgl. allgemein: Kuon, *Utopischer Entwurf und fiktionale Vermittlung*, S. 258 – 306; Berneri, *Reise durch Utopia*, S 171 – 186; Saage, *Utopische Profile Bd. 2*, S. 35 – 51; Schölderle, *Utopia und Utopie*, S. 218 – 223; Girsberger, *Der utopische Sozialismus des 18. Jahrhunderts in Frankreich*, S. 188 – 190.

239 Voigt, *Die sozialen Utopien*, S. 89.
240 Vgl. Voigt, *Die sozialen Utopien*, S. 18 ff.
241 Vgl. Diderot, *Nachtrag zu „Bougainvilles Reise“* (Frankfurt/M. 1965). – Siehe dazu auch: Funke, *Reise nach Utopia*, S. 241–256; Saage, *Utopische Profile Bd. 2*, S. 153–175.
242 Beide Zitate: Kleinwächter, *Die Staatsromane*, S. 22 f.
243 Gleiches gilt im Übrigen (einschließlich der Verwendung des Inselmotivs) auch für die drei weiteren, häufig zum klassischen Kanon der Utopiegeschichte gezählten und ebenfalls Ende des 17. Jahrhunderts erschienenen Utopien von Veiras (*Histoire des Sévarambes*, 1677–1679), Fontenelle (*La République des Philosophes ou Histoire des Ajaoiens*, 1682) und Fénelon (*Les Aventures de Télémaque*, 1699). – Siehe die Ausgaben: Denis Veiras, *Eine Historie der Neugefundenen Völcker Sevarambes genannt* (hrsg. v. Wolfgang Braungart u. Jutta Golawski-Braungart, Tübingen 1990); François de Salignac de La Mothe-Fénelon, *Die Abenteuer des Telemach* (hrsg. v. Volker Kapp, Stuttgart 1984); Bernard Le Bovier de Fontenelle, *Histoire des Ajaoiens* (hrsg. von Hans-Günther Funke, Heidelberg 1982). – Zu Veiras vgl. z. B. Kuon, *Utopischer Entwurf und fiktionale Vermittlung*, S. 307–376; Stockinger, *„Realismus“, Mythos und Utopie*; Saage, *Utopische Profile Bd. 2*, S. 13–34; Manuel / Manuel, *Utopian Thought in the Western World*, S. 368–381; Girsberger, *Der utopische Sozialismus des 18. Jahrhunderts in Frankreich*, S. 111–122. – Zu Fontenelle siehe z. B. Funke, *Reise nach Utopia*, S. 187–196; Saage, *Utopische Profile Bd. 2*, S. 53–73; Girsberger, *Der utopische Sozialismus des 18. Jahrhunderts in Frankreich*, S. 202–207. – Zu Fénelon vgl. z. B. Biesterfeld, *François Fénelons Les Aventures de Télémaque (1699)*; Saage, *Utopische Profile Bd. 2*, S. 75–93; Waschkuhn, *Politische Utopien*, S. 71–76; Girsberger, *Der utopische Sozialismus des 18. Jahrhunderts in Frankreich*, S. 190–195; Manuel / Manuel, *Utopian Thought in the Western World*, S. 381–391.
244 Foigny, *Terra Australe*, S. 176.
245 Foigny, *Terra Australe*, S. 185.
246 Foigny, *Terra Australe*, S. 183 f.
247 Beide Zitate: Foigny, *Terra Australe*, S. 177.
248 Vgl. Foigny, *Terra Australe*, S. 179.
249 Girsberger, *Der utopische Sozialismus des 18. Jahrhunderts in Frankreich*, S. 189.
250 Foigny, *Terra Australe*, S. 182.
251 Foigny, *Terra Australe*, S. 177.
252 Vgl. Foigny, *Terra Australe*, S. 177.
253 Berneri, *Reise durch Utopia*, S. 184.
254 Girsberger, *Der utopische Sozialismus des 18. Jahrhunderts in Frankreich*, S. 190.
255 Als Robinsonade wird die Schrift vor allem in der frühen Utopieforschung rezipiert: Kirchenheim (*Schlaraffia politica*, S. 193) führt die Schrift explizit

auf das Vorbild Dafoes zurück; und diese Einschätzung dürfte wohl auch der Grund sein, weshalb Mohl (*Die Staatsromane*), Kleinwächter (*Die Staatsromane*), Schmitt (*Der Idealstaat*), Voigt (*Die sozialen Utopien*), Quabbe (*Das letzte Reich*) und Freyer (*Die politische Insel*) den Text völlig unberücksichtigt lassen. – Zu Schnabel und seiner *Insel Felsenburg* vgl. allgemein: Dammann, *Über J.G. Schnabel*; Nenoff / Stockinger, *Johann Gottfried Schnabels Insel Felsenburg (1731–1743)*; Voßkamp, *„Ein irdisches Paradies"*; Gnüg, *Utopie und utopischer Roman*, S. 107–117; Saage, *Utopische Profile Bd. 2*, S. 115–130; Mayer, *Die alte und die neue epische Form*; Meid / Springer-Strand, *Nachwort*; Schölderle, *Utopia und Utopie*, S. 223–233; Biesterfeld, *Die literarische Utopie*, S. 36–38.

256 Zitiert wird im Folgenden nach der dreibändigen und mit einem Nachwort von Günter Dammann versehenen Ausgabe (*Insel Felsenburg. Wunderliche Fata einiger Seefahrer*, Frankfurt/M. 1997, hier Teil I, S. 10), die als einzige Edition den vollständigen Originaltext enthält. Zu weiteren Ausgaben, die jeweils nur den ersten Teil wiedergeben, siehe die von Wilhelm Voßkamp besorgte Edition (Schnabel, *Insel Felsenburg*, Reinbek bei Hamburg 1969) sowie die von Volker Meid und Ingeborg Springer-Strand herausgegebene Ausgabe (Stuttgart 1979). Verwiesen sei zudem auf die bekannte, sogenannte „Tiecksche Redaktion" (Breslau 1828; auch online unter: www.gasl.org/refbib/Schnabel__Felsenburg_Tieck.pdf), die allerdings sehr kritisch zu werten ist, weil dort der teilweise recht derbe Urtext völlig geglättet wurde.

257 Vgl. Schnabel, *Insel Felsenburg*, Teil I, S. 9–19.

258 Schnabel, *Insel Felsenburg*, Teil I, S. 19.

259 Schnabel, *Insel Felsenburg*, Teil I, S. 44.

260 Schnabel, *Insel Felsenburg*, Teil I, S. 399.

261 Gnüg, *Utopie und utopischer Roman*, S. 107. – In der Literatur wird zur Abgrenzung der *Insel Felsenburg* von der Robinsonade fast ausnahmslos auf die Unterscheidung von „Exil" und „Asyl" zurückgegriffen: vgl. Schulte Herbrüggen, *Utopie und Anti-Utopie*, S. 65; Mayer, *Die alte und die neue epische Form*, S. 63; Meid / Springer-Strand, *Nachwort*, S. 600; Saage, *Utopische Profile Bd. 2*, S. 129; Voßkamp, *„Ein irdisches Paradies"*, S. 97.

262 Schnabel, *Insel Felsenburg*, Teil I, S. 173.

263 Vgl. Schnabel, *Insel Felsenburg*, Teil I, S. 129, 458.

264 Saage, *Utopische Profile Bd. 2*, S. 127.

265 Vgl. Schnabel, *Insel Felsenburg*, Teil III, S. 259 f.

266 Schnabel, *Insel Felsenburg*, Teil I, S. 183.

267 Zitatstellen: Schnabel, *Insel Felsenburg*, Teil I, S. 369, 369, 158, 466.

268 Vgl. Schnabel, *Insel Felsenburg*, Teil I, S. 406.

269 Schnabel, *Insel Felsenburg*, Teil I, S. 418.

270 Schnabel, *Insel Felsenburg*, Teil I, S. 406.

271 Schnabel, *Insel Felsenburg*, Teil I, S. 368.

272 Schnabel, *Insel Felsenburg*, Teil I, S. 401.
273 Schnabel, *Insel Felsenburg*, Teil I, S. 495.
274 Schnabel, *Insel Felsenburg*, Teil I, S. 399 f.
275 Vgl. Jaumann, *Louis-Sébastien Merciers L'An 2440 (1771)*, S. 219–222. – Zu Mercier und dem Paradigmenwechsel von der Raum- zur Zeitutopie vgl. Koselleck, *Die Verzeitlichung der Utopie*; Funke, *Reise nach Utopia*, S. 257–273; Trousson, *Utopie, Geschichte, Fortschritt: Das Jahr 2440;* Fohrmann, *Utopie und Untergang*; Manuel / Manuel, *Utopian Thought in the Western World*, S. 458–460; Gnüg, *Utopie und utopischer Roman*, S. 118–126; Girsberger, *Der utopische Sozialismus des 18. Jahrhunderts in Frankreich*, S. 199–202; Hölscher, *Art. „Utopie"*, S. 768–771; Saage, *Utopische Profile Bd. 2*, S. 177–197; Waschkuhn, *Politische Utopien*, S. 95–100; Schölderle, *Utopia und Utopie*, S. 243–251; Richert, *Der endlose Weg der Utopie*, S. 22 f. bzw. S. 89–95; Swoboda, *Utopia*, S. 40–44.
276 Kleinwächter, *Die Staatsromane*, S. 17.
277 Trousson, *Utopie, Geschichte, Fortschritt: Das Jahr 2440*, S. 21.
278 Vgl. Freyer, *Die politische Insel*, S. 9; Koselleck, *Die Verzeitlichung der Utopie*, S. 2 f.
279 Zu Mond- und Planetenfantasien im 17. und 18. Jahrhundert vgl. z. B. Francis Godwin, *The Man in the Moone*, 1638 (dt. *Der Mann im Mond oder Bericht einer Reise dorthin*, hrsg. v. Klaus Völker, Frankfurt / Berlin / Wien 1986); die Mond- und Sonnenreisen von Cyrano de Bergerac, *L'Autre Monde*, 1657 bzw. 1662 (dt. *Reise zum Mond und zur Sonne. Zwei Romane*, hrsg. v. Wolfgang Tschöke, München 2009); Jonathan Swift, *Travels into Several Remote Nations of the World by Lemuel Gulliver*, 1721–1726 (dt. *Gullivers Reisen*, übers. v. Franz Kottenkamp, Frankfurt/M. 2009); oder Voltaire, *Micromégas*, 1752 (dt. *Mikromegas – Erzählungen*, übers. v. Ilse Lehmann, Frankfurt/M. 2008, S. 41–71).
280 Vgl. Hölscher, *Art. „Utopie"*, S. 770.
281 Koselleck, *Die Verzeitlichung der Utopie*, S. 3.
282 Saage, *Utopische Profile Bd. 2*, S. 177.
283 Saage, *Utopische Profile Bd. 2*, S. 181.
284 Mercier, *Das Jahr 2440*, S. 10–13. – Zitiert wird im Folgenden nach der von Herbert Jaumann herausgegebenen Ausgabe (Frankfurt/M. 1989).
285 Zitatstellen: Mercier, *Das Jahr 2440*, S. 26, 27, 25, 32.
286 Vgl. Girsberger, *Der utopische Sozialismus des 18. Jahrhunderts in Frankreich*, S. 199.
287 Vgl. Mercier, *Das Jahr 2440*, S. 239, 128.
288 Vgl. Mercier, *Das Jahr 2440*, S. 68.
289 Vgl. Mercier, *Das Jahr 2440*, S. 73 f.
290 Mercier, *Das Jahr 2440*, S. 67.
291 Vgl. Mercier, *Das Jahr 2440*, S. 224.
292 Vgl. Mercier, *Das Jahr 2440*, S. 168.

293 Vgl. Mercier, *Das Jahr 2440*, S. 93; vgl. Morus, *Utopia*, S. 96, 101, 104.
294 Mercier, *Das Jahr 2440*, S. 129; vgl. Morus, *Utopia*, S. 74.
295 Mercier, *Das Jahr 2440*, S. 24.
296 Beide Zitate: Mercier, *Das Jahr 2440*, S. 261.
297 Mercier, *Das Jahr 2440*, S. 128.
298 Mercier, *Das Jahr 2440*, S. 127.
299 Zitatstellen: Mercier, *Das Jahr 2440*, S. 235, 39, 120.
300 Schwonke, *Vom Staatsroman zur Science Fiction*, S. 35.
301 Vgl. Mercier, *Das Jahr 2440*, S. 132, 169–171.
302 Mercier, *Das Jahr 2440*, S. 139 f.
303 Mercier, *Das Jahr 2440*, S. 201.
304 Berneri, *Reise durch Utopia*, S. 191.

6. Sozialismus und Utopie im 19. Jahrhundert

305 Wilde, *Der Sozialismus und die Seele des Menschen*, S. 35.
306 Berneri, *Reise durch Utopia*, S. 193.
307 Vgl. Marx, *Ökonomisch-philosophische Manuskripte* (MEW Erg.-Bd. 1/1), S. 510–522, bes. 516 f. – Für Marx ist zudem die „ganze sogenannte Weltgeschichte nichts anders (...) als die Erzeugung des Menschen durch die menschliche Arbeit" (ebd., S. 546). – Engels resümiert schließlich: „Die Arbeit (...) hat den Menschen selbst geschaffen". Engels, *Anteil der Arbeit an der Menschwerdung des Affen* (MEW 20), S. 444.
308 Morris, *Kunde von Nirgendwo*, S. 128.
309 Vgl. Schnabel, *Insel Felsenburg*, Teil I, S. 128.
310 Saage, *Politische Utopien der Neuzeit*, S. 159.
311 Smith, *Der Wohlstand der Nationen* (IV, 2), S. 371.
312 Saint-Simon, *Über die Reorganisation der europäischen Gesellschaft* (Ausgewählte Schriften, hrsg. v. Lola Zahn), S. 193 f. – Zu Leben und Werk Saint-Simons siehe allgemein: Emge, *Saint-Simon*; Servier, *Der Traum von der großen Harmonie*, S. 216–225; Saage, *Utopische Profile Bd. 3*, S. 9–20; Schölderle, *Utopia und Utopie*, S. 255–262; Waschkuhn, *Politische Utopien*, S. 117–121. – Zu Saint-Simon und der Lehre seiner Schüler, dem sogenannten „Saint-Simonismus", vgl. Ramm, *Die Großen Sozialisten als Rechts- und Sozialphilosophen Bd. 1*, S. 210–313; Manuel / Manuel, *Utopian Thought in the Western World*, S. 590–640; Kernig, *Sozialismus. Ein Handbuch Bd. 1*, S. 123–135.
313 Vgl. insbesondere Fourier, *Theorie der vier Bewegungen und der allgemeinen Bestimmung*. – Zu Fourier allgemein siehe Fetscher, *Charles Fourier*; Manuel / Manuel, *Utopian Thought in the Western World*, S. 641–675; Saage, *Utopische Profile Bd. 3*, S. 61–85; Jenkis, *Sozialutopien – barbarische*

Glücksverheißungen?, S. 341–358; Ramm, *Die Großen Sozialisten als Rechts- und Sozialphilosophen Bd. 1*, S. 315–383; Waschkuhn, *Politische Utopien*, S. 106–111; Kernig, *Sozialismus. Ein Handbuch Bd. 1*, S. 136–142.

314 So betont Saint-Simon, dass sein Zukunftsentwurf lediglich „den notwendigen Lauf der Dinge“ wiedergebe, „gemäß jenem allgemeinen Gesetz, (…) das besagt, daß nichts auf die Dauer die Fortschritte der Zivilisation aufzuhalten vermag.“ Saint-Simon, *Die Industrie* (Ausgewählte Schriften), S. 197, 252.

315 Vgl. Saint-Simon, *Die Industrie* (Ausgewählte Schriften), S. 201 f.

316 Vgl. Saint-Simon, *Briefe an die Arbeiter* (Ausgewählte Schriften), S. 322.

317 Engels, *Herrn Eugen Dühring's Umwälzung der Wissenschaft* (MEW 20), S. 241; ebenso in Engels, *Die Entwicklung des Sozialismus von der Utopie zur Wissenschaft* (MEW 19), S. 196.

318 Saint-Simon, *Genfer Briefe* (Ausgewählte Schriften), S. 13.

319 Vgl. Saage, *Utopische Profile Bd. 3*, S. 9.

320 Emge, *Saint-Simon*, S. 114.

321 Emge, *Saint-Simon*, S. 114.

322 Schmitt, *Der Idealstaat*, S. 119.

323 Zu Robert Owen siehe Ramm, *Die Großen Sozialisten als Rechts- und Sozialphilosophen Bd. 1*, S. 384–456; Uhlig, *Robert Owen*; Kernig, *Sozialismus. Ein Handbuch Bd. 1*, S. 111–123; Saage, *Utopische Profile Bd. 3*, S. 35–60; Elsässer, *Robert Owen*; Manuel / Manuel, *Utopian Thought in the Western World*, S. 676–693; Schölderle, *Utopia und Utopie*, S. 262–271; Jenkis, *Sozialutopien – barbarische Glücksverheißungen?*, S. 324–341; Waschkuhn, *Politische Utopien*, S. 101–105; Servier, *Der Traum von der großen Harmonie*, S. 212–215.

324 Servier, *Der Traum von der großen Harmonie*, S. 212.

325 Uhlig, *Robert Owen*, S. 161.

326 Engels, *Die Entwicklung des Sozialismus von der Utopie zur Wissenschaft* (MEW 19), S. 199.

327 Vgl. Owen, *Eine neue Gesellschaftsauffassung* (in: Der Frühsozialismus, hrsg. v. Thilo Ramm, S. 249–346; ebenfalls abgedruckt in: Owen, Pädagogische Schriften, S. 67–158); Owen, *Das Soziale System*, S. 5–76.

328 Vgl. (auszugsweise) Owen, *Das Buch einer neuen sittlichen Welt* (Pädagogische Schriften), S. 195–274.

329 Owen, *Manifest* (Pädagogische Schriften), S. 176.

330 Owen, *Eine neue Gesellschaftsauffassung* (Der Frühsozialismus), S. 282; vgl. dazu Morus, *Utopia*, S. 28.

331 Vgl. dazu Owen, *Umriß des Erziehungssystems von New Lanark* (Pädagogische Schriften), S. 295–306.

332 Vgl. Uhlig, *Robert Owen*.

333 Vgl. Owen, *Das Buch der neuen sittlichen Welt* (Pädagogische Schriften) VI, 3, S. 271.

334 Vgl. Owen, *Das Soziale System*, S. 5, 22.

335 Vgl. exemplarisch: Fest, *Der zerstörte Traum*; Bossle, *Zur Soziologie utopischen Denkens in Europa*.

336 Marx, *Der „Débat social" vom 6. Februar über die Association démocratique* (MEW 4), S. 512.

337 Engels, *Ergänzung der Vorbemerkung von 1870 zu „Der deutsche Bauernkrieg"* (MEW 18), S. 516.

338 Engels, *Die Entwicklung des Sozialismus von der Utopie zur Wissenschaft* (MEW 19), S. 194.

339 Marx / Engels, *Manifest der Kommunistischen Partei* (MEW 4), S. 490.

340 Adorno, *Negative Dialektik*, S. 205.

341 Vgl. Marx / Engels, *Manifest der Kommunistischen Partei* (MEW 4), S. 490 f.

342 Lenin, *Unser Programm* (Ausgewählte Werke), S. 204.

343 Lenin, *Staat und Revolution* (Werke), S. 194.

344 Zitatstellen: Bloch, *Das Prinzip Hoffnung*, S. 16, 166; siehe außerdem den Abschnitt „Marxismus und konkrete Antizipation" (ebd., S. 723–729).

345 Schwendter, *Utopie*, S. 11.

346 Freyer, *Die politische Insel*, S. 151.

347 Marx / Engels, *Die deutsche Ideologie* (MEW 3), S. 33.

348 Marx, *Kritik des Gothaer Programms* (MEW 19), S. 21.

349 Engels, *Die Entwicklung des Sozialismus von der Utopie zur Wissenschaft* (MEW 19), S. 228.

350 Marx, *Kritik des Gothaer Programms* (MEW 19), S. 28.

351 Marx / Engels, *Die deutsche Ideologie* (MEW 3), S. 35.

352 Vgl. Morris, *Kunde von Nirgendwo* (hrsg. v. Gerd Selle, Köln 1974). – Zu Morris' *News from Nowhere* vgl. Seyferth, *William Morris' News from Nowhere (1890)*; Gnüg, *Utopie und utopischer Roman*, S. 159–163; Erzgräber, *Utopie und Anti-Utopie*, S. 59–95; Saage, *Utopische Profile Bd. 3*, S. 157–181; Schölderle, *Utopia und Utopie*, S. 278–286; Manuel / Manuel, *Utopian Thought in the Western World*, S. 768–772; Berneri, *Reise durch Utopia*, S. 231–255; Bloch, *Das Prinzip Hoffnung*, S. 716–718; Kluge, *Sozialismus und Utopie im späten neunzehnten Jahrhundert*, S. 204–208; Saage, *Innenansichten Utopias*, S. 73–94; Seeber, *Wandlungen der Form in der literarischen Utopie*, S. 120–134; Schulte Herbrüggen, *Utopie und Anti-Utopie*, S. 80–82.

353 Vgl. Cabet, *Reise nach Ikarien* (Berlin 1979). – Siehe dazu auch: Ramm, *Die Großen Sozialisten als Rechts- und Sozialphilosophen Bd. 1*, S. 457–474; Winter, *Luxus und Pferdestärken*; Saage, *Utopische Profile Bd. 3*, S. 87–109; Gnüg, *Utopie und utopischer Roman*, S. 137–151; Berneri, *Reise durch Utopia*, S. 200–213; Jenkis, *Sozialutopien – barbarische Glücksverheißungen?*, S. 364–391; Waschkuhn, *Politische Utopien*, S. 112–116; Freyer, *Die politische Insel*, S. 151–159.

354 Vgl. Bellamy, *Ein Rückblick aus dem Jahre 2000 auf 1887* (hrsg. v. Wolfgang Biesterfeld, Stuttgart 1983). – Siehe dazu auch Gnüg, *Utopie und utopischer Roman*, S. 152–158; Roemer, *Looking Backward*; Saage, *Utopische Profile Bd. 3*, S. 135–155; Manuel / Manuel, *Utopian Thought in the Western World*, S. 761–768; Berneri, *Reise durch Utopia*, S. 220–231; Morton, *Die englische Utopia*, S. 201–211; Kumar, *Utopia and Anti-Utopia in Modern Times*, S. 132–167.

355 Vgl. Hertzka, *Freiland* (Leipzig 1890). – Siehe dazu auch: Saage, *Utopische Profile Bd. 3*, S. 183–206; Kleinwächter, *Die Staatsromane*, S. 125–147.

356 Vgl. z. B. Wells, *A Modern Utopia* (London 2005; dt. *Jenseits des Sirius*, Stuttgart 1911). – Siehe dazu auch: Erzgräber, *Utopie und Anti-Utopie*, S. 96–133; Saage, *Utopische Profile Bd. 4*, S. 23–49; Kumar, *Utopia and Anti-Utopia in Modern Times*, S. 168–223; Seeber, *Die Selbstkritik der Utopie in der angloamerikanischen Literatur*, S. 195–221; Berneri, *Reise durch Utopia*, S. 265–277; Mumford, *The Story of Utopias*, S. 183–189.

357 Trotzki, *Literatur und Revolution*, S. 252.

358 Vgl. zu den beiden Romanen z. B. Saage, *Utopische Profile Bd. 4*, S. 51–71.

359 Vgl. Bellamy, *Ein Rückblick aus dem Jahre 2000 auf 1887*. – Siehe dazu auch oben Anmerkung 354.

360 Morris, *Kunde von Nirgendwo*, S. 107.

361 Alle Zitate: Morris, *Kunde von Nirgendwo*, S. 129 f.

362 Vgl. Morris, *Kunde von Nirgendwo*, S. 128.

363 Vgl. Morris, *Kunde von Nirgendwo*, S. 118, 97, 83 f.

364 Vgl. Morris, *Kunde von Nirgendwo*, S. 215.

365 Zur Betonung des mittelalterlichen Vorbilds vgl. z. B. Bloch, *Das Prinzip Hoffnung*, S. 717; Schulte Herbrüggen, *Utopie und Anti-Utopie*, S. 82; Erzgräber, *Utopie und Anti-Utopie*, S. 65. – Anders hingegen Saage (*Utopische Profile Bd. 3*, S. 179), der Morris' „Rekurs auf das Mittelalter" lediglich für begrenzt „auf die ästhetischen Formen des Lebens" hält.

366 Vgl. dazu z. B. Gnüg, *Utopie und utopischer Roman*, S. 137–169.

367 Saage, *Utopische Profile Bd. 3*, S. 179.

368 So gelten in Morris' Romanutopie die Entwicklungen hin zur abgebildeten Zukunftsgesellschaft – im Lichte eines zwangsläufigen Geschichtsverlaufs – für unvermeidlich, für „so selbstverständlich, wie (…) die Sonne auf- und untergeht". Morris, *Kunde von Nirgendwo*, S. 139.

369 Vgl. Samjatin, *Wir* (Übers. v. Gisela Drohla, München 1982). – Dazu auch Gnüg, *Utopie und utopischer Roman*, S. 182–186; Möbius, *Jewgenij Samjatins My (1920)*; Saage, *Utopische Profile Bd. 4*, S. 97–120.

370 Vgl. Huxley, *Schöne neue Welt* (Übers. v. Herbert E. Herlitschka, Frankfurt/M. 1988). – Zu Huxleys *Brave New World* siehe z. B. Fietz, *Schreckutopien des Kollektivismus und Individualismus;* Kumar, *Utopia and Anti-Utopia in Modern Times*, S. 224–287; Erzgräber, *Utopie und Anti-Utopie*, S. 134–169; Saage,

Utopische Profile Bd. 4, S. 121–140; Waschkuhn, *Politische Utopien*, S. 142–153; Seeber, *Wandlungen der Form in der literarischen Utopie*, S. 145–158.

371 Fahlke, *Der Wandel der politischen Utopie*, S. 191. – Siehe ebenso: Seeber, *Die Selbstkritik der Utopie in der angloamerikanischen Literatur*, S. 43–54. – Zur „Dystopie“ allgemein vgl. Meyer, *Die anti-utopische Tradition*; Howe, *Der anti-utopische Roman*; Schulte Herbrüggen, *Utopie und Anti-Utopie*, S. 122–205; Erzgräber, *Utopie und Anti-Utopie*, S. 134–204; Gnüg, *Utopie und utopischer Roman*, S. 182–225; Mühlheim, *Utopie, Anti-Utopie und Science Fiction*; Saage, *Innenansichten Utopias*, S. 13–32.

7. Von der Dystopie zur Utopie der Postmoderne

372 Vgl. Orwell, *1984* (Übers. von Kurt Wagenseil, Frankfurt / Berlin / Wien 1976). – Zu Orwells *1984* siehe z. B. Kahrmann, *George Orwell, Nineteen Eighty-Four*; Otto, *Das utopische Staatsideal von Platons Politeia aus der Sicht von Orwells Nineteen Eighty-Four*; Lange, *Lebensgeschichte und Zeitgeschichte in Orwells 1984*; Gnüg, *Utopie und utopischer Roman*, S. 199–207; Kumar, *Utopia and Anti-Utopia in Modern Times*, S. 288–346; Schulte Herbrüggen, *Utopie und Anti-Utopie*, S. 162–186; Schölderle, *Utopia und Utopie*, S. 287–296; Erzgräber, *Utopie und Anti-Utopie*, S. 170–204; Saage, *Utopische Profile Bd. 4*, S. 141–159; Waschkuhn, *Politische Utopien*, S. 161–177; Seeber, *Wandlungen der Form in der literarischen Utopie*, S. 219–232.

373 Erzgräber, *Utopie und Anti-Utopie*, S. 170.

374 Vgl. Saage, *Utopische Profile Bd. 4*, S. 146.

375 Orwell, *1984*, S. 63.

376 Orwell, *1984*, S. 246.

377 Vgl. Erzgräber, *Utopie und Anti-Utopie*, S. 172.

378 Vgl. Orwell, *1984*, S. 169.

379 Orwell, *1984*, S. 68.

380 Orwell, *1984*, S. 5.

381 Orwell, *1984*, S. 8.

382 Vgl. Orwell, *1984*, S. 20.

383 Orwell, *1984*, S. 58.

384 Orwell, *1984*, S. 187.

385 Orwell, *1984*, S. 242.

386 Neusüss, *Schwierigkeiten einer Soziologie des utopischen Denkens*, S. 33.

387 Vgl. Kahrmann, *George Orwell, Nineteen Eighty-Four*, S. 243.

388 Seeber, *Die Selbstkritik der Utopie in der angloamerikanischen Literatur*, S. 253.

389 Seeber, *Die Selbstkritik der Utopie in der angloamerikanischen Literatur*, S. 47.

390 Zitatstellen: Schulte Herbrüggen, *Utopie und Anti-Utopie*, S. 207, 206.

391 Saage, *Utopisches Denken im historischen Prozess*, S. 83.
392 Skinner, *Futurum Zwei* (Übers. v. Martin Beheim-Schwarzbach, Reinbek bei Hamburg 1972; zuerst engl. u. d. T. „Walden Two", 1948), S. 174.
393 Saage, *Utopische Profile Bd. 4*, S. 185.
394 Vgl. Le Guin, *Planet der Habenichtse* (Übers. v. Gisela Stege, München 1976). – Zu Le Guins Roman, der zwischen Utopie und Science-Fiction sowie zwischen eutopischer und dystopischer Tradition angesiedelt ist, vgl. z. B. Seyferth, *Utopie, Anarchismus und Science Fiction*; Seeber, *Die Selbstkritik der Utopie in der angloamerikanischen Literatur*, S. 253–281; Kumar, *Utopia and Anti-Utopia in Modern Times*, S. 412–414; Saage, *Utopische Profile Bd. 4*, S. 211–231; Barnouw, *Die versuchte Realität*, S. 85–116; Waschkuhn, *Politische Utopien*, S. 210–213; Heyer, *Die Utopie steht links!*, S. 124–130.
395 Vgl. Meadows u. a., *Die Grenzen des Wachstums*.
396 Vgl. Callenbach, *Ökotopia* (Übers. v. Ursula Clemeur und Reinhard Merker, Berlin 1978). – Zu Callenbach und seiner *Ökotopia* siehe allgemein: Böker, *Naturbegriff, ökologisches Bewusstsein und utopisches Denken*; Tschachler, *Ökologie und Identität: Ernest Callenbachs Roman Ecotopia*; Hermand, *Möglichkeiten alternativen Zusammenlebens*; Fehlner, *Literarische Utopien als Reflexion und Kritik amerikanischer Wirklichkeit*, S. 123–144; Saage, *Utopische Profile Bd. 4*, S. 189–210; Gnüg, *Utopie und utopischer Roman*, S. 225–229; Schölderle, *Utopia und Utopie*, S. 296–306; Schwendter, *Utopie*, S. 35–39, Heyer, *Die Utopie steht links!*, S. 116–124; Kumar, *Utopia and Anti-Utopia in Modern Times*, S. 410–412; Waschkuhn, *Politische Utopien*, S. 200–202.
397 Callenbach hat sich in einem Aufsatz später explizit gegen das erwähnte, religiös-kulturelle Selbstverständnis gewandt. Vgl. Callenbach, *Erfahrungen mit Ökotopia*, S. 99.
398 Beide Zitate: Tschachler, *Ökologie und Identität: Ernest Callenbachs Roman Ecotopia*, S. 130.
399 Saage, *Utopische Profile Bd. 4*, S. 194.
400 Callenbach, *Ökotopia*, S. 7.
401 Callenbach, *Ökotopia*, S. 222.
402 Beide Zitate: Callenbach, *Ökotopia*, S. 9.
403 Callenbach, *Ökotopia*, S. 107.
404 Callenbach, *Ökotopia*, S. 31.
405 Beide Zitate: Callenbach, *Ökotopia*, S. 104.
406 Callenbach, *Ökotopia*, S. 60.
407 Callenbach, *Ökotopia*, S. 213.
408 Vgl. Callenbach, *Ökotopia*, S. 132–136.
409 Callenbach, *Ökotopia*, S. 118.
410 Callenbach, *Ökotopia*, S. 202.
411 Callenbach, *Ökotopia*, S. 124.

412 Callenbach, *Ökotopia*, S. 125.
413 Vgl. Callenbach, *Ökotopia*, S. 50.
414 Vgl. Callenbach, *Ökotopia*, S. 14.
415 Callenbach, *Ökotopia*, S. 60.
416 Callenbach, *Ökotopia*, S. 211.
417 Callenbach, *Ökotopia*, S. 20.
418 Callenbach, *Ökotopia*, S. 61.
419 Waschkuhn, *Politische Utopien*, S. 201.
420 Zu den Ausnahmen: Owen fordert, die Gesellschaft sollte „jedem Mann und jeder Frau im Leben die gleichen Chancen im dem Maße geben, wie es die ursprüngliche Verfassung und Veranlagung jedes einzelnen erlauben." (Owen, *Das Buch der neuen sittlichen Welt* VI, 3, in: Pädagogische Schriften, S. 257). – Fourier geht darüber noch hinaus und postuliert: „Der soziale Fortschritt und der Übergang von einer Periode zur anderen erfolgt auf Grund der Fortschritte in der Befreiung der Frau, und der Niedergang der Gesellschaftsordnung wird durch die Abnahme der Freiheit für die Frau bewirkt." (Fourier, *Theorie der vier Bewegungen und der allgemeinen Bestimmung*, S. 190; Zitat im Orig. hervorgehoben). – Und über Morris' Zukunftsvision steht zu lesen: „Die Männer haben keinen Anlaß mehr, die Frauen, und umgekehrt die Frauen keinen, die Männer zu unterdrücken (...). Die Frauen tun, was sie am besten tun können und was sie am liebsten tun, und die Männer sind weder eifersüchtig noch entrüstet darüber." (Morris, *Kunde von Nirgendwo*, S. 100).
421 Vgl. Beck, *Frauen, Neger und Proleten.*
422 Biesterfeld, *Utopie und Aufklärung*, S. 140.
423 Andreae, *Christianopolis*, S. 124 f.
424 Piercy, *Frau am Abgrund der Zeit* (Übers. v. Karsta Frank, Berlin / Hamburg 1996). – Zu Piercys Romanutopie vgl. Barnouw, *Die versuchte Realität*, S. 159–177; Richert, *Der endlose Weg der Utopie*, S. 444–476; Saage, *Utopische Profile Bd. 4*, S. 233–258; Schölderle, *Utopia und Utopie*, S. 306–316; Heyer, *Die Utopie steht links!*, S. 130–133; Waschkuhn, *Politische Utopien*, S. 216–219. – Zum feministischen Utopiediskurs im Allgemeinen siehe z. B. Holland-Cunz, *Utopien der anderen Subjekte*; Haug, *Feminismus als Utopie*; Roß, *Vergessene Modelle der Wirklichkeit*; Richert, *Der endlose Weg der Utopie*, S. 422–444; Biesterfeld, *Utopie und Aufklärung*, S. 139–151.
425 Vgl. Gilman, *Herland* (Deutsch von Sabine Wilhelm, Reinbek bei Hamburg 1991).
426 Zitatstellen: Saage, *Utopische Profile Bd. 4*, S. 258; Barnouw, *Die versuchte Realität*, S. 177; Richert, *Der endlose Weg der Utopie*, S. 465.
427 Piercy, *Frau am Abgrund der Zeit*, S. 344.
428 Vgl. Piercy, *Frau am Abgrund der Zeit*, S. 463–467.
429 Piercy, *Frau am Abgrund der Zeit*, S. 146.

430 Piercy, *Frau am Abgrund der Zeit*, S. 34.
431 Vgl. Piercy, *Frau am Abgrund der Zeit*, S. 343.
432 Vgl. Piercy, *Frau am Abgrund der Zeit*, S. 180 f., 77.
433 Alle Zitate: Piercy, *Frau am Abgrund der Zeit*, S. 343.
434 Vgl. Piercy, *Frau am Abgrund der Zeit*, S. 250, 343.
435 Piercy, *Frau am Abgrund der Zeit*, S. 258.
436 Vgl. Piercy, *Frau am Abgrund der Zeit*, S. 120 f., 306 f.
437 Vgl. Piercy, *Frau am Abgrund der Zeit*, S. 307, 125.
438 Vgl. Piercy, *Frau am Abgrund der Zeit*, S. 352–369.
439 Piercy, *Frau am Abgrund der Zeit*, S. 240.
440 Vgl. Piercy, *Frau am Abgrund der Zeit*, S. 186.
441 Piercy, *Frau am Abgrund der Zeit*, S. 454.
442 Richert, *Der endlose Weg der Utopie*, S. 450.
443 Vgl. Saage, *Utopische Profile Bd. 4*, S. 258.
444 Saage, *Vorwort*, in: ders. (Hg.), „Hat die politische Utopie eine Zukunft?", XI.
445 Seeber, *Die Selbstkritik der Utopie in der angloamerikanischen Literatur*, S. 53.

8. Schlussbemerkung

446 Servier, *Der Traum von der großen Harmonie*, S. 293 f.
447 Siehe dazu auch Schölderle, *Ikonografie der Utopie*.
448 Nipperdey, *Die Funktion der Utopie im politischen Denken der Neuzeit*, S. 362.
449 Nipperdey, *Reformation, Revolution, Utopie*, S. 115.
450 Zitatstellen: Tillich, *Politische Bedeutung der Utopie im Leben der Völker*, S. 37; Gustafsson, *Negation als Spiegel*; Freyer, *Die politische Insel*, S. 121.
451 Siehe dazu auch die Differenzierung, die Lyman Tower Sargent getroffen hat und die im angelsächsischen Sprachraum weithin genutzt wird. Sargent unterscheidet „three faces of utopianism", nämlich „the literary utopia, utopian practice, and utopian social theory" (Sargent, *Utopianism*, S. 5); siehe ausführlicher dazu auch den Aufsatz: Sargent, *The Three Faces of Utopianism Revisited*.
452 Polak, *Wandel und bleibende Aufgabe der Utopie*, S. 381.
453 Vgl. Eggers, *Der Circle* (Köln 2014).
454 Zeh, *Corpus Delicti*, S. 10.
455 Zur Utopie im Film siehe Spiegel, *Auf der Suche nach dem utopischen Film*; ferner: Müller, *Film und Utopie*; Zirnstein, *Zwischen Fakt und Fiktion*.
456 Vgl. z. B. Maresch / Rötzer (Hg.), *Renaissance der Utopie*.
457 Vgl. z. B. Amberger / Möbius (Hg.), *Auf Utopias Spuren*; Hagel, *Fiktion und Praxis*; Schmidtke, *Ideal und Ironie der Gesellschaft*; Schölderle (Hg.), *Idealstaat oder Gedankenexperiment?*; Voßkamp / Blamberger / Roussel (Hg.), *Möglichkeitsdenken*; Nida-Rümelin / Kufeld (Hg.), *Die Gegenwart der Utopie*.

458 Vgl. Foucault, *Die Heterotopien.*
459 Vgl. z. B. Dickel, *Enhancement-Utopien.*
460 Zu einem leidenschaftlichen Plädoyer für die Notwendigkeit utopischen Denkens siehe z. B. Hermand, *Orte. Irgendwo*, S. 1–20.

Bibliografie

Literaturübersicht

Für den Bereich der Primärquellen sei zunächst hingewiesen auf die Texte der drei frühneuzeitlichen Utopien von Morus, Campanella und Bacon, die sich, mit kleinen Abstrichen, in recht guter deutscher Übersetzung finden bei: Klaus J. Heinisch (Hg.), *Der utopische Staat. Morus, Utopia – Campanella, Sonnenstaat – Bacon, Neu-Atlantis*, Reinbek bei Hamburg 1996.

Weitere, als Einstieg geeignete Textsammlungen sind zum Beispiel der Reader von Marie Louise Berneri: *Reise durch Utopia. Reader der Utopien*, Berlin 1982; sowie – zu den frühsozialistischen Quellen – die von Thilo Ramm herausgegebene Zusammenstellung: *Der Frühsozialismus. Quellentexte*, 2., erw. Aufl., Stuttgart 1968.

Als Einführungslektüren und Überblicksdarstellungen leisten zudem folgende Publikationen nützliche Dienste:

- *Berghahn, Klaus L. / Seeber, Hans U.* (Hg.): Literarische Utopien von Morus bis zur Gegenwart, Königstein/Ts. 1983.
- *Biesterfeld, Wolfgang:* Die literarische Utopie, Stuttgart 1974.
- *Claeys, Gregory:* Ideale Welten. Die Geschichte der Utopie, Stuttgart 2011.
- *Gnüg, Hiltrud:* Utopie und utopischer Roman, Stuttgart 1999.
- *Pfister, Manfred* (Hg.): Alternative Welten, München 1982.
- *Saage, Richard:* Politische Utopien der Neuzeit, Darmstadt 1991 [2. Aufl., Bochum 2000].
- *Saage, Richard:* Utopische Profile, 4 Bde., Münster 2001–2003.
- *Sargent, Lyman T.:* Utopianism. A Very Short Introduction, Oxford 2010.
- *Schölderle, Thomas* (Hg.): Idealstaat oder Gedankenexperiment? Zum Staatsverständnis in den klassischen Utopien, Baden-Baden 2014.
- *Villgradter, Rudolf / Krey, Friedrich* (Hg.): Der utopische Roman, Darmstadt 1973.
- *Waschkuhn, Arno:* Politische Utopien, München 2003.

Einen Überblick zur Utopieforschung vermitteln insbesondere:

- *Neusüss, Arnhelm* (Hg.): Utopie. Begriff und Phänomen des Utopischen, 2. Aufl., Neuwied / Berlin 1972 [zuerst 1968, zuletzt Frankfurt/M. 1986].
- *Saage, Richard:* Utopieforschung. Eine Bilanz, Darmstadt 1997.

- *Saage, Richard:* Utopieforschung. Bd. 2: An der Schwelle des 21. Jahrhunderts, Berlin 2008.
- *Voßkamp, Wilhelm* (Hg.): Utopieforschung. Interdisziplinäre Studien zur neuzeitlichen Utopie, 3 Bde., Frankfurt/M. 1985 [zuerst Stuttgart 1982].

Kommentierte Bibliografien zur Utopie hat Andreas Heyer vorgelegt:

- *Heyer, Andreas:* Sozialutopien der Neuzeit. Bibliographisches Handbuch. Bd. 1: Bibliographie der Forschungsliteratur, Berlin 2008.
- *Heyer, Andreas:* Sozialutopien der Neuzeit. Bibliographisches Handbuch. Bd. 2: Bibliographie der Quellen des utopischen Diskurses von der Antike bis zur Gegenwart. Mit einem Geleitwort von Richard Saage, Berlin 2009.

Zu weiterführenden Literaturhinweisen sei insbesondere auf die entsprechenden Anmerkungen verwiesen. Zu diesem Zweck wurden bei den einzelnen Entwürfen in aller Regel sämtliche Verweise in einer Schwerpunkt-Endnote zusammengefasst.

Primärtexte

Andreae, Johann V.: Christianopolis. Hrsg. von Wolfgang Biesterfeld, Stuttgart 1975 [zuerst lat. u. d. T. „Reipublicae Christianopolianae Descriptio“, 1619].

Aristoteles: Hauptwerke. Ausgewählt, übers. und eingel. von Wilhelm Neske, 8. Aufl., Stuttgart 1977 [entstanden ca. 354–322 v. Chr.].

Augustinus, Aurelius: Vom Gottesstaat. Aus d. Lateinischen übertrag. v. Wilhelm Thimme. Eingel. u. komment. v. Carl Andresen, 2 Bde., 4. Aufl., München 1997 [entstanden zwischen 413 und 426].

Bacon, Francis: Essays. Vollständige Ausgabe. Hrsg. v. Levin L. Schücking, 4. Aufl., Leipzig 1979 [zuerst engl. 1597; zugrunde gelegt ist die 3. Aufl. 1612].

Bacon, Francis: Neu-Atlantis, in: Der utopische Staat. Übers. u. hrsg. v. Klaus J. Heinisch, Reinbek bei Hamburg 1996, S. 171–215 [entstanden 1624; zuerst lat. posthum u. d. T. „Nova Atlantis“, 1627].

Bacon, Francis: Neues Organon. Lateinisch-deutsch. Hrsg. u. mit e. Einl. von Wolfgang Krohn, 2 Bde., Hamburg 1990 [zuerst lat. u. d. T. „Novum Organum“, 1620].

Bellamy, Edward: Ein Rückblick aus dem Jahre 2000 auf 1887. Übers. v. Georg von Gizycki, hrsg. v. Wolfgang Biesterfeld, Stuttgart 1983. [zuerst engl. u. d. T. „Looking Backward: 2000–1887“, 1888].

Cabet, Étienne: Reise nach Ikarien. Materialien zum Verständnis von Cabet zusammengestellt von Alexander Brandenburg und Ahlrich Meyer. Aus d. Franz. übers. von Wendel-Hippler, Berlin 1979 [zuerst u. d. T. „Voyage en Icarie“, 1847].

Callenbach, Ernest: Ein Weg nach Ökotopia. Roman. Die Entstehungsgeschichte einer anderen Zukunft, Berlin 1983 [zuerst engl. u. d. T. „Ecotopia Emerging“, 1981].

Callenbach, Ernest: Erfahrungen mit Ökotopia, in: Rüdiger Lutz (Hg.), Pläne für eine menschliche Zukunft, Weinheim/Basel 1988, S. 95–100.

Callenbach, Ernest: Ökotopia. Notizen und Reportagen von William Weston aus dem Jahr 1999. Aus d. Amerikan. v. Ursula Clemeur und Reinhard Merker, Berlin 1978 [zuerst engl. u. d. T. „Ecotopia", 1975].

Campanella, Tommaso: Sonnenstaat, in: Der utopische Staat. Übers. u. hrsg. v. Klaus J. Heinisch, Reinbek bei Hamburg 1996, S. 111–169 [entstanden ital. ab 1600; zuerst lat. u. d. T. „Civitas Solis", 1623].

Cyrano de Bergerac: Reise zum Mond und zur Sonne. Zwei Romane. Hrsg., übers. u. mit einem Nachw. v. Wolfgang Tschöke, München 2009 [zuerst franz. u. d. T. „L'Autre Monde ou les États et Empires de la Lune", 1657 bzw. „L'Autre Monde ou les États et Empires du Soleil", 1662].

Diderot, Denis: Nachtrag zu „Bougainvilles Reise" oder Gespräch zwischen A. und B. über die Unsitte, moralische Ideen an gewisse physische Handlungen zu knüpfen, zu denen sie nicht passen. Nachw. v. Herbert Dieckmann, Frankfurt/M. 1965 [zuerst frz. u. d. T. „Supplément au Voyage de Bougainville", um 1775, erschienen posthum 1796].

Eberlin von Günzburg, Johann: Ausgewählte Schriften, Bd. 1 (Fünfzehn Bundsgenossen), hrsg. von Ludwig Enders, Halle 1896.

Eggers, Dave: Der Circle. Übers. v. Ulrike Wasel u. Klaus Timmermann, 6. Aufl., Köln 2014 [zuerst engl. u. d. T. „The Circle", 2013].

Erasmus von Rotterdam: Brief des Erasmus an Ulrich von Hutten über Thomas Morus. Zweisprachige Ausgabe. Deutsch v. Karl Büchner, in: Die Freundschaft zwischen Hutten und Erasmus. Mit einem biographischen Essay und Anm. des Übersetzers, München 1948, S. 27–61 [entstanden 1519].

Erasmus von Rotterdam: Das Lob der Torheit. Übers. u. hrsg. v. Anton J. Gail, Stuttgart 1985 [zuerst lat. u. d. T. „Encomium Moriae", 1511].

Fénelon, François de Salignac de La Mothe: Die Abenteuer des Telemach. Aus dem Franz. übers. von Friedrich Fr. Rückert. Mit einem Nachwort hrsg. v. Volker Kapp, Stuttgart 1984 [zuerst frz. u. d. T. „Les Aventures de Télémaque", 1699].

Foigny, Gabriel de: Eine neue Entdeckung der Terra Incognita Australis (Auszüge), in: Marie L. Berneri, Reise durch Utopia. Reader der Utopien, Berlin 1982, S. 171–186 [zuerst frz. u. d. T. „Les Avantures de Jacques Sadeur dans la Decouverte et la Voiage de la Terre Australe", 1676].

Foigny, Gabriel de: Les Avantures de Jacques Sadeur dans la Decouverte et la Voiage de la Terre Australe, Paris 1705.

Fontenelle, Bernard Le Bovier de: Histoire des Ajaoiens. Hrsg. von Hans-Günther Funke, Heidelberg 1982 [verfasst 1682; zuerst veröffentlicht u. d. T. „La République des Philosophes ou Histoire des Ajaoiens", 1768].

Fourier, Charles: Theorie der vier Bewegungen und der allgemeinen Bestimmung. Hrsg. v. Theodor W. Adorno, Frankfurt/M. 1966 [zuerst frz. u. d. T. „Théorie de Quatre Movements“, 1808].

Gilman, Charlotte P.: Herland. Deutsch von Sabine Wilhelm, Reinbek bei Hamburg 1991 [zuerst engl. u. d. T. „Herland“, 1915].

Godwin, Francis: Der Mann im Mond oder Bericht einer Reise dorthin. Hrsg. v. Klaus Völker, Frankfurt / Berlin / Wien 1986 [zuerst engl. u. d. T. „The Man in the Moone“, 1638].

Guttin, Jacques (= Michel de Pure): Épigone, Histoire du Siècle Futur, hrsg. v. Lise Leibacher-Ouvrard u. Daniel Maher, Québec 2005 [zuerst 1659].

Hertzka, Theodor: Freiland. Ein sociales Zukunftsbild, Leipzig 1890.

Hesiod: Sämtliche Werke. Theogonie / Werke und Tage / Der Schild des Herakles. Deutsch v. Thassilo von Scheffer, Wiesbaden 1947 [entstanden ca. 700 v. Chr.].

Hobbes, Thomas: Elemente der Philosophie. Erste Abteilung: Der Körper. Übersetzt, mit einer Einleitung und mit textkritischen Annotationen versehen und hrsg. von Karl Schuhmann, Hamburg 1997 [zuerst lat. u. d. T. „De Corpore“, 1655].

Hobbes, Thomas: Leviathan oder Stoff, Form und Gewalt eines kirchlichen und bürgerlichen Staates. Hrsg. u. eingel. von Iring Fetscher, übersetzt von Walter Euchner, 7. Aufl., Frankfurt/M. 1996 [zuerst engl. u. d. T. „Leviathan, ore The Matter, Forme & Power of a Common-Wealth Ecclesiasticall and Civill“, 1651].

Hobbes, Thomas: Vom Bürger – Vom Menschen. Elemente der Philosophie II/III. Eingel. und hrsg. von Günter Gawlick, 3. Aufl., Hamburg 1994 [zuerst lat. u. d. T. „De Cive“, 1642 bzw. „De Homini“, 1658].

Huxley, Aldous: Schöne neue Welt. Ein Roman der Zukunft. Übers. v. Herbert E. Herlitschka, Frankfurt/M. 1988 [zuerst engl. u. d. T. „Brave New World“, 1932].

Joachim von Fiore: Das Zeitalter des Heiligen Geistes, hrsg. u. eingel. von Alfons Rosenberg, Bietigheim 1977 [entstanden lat. um 1190].

Kant, Immanuel: Gesammelte Schriften (Akademie-Ausgabe), hrsg. von der Königlich-Preußischen Akademie der Wissenschaften, Berlin 1902 ff. [auch online unter: http://korpora.org/Kant/verzeichnisse-gesamt.html – letzter Zugriff: 06. 02. 2017].

Le Guin, Ursula K.: Planet der Habenichtse. Übers. v. Gisela Stege, München 1976 [zuerst engl. u. d. T. „The Dispossessed“, 1974].

Lenin, Wassily I.: Staat und Revolution. Die Lehre des Marxismus vom Staat und die Aufgaben des Proletariats in der Revolution, in: Ausgewählte Werke in zwei Bänden, Bd. 2, Berlin (Ost) 1955, S. 158–253 [zuerst russ. u. d. T. „Gosudarstvo i revoljucija“, 1918].

Lenin, Wassily I.: Unser Programm (1899), in: ders., Werke. Institut für Marxismus-Leninismus beim ZK der SED, Bd. 4, Berlin (Ost) 1955, S. 204–248.

Machiavelli, Niccolò: Der Fürst. Übers. und hrsg. von Rudolf Zorn, Stuttgart 1955 [verfasst 1513; zuerst posthum ital. u. d. T. „Il Principe“, 1532].

Marx, Karl/Engels, Friedrich: Werke. Institut für Marxismus-Leninismus beim ZK der SED, Berlin (Ost) 1956 ff. [zitiert als: MEW; große Teile online unter: www.mlwerke.de/me/me_mew.htm – letzter Zugriff: 06. 02. 2017].

Mercier, Louis-Sébastien: Das Jahr 2440. Ein Traum aller Träume. Aus d. Franz. von Christian Felix Weiße. Hrsg. v. Herbert Jaumann, Frankfurt/M. 1989 [zuerst frz. u. d. T. „L'An 2440", 1771].

Morris, William: Kunde von Nirgendwo. Eine Utopie der vollendeten kommunistischen Gesellschaft und Kultur aus dem Jahr 1890. Neu hrsg. v. Gerd Selle, Köln 1974 [zuerst engl. u. d. T. „News from Nowhere", 1890].

Morus, Thomas: The Yale Edition of Complete Works of St. Thomas More, New Haven / London 1963 ff.

- Vol. 4: Utopia. Edited by Jack H. Hexter and Edward Surtz, 2. Aufl., New Haven / London [zitiert als: CW 4].
- Vol. 8,1–3: The Confutation of Tyndale's Answer. Edited by Louis A. Schuster u. a., New Haven / London 1973 [zitiert als: CW 8].

Morus, Thomas: Thomas Morus Werke. Hg. v. Hubertus Schulte Herbrüggen, München (später Düsseldorf) 1983 ff.

- Bd. 2: Epigramme. Übers., eingel. und komment. v. Uwe Baumann, München 1983 [zitiert als: TMW 2].
- Bd. 3: Die Geschichte König Richards III. Übers., eingel. und komment. v. Hans P. Heinrich, München 1984 [zitiert als: TMW 3].
- Bd. 5: Briefe der Freundschaft mit Erasmus. Übers., eingel. und komment. v. Hubertus Schulte Herbrüggen, München 1985 [zitiert als: TMW 5].
- Bd. 6: Trostgespräche im Leid. Übers., eingel. und komment. v. Jürgen Beer, Düsseldorf 1988 [zitiert als: TMW 6].

Morus, Thomas: Utopia, in: Der utopische Staat. Übers. u. hrsg. v. Klaus J. Heinisch, Reinbek bei Hamburg 1996, S. 9–110 [zuerst lat. 1516].

Müntzer, Thomas: Schriften und Briefe. Eingel. und kommentiert v. Gerhard Wehr, Frankfurt/M. 1973 [zuerst 1521–1525].

Orwell, George: Neunzehnhundertvierundachtzig (1984). Roman. Aus dem Engl. von Kurt Wagenseil. Ungekürzte Ausgabe, Frankfurt / Berlin / Wien 1976 [zuerst engl. u. d. T. „Nineteen Eighty-Four", 1949].

Ovid: Metamorphosen. Aus d. Latein. v. Erich Rösch. Mit einer Einf. v. Niklas Holzberg, München 1997 [zuerst ca. 8 n. Chr.].

Owen, Robert: Das Soziale System. Ausgewählte Schriften. Hrsg. v. Liane Jauch u. Marie-Luise Römer, Leipzig 1988 [zuerst 1826–1827].

Owen, Robert: Eine neue Gesellschaftsauffassung / Bericht an die Grafschaft Lanark / Betrachtungen über die Auswirkungen des Fabrikationssystems / Das allgemeine Gesetzbuch, in: Der Frühsozialismus. Quellentexte, hrsg. von Thilo Ramm, 2., erw. Aufl., Stuttgart 1968, S. 249–387 [zuerst 1813–1844].

Owen, Robert: Pädagogische Schriften. Ausgew., eingel. und erläut. v. Karl-Heinz Günther, Berlin 1955 [zuerst 1812–1844].

Piercy, Marge: Frau am Abgrund der Zeit. Social Fantasy, Berlin / Hamburg 1996 [zuerst engl. u. d. T. „Woman on the Edge of Time“, 1976].

Platon: Sämtliche Dialoge. 7 Bde. Hrsg. v. Otto Apelt, Hamburg 1993.

Plutarch: Lykurgos, in: ders., Große Griechen und Römer, Bd. 1, eingel. u. übers. v. Konrad Ziegler, Zürich / Stuttgart 1954, S. 125–167 [entstanden ca. 98 n. Chr.].

Rabelais, François: Gargantua und Pantagruel. Mit Illustrationen von Gustave Doré, hrsg. v. Horst und Edith Heintze, erläutert v. Horst Heintze und Rolf Müller, 2 Bde., Frankfurt/M. 1974 [zuerst frz. 1532 bzw. 1534].

Ramm, Thilo (Hg.): Der Frühsozialismus. Quellentexte, 2., erw. Aufl., Stuttgart 1968.

Saint-Simon, Claude-Henri de: Ausgewählte Schriften. Hrsg. v. Lola Zahn, Berlin 1977 [entstanden 1802–1825].

Samjatin, Jewgenij: Wir. Science-Fiction-Roman. Dt. Übers. v. Gisela Drohla, Neuausg., München 1982 [zuerst russ. u. d. T. „My“, 1920].

Schnabel, Johann G.: Die Insel Felsenburg oder wunderliche Fata einiger Seefahrer. Eine Geschichte aus dem Anfange des achtzehnten Jahrhunderts. Eingel. von Ludwig Tieck, Breslau 1828 [auch online unter: www.gasl.org/refbib/Schnabel__Felsenburg_Tieck.pdf – letzter Zugriff: 04. 02. 2017].

Schnabel, Johann G.: Insel Felsenburg. Wunderliche Fata einiger Seefahrer. Ausgabe in drei Bänden. Mit einem Nachwort v. Günter Dammann, Frankfurt/M. 1997.

Schnabel, Johann G.: Insel Felsenburg [1. Teil], hrsg. v. Volker Meid u. Ingeborg Springer-Strand, Stuttgart 1979 [zuerst 1731].

Schnabel, Johann G.: Insel Felsenburg [1. Teil], hrsg. v. Wilhelm Voßkamp, Reinbek bei Hamburg 1969 [zuerst 1731].

Skinner, Burrhus F.: Futurum Zwei. „Walden Two“. Die Vision einer aggressionsfreien Gesellschaft. Aus d. Amerikan. übertragen v. Martin Beheim-Schwarzbach, Reinbek bei Hamburg 1972 [zuerst engl. u. d. T. „Walden Two“, 1948].

Smith, Adam: Der Wohlstand der Nationen. Eine Untersuchung seiner Natur und seiner Ursachen. Übers. von Horst Claus Recktenwald, 11. Aufl., München 2005 [zuerst engl. u. d. T. „An Inquiry into the Nature and Causes of the Wealth of Nations“, 1776].

Stiblin, Kaspar: Commentariolus de Eudaemonensium Republica (Basel 1555). Hrsg., übers. und kommentiert von Isabel-Dorothea Jahn, Regensburg 1994.

Swift, Jonathan: Gullivers Reisen. Übers. v. Franz Kottenkamp, Frankfurt/M. 2009 [zuerst engl. u. d. T. „Travels into Several Remote Nations of the World by Lemuel Gulliver“, 1721–1726].

Thomas von Aquin: Summe der Theologie. Zusammengef., eingel. u. erläut. v. Joseph Bernhart, 3 Bde., 3. durchges. u. verb. Aufl., Stuttgart 1954 [entstanden lat. von 1265/66 bis 1273].

Trotzki, Leo: Literatur und Revolution. Deutsch von Eugen Schäfer und Hans von Riesen, Essen 1994 [zuerst russ. u. d. T. „Literatura i revoljucija", 1924].

Veiras, Denis: Eine Historie der Neu-gefundenen Völcker Sevarambes genannt. Hrsg. v. Wolfgang Braungart u. Jutta Golawski-Braungart, Tübingen 1990 [Neuausgabe des deutschen Erstdrucks von 1689; zuerst frz. u. d. T. „Histoire des Sévarambes", 1677–1679].

Voltaire: Mikromegas – Erzählungen. Aus dem Franz. v. Ilse Lehmann, Frankfurt/M. 2008, S. 41–71 [zuerst franz. u. d. T. „Micromégas", 1752].

Wells, Herbert G.: A Modern Utopia. Edited by Gregory Claeys and Patrick Parrinder, London 2005 [zuerst 1905].

Wells, Herbert G.: Jenseits des Sirius. Ein utopistischer Roman. Übers. von Karl Reunert, Stuttgart 1911 [zuerst engl. u. d. T. „A Modern Utopia", 1905].

Wilde, Oscar: Der Sozialismus und die Seele des Menschen. Ein Essay. Deutsch v. Gustav Landauer u. Hedwig Lachmann, Zürich 1982 [zuerst engl. u. d. T. „The Soul of Man under Socialism", 1891].

Winstanley, Gerrard: Gleichheit im Reiche der Freiheit. Sozialphilosophische Pamphlete und Traktate. Hrsg. v. Hermann Klenner, Frankfurt/M. 1988 [zuerst engl. 1649–1652].

Zeh, Juli: Corpus Delicti. Ein Prozess, 2. Aufl., München 2013.

Sekundärliteratur

Adorno, Theodor W.: Negative Dialektik, 2. Aufl., Frankfurt/M. 1967.

Amberger, Alexander / Möbius, Thomas (Hg.): Auf Utopias Spuren. Utopie und Utopieforschung. Festschrift für Richard Saage zum 75. Geburtstag, Wiesbaden 2017.

Barnouw, Dagmar: Die versuchte Realität oder von der Möglichkeit, glücklichere Welten zu Denken: Utopischer Diskurs von Thomas Morus zur feministischen Science Fiction, Meitingen 1985.

Baumann, Uwe / Heinrich, Hans P.: Thomas Morus: Humanistische Schriften. Mit einer Einführung v. Hubertus Schulte Herbrüggen, Darmstadt 1986.

Baumstark, Reinhold: Thomas Morus, Freiburg/Br. 1879.

Beck, Evelyn T.: Frauen, Neger und Proleten. Die Stiefkinder der Utopie, in: Reinhold Grimm / Jost Hermand (Hg.), Deutsches utopisches Denken im 20. Jahrhundert, Stuttgart u. a. 1974, S. 30–49.

Berghahn, Klaus L. / Seeber, Hans U. (Hg.): Literarische Utopien von Morus bis zur Gegenwart, Königstein/Ts. 1983.

Berglar, Peter: Die Stunde des Thomas Morus. Einer gegen die Macht, 3. Aufl., Olten / Freiburg 1981.

Berneri, Marie L.: Reise durch Utopia. Reader der Utopien, Berlin 1982 [zuerst engl. u. d. T. „Journey through Utopia", 1950].

Biesterfeld, Wolfgang: Die literarische Utopie, Stuttgart 1974.

Biesterfeld, Wolfgang: François Fénelons Les Aventures de Télémaque (1699). Der narrative Fürstenspiegel als Konkurrent der monarchistischen Utopie?, in: Thomas Schölderle (Hg.), Idealstaat oder Gedankenexperiment? Zum Staatsverständnis in den klassischen Utopien, Baden-Baden 2014, S. 165–183.

Biesterfeld, Wolfgang: Utopie und Aufklärung. Gesammelte Aufsätze und Vorträge zur Literaturgeschichte, Hamburg 1993.

Bloch, Ernst: Das Prinzip Hoffnung. In fünf Teilen (2 Bde.), Frankfurt/M. 1959 [geschrieben 1938–1947].

Böker, Uwe: Naturbegriff, ökologisches Bewusstsein und utopisches Denken. Zum Verständnis von E. Callenbachs „Ecotopia“, in: Arno Heller / Walter Hölbing / Waldemar Zacharasiewicz (Hg.), Utopian Thought in American Literature. Untersuchungen zur literarischen Utopie und Dystopie in den USA, Tübingen 1988, S. 69–84.

Bossle, Lothar: Zur Soziologie utopischen Denkens in Europa – von Thomas Morus zu Ernst Bloch, Würzburg 1988.

Martin Brecht: Johann Valentin Andreae 1586–1654. Eine Biographie. Mit einem Essay von Christoph Brecht, Göttingen 2008.

Bräuer, Siegfried / Vogler, Günter: Thomas Müntzer. Neu Ordnung machen in der Welt. Eine Biographie, Gütersloh 2016.

Brie, Friedrich: Machtpolitik und Krieg in der Utopia des Th. Morus, in: Historisches Jahrbuch der Görres-Gesellschaft 61 (1941), S. 116–137.

Brie, Friedrich: Thomas Morus, der Heitere, in: Englische Studien 71 (1936/37), S. 27–57.

Chambers, Raymond W.: Thomas Morus, Basel 1947 [zuerst engl. 1935].

Claeys, Gregory: Ideale Welten. Die Geschichte der Utopie, Stuttgart 2011.

Dammann, Günter: Über J.G. Schnabel: Spurensuche, die Plots der Romane und die Arbeit am Sinn, in: Johann G. Schnabel, Insel Felsenburg. Wunderliche Fata einiger Seefahrer. Ausgabe in drei Bänden. Mit einem Nachwort v. Günter Dammann, Frankfurt/M. 1997.

Dickel, Sascha: Enhancement-Utopien. Soziologische Analysen zur Konstruktion des neuen Menschen, Baden-Baden 2011.

Dülmen, Richard van: Die Utopie einer christlichen Gesellschaft: Johann Valentin Andreae (1586–1654), Teil 1, Stuttgart-Bad Cannstatt 1978.

Elias, Norbert: Thomas Morus' Staatskritik, in: Wilhelm Voßkamp (Hg.), Utopieforschung. Interdisziplinäre Studien zur neuzeitlichen Utopie, Bd. 2, Frankfurt/M. 1985, S. 101–150.

Elliott, Robert C.: Die Gestalt Utopias, in: Rudolf Villgradter / Friedrich Krey (Hg.), Der utopische Roman, Darmstadt 1973, S. 104–125.

Elsas, Christoph: Art. „Mythos, Mythologie", in: Evangelisches Kirchenlexikon. Internationale theologische Enzyklopädie (EKL). Hrsg. v. Erwin Fahlbusch u. a., 3. Aufl., Bd. 3: L–R, Göttingen 1992, Sp. 586–592.

Elsässer, Markus: Robert Owen (1771–1858), in: Walter Euchner (Hg.), Klassiker des Sozialismus. Erster Band: Von Gracchus Babeuf bis Georgi Walentinowitsch Plechanow, München 1991, S. 157–170.

Emge, Martinus: Saint-Simon. Einführung in ein Leben und Werk, eine Schule, Sekte und Wirkungsgeschichte, München / Wien 1987.

Erzgräber, Willi: Utopie und Anti-Utopie in der englischen Literatur. Morus, Morris, Wells, Huxley, Orwell, 2. Aufl., München 1985 [zuerst 1980].

Fahlke, Frank: Der Wandel der politischen Utopie, in: Richard Saage (Hg.), „Hat die politische Utopie eine Zukunft?", Darmstadt 1992, S. 189–203.

Fehlner, Gert: Literarische Utopien als Reflexion und Kritik amerikanischer Wirklichkeit: Ausgewählte Beispiele seit den 60er Jahren, Meitingen 1989.

Fest, Joachim: Der zerstörte Traum. Vom Ende des utopischen Zeitalters, 5. Aufl., Berlin 1991 [zuerst 1991].

Fetscher, Iring: Charles Fourier (1772–1837), in: Walter Euchner (Hg.), Klassiker des Sozialismus. Erster Band: Von Gracchus Babeuf bis Georgi Walentinowitsch Plechanow, München 1991, S. 58–75.

Fietz, Lothar: Schreckutopien des Kollektivismus und Individualismus: Aldous Huxleys Brave New World (1932) und Michael Frayns A Very Private Life (1968), in: Klaus L. Berghahn / Hans U. Seeber (Hg.), Literarische Utopien von Morus bis zur Gegenwart, Königstein/Ts. 1983, S. 202–217.

Fohrmann, Jürgen: Utopie und Untergang. L. S. Merciers L'An 2440 (1770), in: Klaus L. Berghahn / Hans U. Seeber (Hg.), Literarische Utopien von Morus bis zur Gegenwart, Königstein/Ts. 1983, S. 105–124.

Foucault, Michel: Die Heterotopien / Der utopische Körper. Zwei Radiovorträge. Zweisprachige Ausgabe, übersetzt von Michael Bischoff. Mit einem Nachwort von Daniel Defert, Frankfurt/M. 2005 [zuerst frz. u. d. T. „Les Hétérotopies" und „Le Corps Unique", 1966].

Freyer, Hans: Die politische Insel. Eine Geschichte der Utopien von Platon bis zur Gegenwart, 2. Aufl., hrsg. v. Elfriede Üner, Wien / Leipzig 2000 [zuerst 1936].

Funke, Hans-Günther: Reise nach Utopia. Studien zur Gattung Utopie in der französischen Literatur, Münster 2005.

Gast, Wolfgang: Gesetz und Justiz in den Utopien, in: Archiv für Rechts- und Sozialphilosophie 70 (1984), S. 38–70.

Gebhardt, Jürgen: Gerrard Winstanley, in: Eric Voegelin (Hg.), Zwischen Revolution und Restauration. Politisches Denken in England im 17. Jahrhundert, München 1968, S. 113–126.

Girsberger, Hans: Der utopische Sozialismus des 18. Jahrhunderts in Frankreich. Mit e. Einl. v. Bernd Heymann, 2. Aufl., Wiesbaden 1973 [zuerst 1924].

Gnüg, Hiltrud: Utopie und utopischer Roman, Stuttgart 1999.

Guggenberger, Alois: Die Utopie vom Paradies, Stuttgart 1957.

Goertz, Hans-Jürgen: Thomas Müntzer. Revolutionär am Ende der Zeiten, München 2015.

Günther, Rigobert / Müller, Reimar: Das Goldene Zeitalter. Utopien der hellenistisch-römischen Antike, Stuttgart u. a. 1988.

Gustafsson, Lars: Negation als Spiegel. Utopie aus epistemologischer Sicht, in: Wilhelm Voßkamp (Hg.), Utopieforschung. Interdisziplinäre Studien zur neuzeitlichen Utopie, Bd. 1, Frankfurt/M. 1985, S. 280–292.

Gustafsson, Lars: Tommaso Campanella: Der Sonnenstaat (1623), in: Klaus L. Berghahn / Hans U. Seeber (Hg.), Literarische Utopien von Morus bis zur Gegenwart, Königstein/Ts. 1983, S. 44–49.

Hagel, Michael D.: Fiktion und Praxis. Eine Wissensgeschichte der Utopie, 1500–1800, Göttingen 2016.

Haug, Frigga: Feminismus als Utopie. Notiz, in: Richard Saage (Hg.), „Hat die politische Utopie eine Zukunft?", Darmstadt 1992, S. 251–258.

Heinisch, Klaus J.: Zum Verständnis der Werke, in: Der utopische Staat. Übers. u. hrsg. v. Klaus J. Heinisch, Reinbek bei Hamburg 1996, S. 216–265.

Hermand, Jost: Möglichkeiten alternativen Zusammenlebens. Ernest Callenbachs Ecotopia (1975), in: Klaus L. Berghahn / Hans U. Seeber (Hg.), Literarische Utopien von Morus bis zur Gegenwart, Königstein/Ts. 1983, S. 251–264.

Hermand, Jost: Orte. Irgendwo. Formen utopischen Denkens, Königstein/Ts. 1981.

Heubrock, Dietmar: Art. „Utopie (I. Utopie und utopisches Bewusstsein)", in: Europäische Enzyklopädie zu Philosophie und Wissenschaft, hrsg. v. Hans-Jörg Sandkühler, Bd. 4, Hamburg 1990, S. 678–685.

Hexter, Jack H.: More's Utopia. The Biography of an Idea, Reprint, New York 1965 [zuerst 1952].

Heyer, Andreas: Die Utopie steht links! Ein Essay, Berlin 2006.

Heyer, Andreas: Sozialutopien der Neuzeit. Bibliographisches Handbuch. Bd. 1: Bibliographie der Forschungsliteratur, Berlin 2008.

Heyer, Andreas: Sozialutopien der Neuzeit. Bibliographisches Handbuch. Bd. 2: Bibliographie der Quellen des utopischen Diskurses von der Antike bis zur Gegenwart. Mit einem Geleitwort von Richard Saage, Berlin 2009.

Holland-Cunz, Barbara: Utopien der anderen Subjekte. Geschlechterverhältnis, Naturverhältnis und nichtteleologische Zeitlichkeit, in: Richard Saage (Hg.), „Hat die politische Utopie eine Zukunft?", Darmstadt 1992, S. 238–250.

Hölscher, Lucian: Art. „Utopie", in: Geschichtliche Grundbegriffe. Lexikon zur politisch-sozialen Sprache in Deutschland, Bd. 6, hrsg. v. Otto Brunner u. a., Stuttgart 1990, S. 733–788.

Hölscher, Lucian: Der Begriff der Utopie als historische Kategorie, in: Wilhelm Voßkamp (Hg.), Utopieforschung. Interdisziplinäre Studien zur neuzeitlichen Utopie, Bd. 1, Frankfurt/M. 1985, S. 402–418.

Howe, Irving: Der anti-utopische Roman, in: Rudolf Villgradter / Friedrich Krey (Hg.), Der utopische Roman, Darmstadt 1973, S. 344–354.

Jäckel, Eberhard: Experimentum rationis. Christentum und Heidentum in der Utopia des Thomas Morus, Freiburg/Br. 1955 [unveröffent. Diss.].

Jaumann, Herbert: Louis-Sébastien Merciers L'An 2440 (1771). Wende zum zeitutopischen Paradigma?, in: Thomas Schölderle (Hg.), Idealstaat oder Gedankenexperiment? Zum Staatsverständnis in den klassischen Utopien, Baden-Baden 2014, S. 207–230.

Jenkis, Helmut: Sozialutopien – barbarische Glücksverheißungen? Zur Geistesgeschichte der Idee von der vollkommenen Gesellschaft, Berlin 1992.

Kahrmann, Bernd: George Orwell, Nineteen Eighy-Four (1949), in: Klaus L. Berghahn / Hans U. Seeber (Hg.), Literarische Utopien von Morus bis zur Gegenwart, Königstein/Ts. 1983, S. 233–250.

Kamlah, Wilhelm: Utopie, Eschatologie, Geschichtsphilosophie. Kritische Untersuchungen zum Ursprung und zum futuristischen Denken der Neuzeit, Mannheim 1969.

Kautsky, Karl: Thomas More und seine Utopie, 2. Aufl., Berlin 1907 [zuerst 1888].

Kernig, Claus D.: Sozialismus. Ein Handbuch, Bd. 1: Von den Anfängen bis zum Kommunistischen Manifest, Stuttgart u. a. 1979.

Kersting, Wolfgang: Die politische Philosophie des Gesellschaftsvertrages, Darmstadt 1996.

Kirchenheim, Arthur von: Schlaraffia politica. Geschichte der Dichtungen vom besten Staate, Leipzig 1892.

Kleinwächter, Friedrich: Die Staatsromane. Ein Beitrag zur Lehre vom Communismus und Socialismus (Reprint d. Ausg. Wien 1891), Amsterdam 1967.

Klenner, Hermann: Rückblick aus dem Jahr 1992 auf das Jahr 1652: Rechtsphilosophisches zum Nowhere des Nowhere, in: Richard Saage (Hg.), „Hat die politische Utopie eine Zukunft?", Darmstadt 1992, S. 46–57.

Kluge, Walter: Sozialismus und Utopie im späten neunzehnten Jahrhundert, in: Manfred Pfister (Hg.), Alternative Welten, München 1982, S. 197–215.

Koppe, Franz: Art. „Mythologie" und „Mythos", in: Enzyklopädie Philosophie und Wissenschaftstheorie, hrsg. v. Jürgen Mittelstraß, Bd. 2, Stuttgart / Weimar 2004, S. 951–953.

Koselleck, Reinhart: Die Verzeitlichung der Utopie, in: Wilhelm Voßkamp (Hg.), Utopieforschung. Interdisziplinäre Studien zur neuzeitlichen Utopie, Bd. 3, Frankfurt/M. 1985, S. 1–14.

Kreyssig, Jenny: Die Utopia des Thomas Morus. Studien zur Rezeptionsgeschichte und zum Bedeutungskontext, Frankfurt/M. 1988.

Krohn, Wolfgang: Francis Bacon, München 1987.

Kumar, Krishan: Utopia and Anti-Utopia in Modern Times, Oxford 1987.

Kuon, Peter: Utopischer Entwurf und fiktionale Vermittlung: Studien zum Gestaltungswandel der literarischen Utopie zwischen Humanismus und Frühaufklärung, Heidelberg 1986.

Kuon, Peter: Tommaso Campanellas Città del Sole (1602). Der ideale Staat oder die Negation der Erbsünde, in: Thomas Schölderle (Hg.), Idealstaat oder Gedankenexperiment? Zum Staatsverständnis in den klassischen Utopien, Baden-Baden 2014, S. 79–97.

Landauer, Gustav: Die Revolution. Hrsg. v. Siegbert Wolf, Frankfurt/M. 2003 [zuerst 1907].

Lange, Bernd-Peter: Lebensgeschichte und Zeitgeschichte in Orwells 1984, in: ders. / Anna Maria Stuby (Hg.), „1984" (Gulliver. Deutsch-Englische Jahrbücher; Bd. 14), Berlin 1984, S. 7–18.

Lenk, Kurt: Utopie und Mythos – Zur Differenzierung ihrer Begrifflichkeit, in: Axel Rüdiger / Eva-Maria Seng (Hg.), Dimensionen der Politik: Aufklärung – Utopie – Demokratie. Festschrift für Richard Saage zum 65. Geburtstag, Berlin 2006, S. 361–370.

Löffler, Henner: Macht und Konsens in den klassischen Staatsutopien. Eine Studie zur Ideengeschichte des Totalitarismus, Köln u. a. 1972.

Lüsse, Beate G.: Formen der humanistischen Utopie. Vorstellungen vom idealen Staat im englischen und kontinentalen Schrifttum des Humanismus 1516–1669, Paderborn u. a. 1998.

Mannheim, Karl: Ideologie und Utopie, 8. Aufl., Frankfurt/M. 1995 [zuerst 1929].

Manuel, Frank E. / Manuel, Fritzie P.: Utopian Thought in the Western World, Cambridge (Mass.) 1979.

Maresch, Rudolf / Rötzer, Florian (Hg.): Renaissance der Utopie. Zukunftsfiguren des 21. Jahrhunderts, Frankfurt/M. 2004.

Marius, Richard: Thomas Morus. Eine Biographie. Aus d. Amerikan. v. Ute Mäurer, Zürich 1987 [zuerst engl. 1984].

Mayer, Hans: Die alte und die neue epische Form: Johann Gottfried Schnabels Romane, in: ders., Von Lessing bis Thomas Mann – Wandlungen der bürgerlichen Literatur in Deutschland, Pfullingen 1959, S. 37–78.

Meadows, Dennis u. a.: Die Grenzen des Wachstums. Bericht des Club of Rome zur Lage der Menschheit, Stuttgart 1972 [zugl. engl. u. d. T. „The Limits of Growth", 1972].

Meid, Volker / Springer-Strand, Ingeborg: Nachwort, in: Johann Gottfried Schnabel, Insel Felsenburg, hrsg. v. Volker Meid u. Ingeborg Springer-Strand, Stuttgart 1979, S. 593–606.

Meyer, Stephan: Die anti-utopische Tradition: Eine ideen- und problemgeschichtliche Darstellung, Frankfurt/M. u. a. 2001.

Minkowski, Helmut: Die Neu-Atlantis des Francis Bacon. Ein Beitrag zur Geistesgeschichte des 17. Jahrhunderts, Diss., Jena 1936.

Möbius, Thomas: Jewgenij Samjatins My (1920). Der Umschlag in die Dystopie als Kritik des utopischen Idealstaatsdenkens, in: Thomas Schölderle (Hg.), Idealstaat oder Gedankenexperiment? Zum Staatsverständnis in den klassischen Utopien, Baden-Baden 2014, S. 265–286.

Möbus, Gerhard: Politik und Menschlichkeit im Leben des Thomas Morus. Mit einer Einführung von Lothar Bossle, Mainz 1966 [zuerst u. d. T. „Politik des Heiligen. Geist und Gesetz der Utopia des Thomas Morus", 1953].

Mohl, Robert von: Die Staatsromane, in: ders., Die Geschichte und Literatur der Staatswissenschaft. In Monographien dargestellt, Bd. 1 (unveränd. Nachdruck der Ausg. Erlangen 1855; zuerst 1845), Graz 1960, S. 167–214.

Morton, Arthur L.: Die englische Utopia, Berlin 1958 [zuerst engl. 1952].

Mühlheim, Ulrike: Utopie, Anti-Utopie und Science Fiction, in: Manfred Pfister (Hg.), Alternative Welten, München 1982, S. 315–328.

Müller, André: Film und Utopie. Positionen des fiktionalen Films zwischen Gattungstraditionen und gesellschaftlichen Zukunftsdiskursen, Berlin / Münster 2010.

Mumford, Lewis: The Story of Utopias. With an Introduction by Hendrik Willem van Loon, Gloucester (Mass.) 1959 [zuerst 1922].

Nenoff, Heidi / Stockinger, Ludwig: Johann Gottfried Schnabels Insel Felsenburg (1731–1743). Christlich-naturrechtliche Utopiekonzeption im narrativen Praxistest, in: Thomas Schölderle (Hg.), Idealstaat oder Gedankenexperiment? Zum Staatsverständnis in den klassischen Utopien, Baden-Baden 2014, S. 185–204.

Neusüss, Arnhelm (Hg.): Utopie. Begriff und Phänomen des Utopischen, 2. Aufl., Neuwied / Berlin 1972 [zuerst 1968, zuletzt Frankfurt/M. 1986].

Neusüss, Arnhelm: Schwierigkeiten einer Soziologie des utopischen Denkens, in: ders. (Hg.), Utopie. Begriff und Phänomen des Utopischen, 2. Aufl., Neuwied / Berlin 1972, S. 13–112.

Nida-Rümelin, Julian / Kufeld Klaus (Hg.): Die Gegenwart der Utopie. Zeitkritik und Denkwende, Freiburg / München 2011.

Nipperdey, Thomas: Die Funktion der Utopie im politischen Denken der Neuzeit, in: Archiv für Kulturgeschichte 44 (1962), S. 357–378.

Nipperdey, Thomas: Reformation, Revolution, Utopie. Studien zum 16. Jahrhundert, Göttingen 1975.

Nitschke, Peter: Staatsräson contra Utopie? Von Müntzer bis Friedrich II. von Preußen, Stuttgart 1995.

Nitschke, Peter: Wie utopisch ist Platons Staat? Zur Lehre der utopischen Rezeption, in: ders. (Hg.), Politeia. Staatliche Verfasstheit bei Platon, Baden-Baden 2008, S. 137–165.

Oncken, Hermann: Die Utopia des Thomas Morus und das Machtproblem in der Staatslehre (Sitzungsberichte der Heidelberger Akademie der Wissenschaften, Philosophisch-Historische Klasse; 13), Heidelberg 1922.

Oncken, Hermann: Einleitung, in: Thomas Morus, Utopia. Übersetzt von Gerhard Ritter. Mit einer Einl. von Hermann Oncken (unveränd. reprografischer Nachdruck der Ausg. Berlin 1922), Darmstadt 1990, S. 5*–45*.

Ottmann, Henning: Geschichte des politischen Denkens, Bd. 2/2: Das Mittelalter, Stuttgart 2004.

Otto, Dirk: Das utopische Staatsideal von Platons Politeia aus der Sicht von Orwells Nineteen Eighty-Four. Ein Beitrag zur Bewertung des Totalitarismusvorwurfs gegenüber Platon, Berlin 1994.

Pfeiffer, K. Ludwig: Wahrheit und Herrschaft: Zum systematischen Problem in Bacons New Atlantis (1627), in: Klaus L. Berghahn / Hans U. Seeber (Hg.), Literarische Utopien von Morus bis zur Gegenwart, Königstein/Ts. 1983, S. 50–58.

Pfister, Manfred (Hg.): Alternative Welten, München 1982.

Pfister, Manfred: Gottesreich und Endzeit: Utopisches Denken und utopische Praxis im Puritanismus, in: ders. (Hg.), Alternative Welten, München 1982, S. 135–150.

Polak, Fred L.: Wandel und bleibende Aufgabe der Utopie, in: Arnhelm Neusüss (Hg.), Utopie. Begriff und Phänomen des Utopischen, 2. Aufl., Neuwied / Berlin 1972, S. 361–386 [zuerst niederländisch 1955].

Popper, Karl R.: Die offene Gesellschaft und ihre Feinde, 2 Bde., 7. Aufl., Tübingen 1992 [zuerst engl. u. d. T. „The Open Society and its Enemies“, 1945].

Popper, Karl R.: Utopie und Gewalt, in: Arnhelm Neusüss (Hg.), Utopie. Begriff und Phänomen des Utopischen, 2. Aufl., Neuwied / Berlin 1972, S. 313–326 [zuerst engl. 1947/48].

Prÿs, Joseph: Der Staatsroman des 16. und 17. Jahrhunderts und sein Erziehungsideal (unveränd. Nachdruck d. Originalausg. Würzburg 1913), Leipzig 1973.

Quabbe, Georg: Das letzte Reich. Wesen und Wandel der Utopie, Leipzig 1933.

Ramm, Thilo: Die Großen Sozialisten als Rechts- und Sozialphilosophen. Erster Band: Die Vorläufer. Die Theoretiker des Endstadiums, Stuttgart 1955.

Richert, Friedemann: Der endlose Weg der Utopie. Eine kritische Untersuchung zur Geschichte, Konzeption und Zukunftsperspektive utopischen Denkens, Darmstadt 2001.

Riedl, Matthias: Joachim von Fiore. Denker der vollendeten Menschheit, Würzburg 2004.

Ritter, Gerhard: Die Dämonie der Macht. Betrachtungen über Geschichte und Wesen des Machtproblems im politischen Denken der Neuzeit, 6. Aufl., München 1948 [zuerst u. d. T. „Machtstaat und Utopie“, 1940].

Roemer, Kenneth M.: Looking Backward (1888): Popularität, Einfluß und vertraute Entfremdung, in: Klaus L. Berghahn / Hans U. Seeber (Hg.), Literarische Utopien von Morus bis zur Gegenwart, Königstein/Ts. 1983, S. 146–162.

Roper, William: Das Leben des Thomas Morus, Heidelberg 1986 [entstanden ca. 1555, zuerst engl. u. d. T. „The Lyfe of Sir Thomas Moore, Knighte“, 1626].

Rosenberg, Alfons: Einleitung, in: Joachim von Fiore, Das Zeitalter des Heiligen Geistes, hrsg. u. eingel. von Alfons Rosenberg, Bietigheim 1977, S. 1–69.

Roß, Bettina: Vergessene Modelle der Wirklichkeit. Politische Utopien von Frauen, in: Martin Kühnel / Walter Reese-Schäfer / Axel Rüdiger (Hg.), Modell und Wirklichkeit. Anspruch und Wirkung politischen Denkens. Festschrift für Richard Saage zum 60. Geburtstag, Halle (Saale) 2001, S. 142–155.

Ruyer, Raymond: L'Utopie et les Utopistes, Paris 1950.

Saage, Richard: Innenansichten Utopias. Wirkungen, Entwürfe und Chancen des utopischen Denkens, Berlin 1999.

Saage, Richard: Politische Utopien der Neuzeit, Darmstadt 1991 [2. Aufl., Bochum 2000].

Saage, Richard: Utopieforschung, Bd. 2: An der Schwelle des 21. Jahrhunderts, Berlin 2008.

Saage, Richard: Utopieforschung, Eine Bilanz, Darmstadt 1997.

Saage, Richard: Utopische Profile, Bd. 1: Renaissance und Reformation, Münster 2001.

Saage, Richard: Utopische Profile, Bd. 2: Aufklärung und Absolutismus, Münster 2002.

Saage, Richard: Utopische Profile, Bd. 3: Industrielle Revolution und Technischer Staat im 19. Jahrhundert, Münster 2002.

Saage, Richard: Utopische Profile, Bd. 4: Widersprüche und Synthesen des 20. Jahrhunderts, Münster 2003.

Saage, Richard: Utopisches Denken im historischen Prozess. Materialien zur Utopieforschung, Berlin 2006.

Sargent, Lyman T.: The Three Faces of Utopianism Revisited, in: Utopian Studies 5 (1/1994), S. 1–37.

Sargent, Lyman T.: Utopianism. A Very Short Introduction, Oxford 2010.

Schmidt, Burghart: Kritik der reinen Utopie. Eine sozialphilosophische Untersuchung, Stuttgart 1988.

Schmidtke, Oliver: Ideal und Ironie der Gesellschaft. Die „Utopia“ des Thomas Morus, Frankfurt / New York 2016.

Schmitt, Eugen H.: Der Idealstaat, Berlin 1904.

Schölderle, Thomas (Hg.): Idealstaat oder Gedankenexperiment? Zum Staatsverständnis in den klassischen Utopien, Baden-Baden 2014.

Schölderle, Thomas: Das Prinzip der Macht. Neuzeitliches Politik- und Staatsdenken bei Thomas Hobbes und Niccolò Machiavelli, Glienicke / Cambridge 2002.

Schölderle, Thomas: Fehlperzeptionen der staatsphilosophischen Vertragstheorie, in: Zeitschrift für Politik 58 (1/2011), S. 51–72.

Schölderle, Thomas: Ikonografie der Utopie. Bilderwelten und ihr Symbolgehalt im utopischen Diskurs der Frühen Neuzeit, in: Herbert Jaumann / Gideon Stiening (Hg.), Neue Diskurse der Gelehrtenkultur in der Frühen Neuzeit. Ein Handbuch, Berlin / Boston 2016, S. 507–562.

Schölderle, Thomas: Poppers Totalitarismusvorwurf gegenüber Platon und die (Un-) Redlichkeit wissenschaftlicher Auseinandersetzung, in: Zeitschrift für Politische Theorie 1 (2/2010), S. 173–193.

Schölderle, Thomas: Thomas Morus und die Herausgeber – Wer schuf den Utopiebegriff?, in: Alexander Amberger / Thomas Möbius (Hg.), Auf Utopias Spuren. Utopie und Utopieforschung, Festschrift für Richard Saage zum 75. Geburtstag, Wiesbaden 2017, S. 17–44.

Schölderle, Thomas: Utopia und Utopie. Thomas Morus, die Geschichte der Utopie und die Kontroverse um ihren Begriff, Baden-Baden 2011.

Schölderle, Thomas: Utopie und Realismus: Zur Ambivalenz eines ideengeschichtlichen Antagonismus bei Thomas Morus und Niccolò Machiavelli, in: Stefano Saracino / Manuel Knoll (Hg.), Das Staatsdenken in der Renaissance – Vom gedachten zum erlebten Staat, Baden-Baden 2013, S. 201–235.

Schulte Herbrüggen, Hubertus: Utopie und Anti-Utopie. Von der Strukturanalyse zur Strukturtypologie, Bochum-Langendreer 1960.

Schulte-Middelich, Bernd: Möglichkeiten utopischen Denkens – Das Erbe Platons, in: Manfred Pfister (Hg.), Alternative Welten, München 1982, S. 39–63.

Schwendter, Rolf: Utopie. Überlegungen zu einem zeitlosen Begriff, Berlin 1994.

Schwonke, Martin: Vom Staatsroman zur Science Fiction. Eine Untersuchung über Geschichte und Funktion der naturwissenschaftlich-technischen Utopie, Stuttgart 1957.

Seeber, Hans U.: Die Selbstkritik der Utopie in der angloamerikanischen Literatur, Münster 2003.

Seeber, Hans U.: Wandlungen der Form in der literarischen Utopie. Studien zur Entfaltung des utopischen Romans in England, Göppingen 1970.

Seibt, Ferdinand: Utopica. Zukunftsvisionen aus der Vergangenheit, 2. Aufl., München 2001 [zuerst u. d. T. „Utopica. Modelle totaler Sozialplanung", 1972].

Seibt, Ferdinand: Utopie im Mittelalter, in: Historische Zeitschrift, Bd. 208 (1969), S. 555–591.

Seng, Eva-Maria: Johann Valentin Andreaes Christianopolis (1619). Bildung und Wissenschaft als Ziele einer neuen Gesellschaft, in: Thomas Schölderle (Hg.), Idealstaat oder Gedankenexperiment? Zum Staatsverständnis in den klassischen Utopien, Baden-Baden 2014, S. 99–119.

Servier, Jean: Der Traum von der großen Harmonie. Eine Geschichte der Utopie, München 1971 [zuerst frz. u. d. T. „Histoire de l'Utopie", 1967].

Seyferth, Peter: Utopie, Anarchismus und Science Fiction. Ursula K. Le Guins Werke von 1962 bis 2002, Münster 2008.

Seyferth, Peter: William Morris' News from Nowhere (1890). Die libertär-anarchistische Linie als Korrektiv der etatistischen Utopietradition, in: Thomas Schölderle (Hg.), Idealstaat oder Gedankenexperiment? Zum Staatsverständnis in den klassischen Utopien, Baden-Baden 2014, S. 231–264.

Spiegel, Simon: Auf der Suche nach dem utopischen Film, in: Christine Lötscher u. a. (Hg.), Übergänge und Entgrenzungen in der Fantastik, Berlin 2014, S. 421–435.

Stockinger, Ludwig: „Realismus", Mythos und Utopie. Denis Vairasse: L'Histoire des Sévarambes (1677–79), in: Klaus L. Berghahn / Hans U. Seeber (Hg.), Literarische Utopien von Morus bis zur Gegenwart, Königstein/Ts. 1983, S. 73–94

Spieker, Michael: Platons Politeia (ca. 370 v. Chr.). Das paradeigma des gerechten Staates, in: Thomas Schölderle (Hg.), Idealstaat oder Gedankenexperiment? Zum Staatsverständnis in den klassischen Utopien, Baden-Baden 2014, S. 31–54.

Surtz, Edward: The Praise of Pleasure. Philosophy, Education, and Communism in More's Utopia, 2. Aufl., Cambridge (Mass.) 1967 [zuerst 1957].

Surtz, Edward: The Praise of Wisdom. A Commentary on the Religious and Moral Problems and Backgrounds of St. Thomas More's Utopia, Chicago 1957.

Süssmuth, Hans: Studien zur Utopie des Thomas Morus, Münster 1967.

Swoboda, Helmut: Utopia. Geschichte der Sehnsucht nach einer besseren Welt, Wien 1972.

Tillich, Paul: Politische Bedeutung der Utopie im Leben der Völker. Vorträge, Berlin 1951.

Trousson, Raymond: Utopie, Geschichte, Fortschritt: Das Jahr 2440, in: Wilhelm Voßkamp (Hg.), Utopieforschung. Interdisziplinäre Studien zur neuzeitlichen Utopie, Bd. 3, Frankfurt/M. 1985, S. 15–23.

Tschachler, Heinz: Ökologie und Identität: Ernest Callenbachs Roman Ecotopia (1975), in: Bernd-Peter Lange / Anna Maria Stuby (Hg.), „1984" (Gulliver. Deutsch-Englische Jahrbücher; Bd. 14), Berlin 1984, S. 121–136.

Uhlig, Christa: Robert Owen (1771–1858), in: Heinz-Elmar Tenorth (Hg.), Klassiker der Pädagogik, Bd. 1: Von Erasmus bis Helene Lange, München 2003, S. 160–171.

Villgradter, Rudolf / Krey, Friedrich (Hg.): Der utopische Roman, Darmstadt 1973.

Voegelin, Eric: Die spielerische Grausamkeit der Humanisten. Eric Voegelins Studien zu Niccolò Machiavelli und Thomas Morus. Aus dem Engl. und mit einem Vorwort von Dietmar Herz, Nachwort Peter J. Opitz, München 1995.

Voigt, Andreas: Die sozialen Utopien. Fünf Vorträge, Leipzig 1906.

Voßkamp, Wilhelm (Hg.): Utopieforschung. Interdisziplinäre Studien zur neuzeitlichen Utopie, 3 Bde., Frankfurt/M. 1985 [zuerst Stuttgart 1982].

Voßkamp, Wilhelm: „Ein irdisches Paradies": Johann Gottfried Schnabels Insel Felsenburg (1731–43), in: Klaus L. Berghahn / Hans U. Seeber (Hg.), Literarische Utopien von Morus bis zur Gegenwart, Königstein/Ts. 1983, S. 95–104.

Voßkamp, Wilhelm / Blamberger, Günter / Roussel, Martin (Hg.): Möglichkeitsdenken. Utopie und Dystopie in der Gegenwart, München 2013.

Waschkuhn, Arno: Politische Utopien, München 2003.
Weiß, Ulrich: Francis Bacons Nova Atlantis (1627). Wissenschaft und Technik als Utopie, in: Thomas Schölderle (Hg.), Idealstaat oder Gedankenexperiment? Zum Staatsverständnis in den klassischen Utopien, Baden-Baden 2014, S. 121–140.
Winiarczyk, Marek: Das Werk des Jambulos. Forschungsgeschichte (1550–1988) und Interpretationsversuch, in: Rheinisches Museum für Philologie 140 (2/1997), S. 128–153.
Winter, Michael: Ende eines Traums. Blick zurück auf das utopische Zeitalter Europas, Stuttgart / Weimar 1992.
Winter, Michael: Luxus und Pferdestärken. Die Utopie in der bürgerlichen Revolution: Etienne Cabets Icarien (1842), in: Klaus L. Berghahn / Hans U. Seeber (Hg.), Literarische Utopien von Morus bis zur Gegenwart, Königstein/Ts. 1983, S. 125–145.
Zirnstein, Chloé: Zwischen Fakt und Fiktion. Die politische Utopie im Film, München 2006.

Personenregister

Der nachstehende Index erschließt sowohl Fließtext wie Anmerkungsapparat und ist (mit Ausnahme einiger Herausgeber oder Übersetzer von Werkeditionen) vollständig. Indexeinträge ab Seite 165 betreffen Nennungen im Anmerkungsteil.

A

Adorno, Theodor W. 181
Amberger, Alexander 186
Andreae, Johann Valentin 54, 61, 67, 73–78, 86, 147, 161, 172, 173, 185
Aratus 51
Aristoteles 37, 174
Augustinus, Aurelius 23, 58, 59, 170

B

Bacon, Francis 15, 34, 54, 57, 67, 73, 78–83, 161, 173, 174
Barnouw, Dagmar 148, 184, 185
Baumann, Uwe 166
Baumstark, Reinhold 21, 166
Beck, Evelyn Tornton 185
Bellamy, Edward 110, 115, 125–129, 140, 182
Berglar, Peter 166
Berneri, Marie Louise 53, 88, 111, 114, 169, 171, 173–176, 179, 181, 182
Biesterfeld, Wolfgang 147, 169, 172, 176, 177, 182, 185
Blamberger, Günter 186
Bloch, Ernst 13, 16, 21, 59, 60, 123, 166, 167, 169–171, 181, 182
Bogdanow, Alexander 125, 126
Böker, Uwe 184
Boleyn, Anna 19, 20
Bong, Joon-ho 161
Bossle, Lothar 166, 181
Bräuer, Siegfried 171
Brecht, Martin 172
Brie, Friedrich 166
Budaeus, Guillielmus 11, 165

C

Cabet, Étienne 125, 128, 181
Callenbach, Ernest 138–143, 145–147, 184, 185
Campanella, Tommaso 53, 54, 61, 67–74, 76, 78, 79, 86, 101, 108, 145, 161, 172
Cromwell, Oliver 89
Cyrano de Bergerac 178

D

Dafoe, Daniel 177
Dammann, Günter 177
Dickel, Sascha 187
Diderot, Denis 92, 176
Doni, Antonio Francesco 67, 172
Dülmen, Richard van 172

E

Eberlin von Günzburg, Johann 67, 171
Eggers, Dave 159, 160, 186
Elias, Norbert 86, 174
Elisabeth I. 79
Elliott, Robert C. 167
Elsas, Christoph 169
Elsässer, Markus 180
Emge, Martinus 179, 180
Engels, Friedrich 116, 118, 122–124, 179–181
Erasmus von Rotterdam 19, 21, 25, 33, 166, 167
Erzgräber, Willi 28, 167, 181–183

F

Fahlke, Frank 183
Fehlner, Gert 184
Fénelon, François de Salignac de La Mothe 176
Fest, Joachim 166, 181
Fietz, Lothar 182
Fohrmann, Jürgen 178
Foigny, Gabriel de 92–98, 147, 152, 175, 176
Fontenelle, Bernard Le Bovier de 176
Foucault, Michel 162, 187
Fourier, Charles 115, 119, 120, 122, 147, 179, 185
Freyer, Hans 59, 61, 123, 169–172, 177, 178, 181, 186
Funke, Hans-Günther 176, 178

G

Gast, Wolfgang 167
Gebhardt, Jürgen 175
Gilman, Charlotte Perkins 148, 185
Girsberger, Hans 97, 175, 176, 178
Gnüg, Hiltrud 169, 171, 172, 174, 177, 178, 181–184
Godwin, Francis 178
Goertz, Hans-Jürgen 171
Guggenberger, Bernd 169
Günther, Rigobert 169
Gustafsson, Lars 172, 186
Guttin, Jacques 165; siehe Pure

H

Hagel, Michael Dominik 186
Haug, Frigga 185
Heinisch, Klaus J. 165, 172–174
Heinrich, Hans Peter 166
Heinrich VIII. 19, 20, 168
Hermand, Jost 184, 187
Hertzka, Theodor 115, 125, 128, 182
Hesiod 51, 169
Heubrock, Dietmar 165
Hexter, Jack H. 165, 167
Heyer, Andreas 184, 185
Hobbes, Thomas 85–87, 174, 175
Holland-Cunz, Barbara 185
Hölscher, Lucian 178
Homer 55
Horaz 23, 32
Howe, Irving 183
Huxley, Aldous 129, 135, 138, 161, 182

I

Iambulos 53, 68, 169

J

Jäckel, Eberhard 23, 167
Jakob I. 79
Jaumann, Herbert 165, 178
Jenkis, Helmut 166, 169, 171–174, 179–181
Joachim von Fiore 59–61, 70, 170
Juvenal 23, 32

K

Kahrmann, Bernd 183
Kamlah, Wilhelm 166, 170
Kant, Immanuel 87, 175
Karl I. 89
Katharina von Aragón 19
Kautsky, Karl 23, 123, 167, 169
Kernig, Claus D. 179, 180
Kersting, Wolfgang 175
Kleinwächter, Friedrich 73, 104, 173, 176–178, 182
Klenner, Hermann 175
Kluge, Walter 181
Koppe, Franz 169
Koselleck, Reinhart 178
Kramer, Heinrich 160
Kreyssig, Jenny 166
Krohn, Wolfgang 173, 174
Kufeld, Klaus 186
Kumar, Krishan 182–184
Kuon, Peter 172, 173, 175, 176

L

Landauer, Gustav 13
Lange, Bernd-Peter 183
Le Guin, Ursula K. 138, 184
Lenin, Wassily Iljitsch 123, 126, 181
Lenk, Kurt 169
Löffler, Henner 166
Lukian 21, 23
Lüsse, Beate Gabriele 166, 172, 174, 175
Luther, Martin 22, 62, 65, 75
Lykurgos 53, 169

M

Machiavelli, Niccolò 27, 167
Malinowski, Alexander; siehe Bogdanow
Mannheim, Karl 13, 16, 61, 166, 171
Manuel, Frank E. 169–172, 174–176, 178–182
Manuel, Fritzie P. 169–172, 174–176, 178–182
Maresch, Rudolf 186
Marius, Richard 167
Marx, Karl 114, 115, 122–124, 126, 179, 181
Mayer, Hans 177
Meadows, Dennis 184
Meid, Volker 177
Mercier, Louis-Sébastien 11, 104–110, 115, 126, 140, 165, 178, 179
Meyer, Stephan 183
Minkowski, Helmut 73, 173
Möbius, Thomas 182, 186
Möbus, Gerhard 166
Mohl, Robert von 12, 172, 177
Morris, William 92, 115, 125–129, 140, 144, 147, 151, 179, 181, 182, 185
Morton, Arthur Leslie 167, 169, 182
Mühlheim, Ulrike 183
Müller, André 186
Müller, Reimar 169
Mumford, Lewis 172, 174, 182
Müntzer, Thomas 59, 61–65, 68, 72, 171

N

Nenoff, Heidi 177
Nicol, Andrew 161
Nida-Rümelin, Julian 186
Nipperdey, Thomas 158, 165, 166, 171, 186
Nitschke, Peter 169, 171, 173, 174

O

Oncken, Hermann 166, 169
Orwell, George 129, 131, 132, 134–138, 161, 169, 170, 183
Ottmann, Henning 170

Otto, Dirk 169, 170, 183
Ovid 51, 169
Owen, Robert 110, 115–120, 122, 145, 147, 180, 181, 185

P

Pfeiffer, K. Ludwig 173
Pfister, Manfred 175
Piercy, Marge 147–154, 185, 186
Platon 23, 29, 37, 40, 51, 53–57, 68–70, 72, 78, 81, 101, 105, 108, 137, 151, 169, 170, 173, 183
Polak, Fred L. 158, 186
Popper, Karl R. 13, 166, 170
Prÿs, Joseph 78, 172, 173
Pure, Michel de 104, 165

Q

Quabbe, Georg 167, 169, 177

R

Rabelais, François 67, 171
Ramm, Thilo 179–181
Richert, Friedemann 148, 166, 178, 185, 186
Riedl, Matthias 170
Ritter, Gerhard 166, 169
Robespierre, Maximilien 106
Roemer, Kenneth M. 182
Roper, William 21, 166
Rosenberg, Alfons 170
Roß, Bettina 185
Rötzer, Florian 186
Rousseau, Jean-Jacques 106, 108
Roussel, Martin 186
Ruyer, Raymond 170, 172, 174

S

Saage, Richard 106, 148, 166, 171–173, 175–186
Saint-Simon, Claude-Henri de 110, 115, 116, 120, 122, 179, 180
Samjatin, Jewgenij 129, 135, 182
Sargent, Lyman Tower 186
Say, Jean Baptiste 116
Schmidt, Burghart 13, 169
Schmidtke, Oliver 186
Schmitt, Eugen Heinrich 172, 177, 180
Schnabel, Johann Gottfried 98–104, 109, 115, 177–179
Schölderle, Thomas 165–167, 170–175, 177–181, 183–186
Schulte Herbrüggen, Hubertus 32, 137, 167, 170, 177, 181–183
Schulte-Middelich, Bernd 169
Schwendter, Rolf 123, 181, 184
Schwonke, Martin 110, 179
Seeber, Hans Ulrich 137, 155, 172, 174, 181–184, 186
Seibt, Ferdinand 64, 170–172
Seng, Eva-Maria 172
Servier, Jean 117, 157, 179, 180, 186
Seyferth, Peter 181, 184
Skinner, Burrhus Frederic 138, 184
Smith, Adam 179
Spiegel, Simon 186
Spieker, Michael 169
Springer-Strand, Ingeborg 177
Stalin, Josef 133
Stiblin, Kaspar 67, 74, 78, 171
Stockinger, Ludwig 177
Surtz, Edward 165, 167
Süssmuth, Hans 167, 169
Swift, Jonathan 178
Swoboda, Helmut 178

T

Telesio, Bernardino 79
Thomas von Aquin 43, 44, 168, 169
Tieck, Ludwig 177
Tillich, Paul 186

Trotzki, Leo 125, 182
Trousson, Raymond 105, 178
Tschachler, Heinz 184
Tyndale, William 22, 37, 168

U

Uhlig, Christa 180
Urban VIII., Papst 69

V

Vairasse, Denis; siehe Veiras
Veiras, Denis 176
Voegelin, Eric 166, 169
Vogler, Günter 171
Voigt, Andreas 92, 172, 173, 175–177
Voltaire 178
Voßkamp, Wilhelm 177, 186

W

Waschkuhn, Arno 172, 174, 176, 178–181, 183–185
Weiß, Ulrich 173
Wells, Herbert George 125, 128, 182
Wilde, Oscar 113, 179
Winiarczyk, Marek 169
Winstanley, Gerrard 87–92, 111, 175
Winter, Michael 166, 171, 181

Z

Zeh, Juli 159, 160, 186
Zirnstein, Chloé 186

böhlau

PAVEL KOLÁŘ

DER POSTSTALINISMUS

IDEOLOGIE UND UTOPIE EINER EPOCHE

(ZEITHISTORISCHE STUDIEN, BAND 57)

Nach Chruschtschows »Geheimrede« von 1956 geriet der Kommunismus ins Wanken. Während die Folgezeit meistens als ein Niedergang dieser Ideologie dargestellt wird, bietet dieses Buch eine andere Perspektive, indem es die Entstalinisierung als den Anfang einer neuen Epoche deutet. Der Autor zeigt, dass die kommunistischen Sinnwelten auch im Poststalinismus von utopischen Vorstellungen geprägt waren. Ihr Fluchtpunkt war jedoch nicht mehr das ungestüme Streben nach einer perfekten Gesellschaftsordnung, sondern eine prozessuale Verbesserung der bestehenden Verhältnisse. Über die Geschichte des Kommunismus hinausgehend erörtert das Buch die Frage, wie sich moderne Ideologien transformieren und einen neuen Herrschaftskonsens stiften.

2016. 370 S. GB. 155 X 230 MM | ISBN 978-3-412-50526-4